Racismo en Estados Unidos

Racismo en Estados Unidos

Una visión histórica

FEDERICO SAMANIEGO LAPUENTE

Racismo en Estados Unidos
Una visión histórica

Primera edición: febrero, 2026

Para la China, Chucu, Dito y el Pillo,
las partes de mi corazón

Índice

Introducción 13

1. La Convención Constitucional de Filadelfia (1785-1788) 25
2. La compra de la Luisiana (1803-1804) 39
3. El Territorio del Noroeste
   y la votación sobre la esclavitud (1823-1825) 47
4. La independencia de Texas (1832-1839) 65
5. El Destino Manifiesto (1846-1848) 79
6. Abolición de la esclavitud, promulgación
   de la 13ª Enmienda a la Constitución (1863-1868) 99
7. Ciudadanía y derecho al voto para los afroamericanos,
   14ª y 15ª Enmiendas a la Constitución (1867-1869) 121
8. Inicio de la segregación racial *de jure* y eliminación del voto
   negro (1886-1888) 145
9. Disturbios en Springfield, Illinois, y la formación
   de la NAACP (1907-1908) 163
10. Disturbios raciales, el caso de Tulsa:
    Black Wall Street (1917-1923) 181
11. Asesinatos legales de negros, linchamientos.
    el "modo del sur" (1930-1932) 201

12. Fin de la segregación racial *de jure*
en las escuelas públicas (1951-1953) 225

13. Los derechos civiles de 1964 y la Ley sobre
el Derecho al Voto de 1965 (1963-1965) 251

14. Rebelión y masacre en la prisión de Attica,
Nueva York (1970-1972) 279

15. El combate al racismo y el asesinato
de un negro (1988-1990) 301

16. Rebelión en Los Ángeles (1991-1992) 327

17. Barack Obama, primer presidente negro en Estados Unidos,
y la violencia contra los afroamericanos (2014-2016) 349

18. Black Lives Matter: las protestas por la muerte
de George Floyd (2020) 373

Epílogo 387

You've taken my blues and gone—
You sing 'em on Broadway
And you sing 'em in Hollywood Bowl,
And you mixed 'em up with symphonies
And you fixed 'em
So they don't sound like me.
Yep, you done taken my blues and gone.[1]

Langston Hughes

---

[1]Tomaste mi blues y te fuiste / Lo cantas en Broadway / Lo cantas en bailes de Hollywood / Lo mezclas con sinfonías / y lo arreglas / Para que no suene como yo. / Sip, lo hiciste tomaste mi blues y te fuiste (todas las traducciones son del autor).

Introducción

El racismo norteamericano no es un problema individual, no se encuentra "en las cavernas sentimentales de la mente" de algunos blancos que odian a los negros, es un problema social, político y económico; es, además, un problema colectivo psíquico. Al mover hacia Norteamérica poblaciones completas de negros africanos que se encontraban separadas por un océano, podría decirse que se cometió una transgresión biológica. Al no considerar a estos negros como seres humanos, se cometió una transgresión psíquica; al utilizarlos como esclavos se cometió una transgresión social. Y, finalmente, al fundar una república democrática sobre la base del trabajo esclavo, se cometió una transgresión política y económica. Estas son las premisas fundamentales sobre las que descansa el racismo estadounidense.

El psiquiatra suizo Carl Jung encontró entre los sueños de sus pacientes residuos psíquicos que no se correspondían con la experiencia del enfermo. Algunos de los contenidos inconscientes del paciente no guardaban ninguna relación con su vida, parecía como si "vinieran de otro mundo o de otro tiempo". Es como si esos contenidos hubieran sido reprimidos socialmente y luego depositados en lo inconsciente del soñador. Siguiendo a Freud, Jung elaboró su teoría de lo *inconsciente colectivo*, en donde propone que existe un inconsciente común a los seres humanos, desde donde se forma la conciencia colectiva. A diferencia de Freud, Jung planteó que lo inconsciente no solo se formaba con la represión del deseo sexual infantil, sino que contenía componentes colectivos, transmitidos culturalmente, y que era eso finalmente lo que le permitía a un individuo ser parte de una comunidad étnica "sin tener que aprender a serlo". Nadie aprende a ser mexicano, ruso o norteamericano. Las individualidades no suman nunca el carácter social de un pueblo, es este carácter el que permite las individualidades. Somos un animal social, que no puede vivir aislado. En este inconsciente, el color de la piel lleva prelación sobre cualquier otra característica, esa es la distinción *racial* fundamental.

Raza es psique. Es raza no en el sentido biológico, pero sí en el sentido cultural-étnico. Lo paradójico es que, tratando de evitar una jerarquización moral o ética entre los seres humanos por su origen racial, justa actitud que nos heredaron los revolucionarios franceses, se eliminó la idea de raza de nuestra comprensión social, lo que ha permitido que se produzca la jerarquización que se quería evitar en un principio, pero ahora de forma inconsciente. El racismo de los blancos está señalando la imposibilidad de mezclar socialmente a negros y blancos. El racismo es la respuesta colectiva a la presencia en la misma sociedad de blancos y negros. El racismo no es el problema propiamente, sino solo su manifestación, por eso no se le puede combatir. No hablo de individuos, hablo de grupos sociales. El racismo es una patología social que anuncia la dificultad de que negros y blancos participen en igualdad de condiciones en la vida de un pueblo, no me refiero a los gustos personales de nadie, sino a los mecanismos sociales y políticos que permiten la reproducción de esa sociedad.

La psique colectiva solo existe atada a un componente racial. Blancos y negros en Estados Unidos responderían a diferentes llamados de lo inconsciente colectivo. Conviven dos sistemas de origen de la conciencia, produciendo un clima de incertidumbre e inseguridad al interior de cada una de las razas. No conozco a nadie que pretenda y proponga que negros y blancos se fundan en una sola expresión cultural. Uno de los dos inconscientes prevalece sobre el otro, lo domina. El racismo es un problema social que limita o suprime la libertad. La lucha por la libertad no se puede fraccionar; no se puede defender la propia sin defender la de todos los demás. Como diría el abogado Clarence Darrow: "La vida de cada ser humano en este mundo está inevitablemente mezclada con cada una de las otras vidas, y no importa qué leyes se aprueben, no importa qué precauciones se tomen, a menos que la gente que conocemos sea amable, decente y amante de la libertad humana, no habrá libertad para las personas. La libertad proviene de los seres humanos, más que de las leyes y las instituciones". La moral, la decencia y la amabilidad no se pueden legislar.

Derrick Bell, en su libro *Faces at the Bottom of the Well* (Caras en el fondo del pozo), escribe: "El racismo es una parte integral, permanente, e indestructible componente de la sociedad norteamericana. A pesar de todo aquello que hemos designado como progreso, conseguido con la lucha de muchas generaciones, seguimos como estábamos al principio: una negra y extraña presencia, siempre designada como 'el otro'. Tolerado en los buenos tiempos, despreciado cuando las cosas no van bien".[1] Toni Morrison, primera mujer negra en recibir el Premio Nobel de Literatura, declaró a *The Guardian* en 1992: "En ningún momento de mi vida me he sentido como si fuera americana". Las relaciones raciales se han convertido en Estados Unidos en algo mucho más complejo y profundo que el hecho de abolir leyes racistas o segregacionistas o de aprobar nuevas leyes que garanticen derechos para los afroamericanos. El racismo está entre los norteamericanos "como una enfermedad", solía decir Martin Luther King, que aparece con virulencia como una epidemia en algunos momentos de su historia. Esa es precisamente la cualidad que nos muestran las diferentes historias en este texto.

---

[1] Derrick Bell, *Faces at the Bottom of the Well, The Permanence of Racism*, Basic Books, 1992, p. ix.

Divididos los norteamericanos en su núcleo racial fundamental: blancos (europeos)-negros (africanos), cualquier diferencia que surja entre los blancos se resolverá subrayando la diferencia sobre la línea de color de ese núcleo racial fundamental. "Lo que se ha dado en llamar 'progreso racial' no es una solución a nuestro problema. Es la regeneración del problema de una forma particularmente perversa".[2] El "progreso racial" no puede ser otra cosa que la ilusión blanca de que el problema desaparecerá si se le deja de mencionar. Es siempre el racista el que no quiere hablar de ello, eludiendo las preguntas que surgen de la interacción entre negros y blancos en la sociedad. La perversidad de ese nuevo racismo consiste en la estimulación del silencio y en la calificación del racismo como un residuo. "El racismo no es simplemente una excrecencia del cuerpo de una sociedad liberal y democrática fundamentalmente sana, sino que es una parte de lo que da forma y energía a ese cuerpo".[3]

La unidad de los blancos siempre es posible frente al "otro", el acuerdo entre los blancos se facilita ante la presencia de los negros, sus diferencias se pueden diluir frente al problema racial que estos representan. Mientras los norteamericanos no exorcicen a la esclavitud y a la segregación, esto es, las ventilen y las discutan, arrojen luz sobre ellas, estas seguirán jugando un papel inconsciente en la sociedad norteamericana. "La esclavitud es un ejemplo de lo que la América blanca ha hecho, y un constante recordatorio de lo que la América blanca podría hacer".[4] Cuando un paciente recurre a terapia psicológica para enfrentar algún conflicto, lo primero que el terapeuta le pide es hablar de *eso*. Los norteamericanos tendrían que ampliar su conversación sobre *eso*. La película *12 años esclavitud*, ganadora del Oscar en 2013, resulta un buen ejemplo de lo que menciono. Es la primera vez, dice Morgan Freeman,

---

[2] *Ibid.*, p. 3.

[3] *Ibid.*, p. 10.

[4] *Ibid.*, p. 12.

que el tema de la esclavitud es tratado con el mínimo de rigor aceptable en un filme.

La prisión parece ser el nuevo destino de los jóvenes afroamericanos. Michelle Alexander ha dado cuenta del encarcelamiento de los negros en Estados Unidos, ella lo llama *el nuevo Jim Crow,* que no es más que la utilización del sistema penitenciario estadounidense y la prohibición de sustancias contenida en la "guerra contra las drogas" para inundar las cárceles con detenidos afroamericanos. Todos los estudios señalan que no existe distinción racial en el consumo y venta de drogas, tanto blancos, como negros y latinos, asiáticos y africanos consumen y venden sustancias prohibidas a las mismas tasas. Sin embargo, los negros van presos con mucho mayor facilidad que los blancos. "En algunos estados, los hombres negros son encarcelados por cargos sobre drogas a tasas de entre 20 y 50 veces superiores al encarcelamiento de blancos por los mismos cargos".[5] Ningún otro país en el mundo tiene presa tal cantidad de sus minorías raciales o étnicas. "Estados Unidos tiene preso un porcentaje mayor de negros de los que estuvieron presos en Sudáfrica en la época de máximo racismo durante el *apartheid*".[6]

El racismo norteamericano se entiende mejor si se le mira desde la "lógica estadounidense". La concepción que tienen de ellos mismos es la de que son el país más democrático sobre la tierra, el más libre, el más civilizado y moderno, el más rico, "una fuerza de bien para el mundo", es más, afirman que son "excepcionales". Si todo esto es así, entonces resulta *lógico* que no podrían ser un país de racistas. Un país democrático no podría ser un país racista. El mecanismo no tiene desperdicio, lo que imaginan ser, los previene de aquello que son… pero solo en la imaginación, no en la realidad. Así, según muchos blancos norteamericanos

---

[5] Michelle Alexander, *The New Jim Crow, Mass Incarceration in the Age of Colorblindness,* The New Press, Nueva York, 2011, p. 7.

[6] *Ibid.,* p. 6.

y algunos negros, el problema del racismo estadounidense es inexistente, o en el peor de los casos es algo que existió pero que ya se encuentra en extinción. El racismo de los blancos se encuentra en negación, dicen los negros. Ni siquiera son conscientes de él. Es muy difícil que las leyes de una sociedad actúen sobre un problema que no se reconoce como tal. "El racismo no puede ser vencido por la promulgación de leyes, o por el cumplimiento estricto de estas. [...] El verdadero problema es que la visión de un racismo permanente parece hostil a su visión del mundo".[7] Con la esclavitud, los blancos pretendieron deshumanizar a los negros, rompiéndolos como personas desde dentro, y produjeron una paradoja: "La esclavitud pretendía deshumanizar a los negros, y falló, y no trató de deshumanizar a los blancos, pero tuvo éxito".[8]

En el mejor de los casos, la ley protege a los afroamericanos de prácticas y de políticas racistas descaradas, pero al hacerlo racionaliza su situación regularizando el racismo, convirtiéndolo en objeto de batallas judiciales. Cuando la ley prohíbe alguna forma de discriminación, bien puede aparecer de nuevo de manera más sutil dada la permanencia del racismo en la sociedad. Durante todos los años que los abogados de la National Association for the Advancement of Colored People (NAACP, Asociación Nacional para el Mejoramiento de la Gente de Color) han luchado en las cortes en defensa de los derechos de los afroamericanos, se han dado cuenta de que el testimonio de los negros, de las víctimas del racismo, tiene menos credibilidad que el testimonio del blanco racista. Esto vale también para la mayoría de los afroamericanos, quienes consideran que la palabra de un negro es menos creíble que la de un blanco en un juicio sobre racismo.

Cuando a Toni Morrison le preguntaron por qué negros y blancos no pueden tender puentes sobre el abismo de las relaciones raciales, Morrison contestó:

---

[7] Derrick Bell, *op. cit.*, p. 92.
[8] *Ibid.*, p. 94.

Porque la gente negra siempre ha sido usada en este país como un amortiguador entre los diferentes poderes para prevenir la lucha de clases, para prevenir otra clase de conflagraciones. Si no hubiera habido gente negra en este país, hace tiempo que se hubiera balcanizado. Los inmigrantes blancos ya se hubieran cortado entre ellos las gargantas, como lo han hecho en otros lados. Pero al llegar a ser americano, lo que tienen en común con cualquier otro inmigrante blanco es su desprecio por mí, no se trata de otra cosa que del color de la piel.[9]

No importa de dónde fueran, los blancos se mantenían unidos frente a los negros, diciendo: "Yo no soy eso". En ese sentido, el primer paso que un inmigrante tenía que dar para convertirse en estadounidense era manifestar su desprecio por los negros. Este desprecio no era visto como algo negativo y unificaba a los blancos. Cuando se bajaban del barco la segunda palabra que aprendían era *nigger*.

Cada inmigrante que llegaba sabía que no sería el último en la fila. Llegaba por encima de por lo menos un grupo social, y ese grupo era el de los negros. Aprender, pero sobre todo usar el término *nigger*, hacía que los nuevos inmigrantes de Europa "se sintieran instantáneamente americanos". Los conflictos potencialmente turbulentos entre "los de abajo" eran continuamente desviados por los esfuerzos de los blancos más pobres para asegurarse de que, al menos, los negros se mantuvieran por debajo de ellos. "Si se eliminara a los negros de la sociedad, del trabajo, la clase media blanca, privada de su distracción racial, podría mirar hacia arriba, hacia la parte superior del pozo de la sociedad, y darse cuenta de que, así como los negros debajo de ellos sufrieron a causa de las grandes disparidades en oportunidades e ingresos, así les sucedía a ellos también".[10]

---

[9] *Ibid.*, pp. 151-152.
[10] *Ibid.*, p. 181.

El racismo estadounidense se encuentra en estado de simbiosis con la democracia en este país. La nación no podría sobrevivir si le fuera prohibida la presencia de los negros, porque, "por la ironía implícita en la dinámica de la democracia americana", ellos simbolizan tanto la más rigurosa de las pruebas para un grupo social como la posibilidad de la más grande libertad humana a la que una sociedad puede aspirar: la unidad social de negros y blancos. "Escuchen: es la América negra la que ha ejercido la presión necesaria para que esta nación viva a la altura de sus ideales. Es ella la que le da la tensión creativa a nuestra lucha por la justicia. Sin los negros estadounidenses, algo inconteniblemente esperanzador y creativo abandonaría al *espíritu americano*, y la nación muy bien podría sucumbir a ese esnobismo moral que siempre ha amenazado su mismísima existencia desde adentro".[11] Los negros han sido para Estados Unidos como una raza de profetas, llamando, despertando, agitando a la nación a arrepentirse de sus pecados y a vivir conforme a lo señalado en la Constitución y en la Declaración de Independencia.

La libertad es algo que recibo de la sociedad, no es algo con lo que nazco. Es del *otro* de donde proviene mi libertad. Soy libre porque otros han contraído obligaciones, porque los demás se han comprometido a cumplir las leyes y a pagar sus impuestos. La naturaleza no otorga derechos, es la sociedad la que lo hace. La libertad es, pues, el más alto valor social, la libertad individual proviene totalmente de ella. Justificar la libertad como una acción del individuo o como voluntad de Dios es una trampa, pero rinde extraordinarios dividendos para sostener un sistema de dominación. Buscar ser libre es luchar por vivir en una sociedad en donde eso se permita, por eso, la lucha por la libertad es siempre la lucha por la existencia de la sociedad. De la misma forma que la libertad es un valor social, el racismo es la resistencia social a la presencia de ese valor. El racismo es el antivalor de la libertad, que

---

[11] *Ibid.*, p. 157.

traslada la responsabilidad de esta a los propios excluidos. "El racismo está en el centro, no en la periferia; en lo permanente, no en lo efímero, en la vida diaria de la gente negra y blanca, y no en las cavernas sentimentales de la mente".[12]

El conflicto racial que se desarrolla en Estados Unidos lleva la semilla de la nueva esperanza, que no es una esperanza de clase, sino una más básica, más fundamental y reconocible, la esperanza de recuperar nuestra condición humana de nuevo, gracias a los negros, de nuevo. ¿Cómo se puede pensar en disminuir la desigualdad general en la sociedad si no se disminuye la desigualdad originada por el color de la piel? King siempre supo que a quien más beneficiaba su lucha era a los blancos, y que ellos, los negros, serían usados como el cordero pascual de la reconciliación entre los hombres. Es tiempo de actualizar nuestra imagen sobre el futuro. Necesitamos un nuevo horizonte para poder caminar. Es muy posible que la lucha de los afroamericanos estadounidenses traiga un aire de libertad que no respiramos hace tiempo.

Cuando se reduce el problema racial a un problema de clase, se enajena la lucha por la justicia. El conflicto racial norteamericano se encuentra tan sólida y profundamente establecido en la sociedad debido a que no se lo considera como un aspecto central de la confrontación social y política. Con ello los negros han sido discriminados y segregados hasta de la lucha de clases.

Dos ideas generales atraviesan de lado a lado a Estados Unidos: "All men are created equal…", palabras con las que comienza la Declaración de Independencia, y "We the People…", frase con la que inicia el texto de la Constitución. Estos son los dos paradigmas norteamericanos. Claramente los negros no están considerados en la Declaración de Independencia: son esclavos. Y no fueron considerados ciudadanos por la Constitución sino hasta después de la Guerra Civil. Una buena parte de

---

[12] *Ibid.*, p. 198.

la historia de Estados Unidos es la manera en que los negros pasaron a ser seres humanos, iguales a los demás, y cómo fueron reconocidos por la Constitución tras la abolición de la esclavitud. Este proceso social ha sido largo y muy doloroso, 250 años de esclavitud, 100 años de segregación, 50 años de encarcelación masiva de negros. La Independencia norteamericana está sustentada sobre la idea de la universalidad de la libertad y los derechos humanos, lo que no ha sido verdad.

Todo comienza con el pacto político de la Constitución de Filadelfia (1789): fundar una república democrática que acepta la esclavitud de los negros. A partir de ese compromiso el país comienza su expansión territorial hacia el oeste. Despoja a los nativos americanos de sus tierras, compra a Francia la Luisiana, a España las Floridas (oriental y occidental) y despoja a México de la mitad de su territorio. Esta "sed por la tierra" funcionó como un estimulante para el sostenimiento de la esclavitud. Alguien tenía que "traer la civilización" a esos territorios indómitos; el uso de trabajo esclavo funcionó como una súper acumulación originaria de capital. La conquista de territorio y el sostenimiento del trabajo esclavo llevaron a la Guerra Civil. Estados Unidos es uno de los últimos países en el mundo en abolir la esclavitud. Una vez libres los esclavos negros como resultado de la guerra, son segregados del conjunto de la sociedad norteamericana, iniciando una lucha de 100 años para ser aceptados como parte del *We* en "We the people". Sin embargo, todavía no son una plena realidad las palabras de la Declaración de Independencia: "We hold these truths to be self-evident, that all men are created equal…" (Consideramos que estas verdades son evidentes por sí mismas: que todos los hombres son creados iguales…).

Estados Unidos está cimentado sobre una falla social. A la manera de las fallas geológicas, que modifican el conjunto de la superficie terrestre al liberar la energía acumulada por el movimiento de las placas tectónicas, una falla social modifica a la sociedad al liberar la energía contenida en las relaciones entre sus miembros. La falla social norteamericana estaría constituida por la relación entre negros y blancos. Esta relación produce una acumulación de energía social que periódicamente se libera a través de sacudimientos, de conflictos entre ambas razas. Cada uno de los capítulos del presente trabajo trata de mostrar esos sacudimientos, producidos por la presencia de negros y blancos en la misma sociedad.

1

La Convención Constitucional de Filadelfia (1785-1788)

El verano de 1787

En septiembre de 1786, el año anterior a la celebración de la Convención Constitucional de Filadelfia, se celebró en la ciudad de Annapolis, en el estado de Maryland, la Convención de Annapolis. El título que se le dio a esa reunión expresa ya el conflicto que enfrentarían los delegados y los asuntos que se querían resolver: Reunión de miembros de la Comisión para remediar los defectos del Gobierno Federal. La reunión en Annapolis se celebró en septiembre y convocó solamente a 12 delegados de cinco estados, Nueva York, Nueva Jersey, Pensilvania, Delaware y Virginia. La situación política y económica de la nueva nación era muy complicada, el régimen político bajo el cual se vivía entonces era el de Artículos de la Confederación, que había surgido después de la Guerra de Independencia.

Redactados en 1777, los Artículos de la Confederación ya no resolvían los nuevos problemas surgidos tras la independencia de Inglaterra. En la Confederación, formada por 13 estados, se privilegiaba de manera casi absoluta el poder individual de cada uno de estos sobre el poder del conjunto. Esto dificultaba cualquier acuerdo que se debiera tomar. La Confederación estaba sostenida por la "buena fe" de los estados

25

firmantes, no tenía poder para cobrar impuestos, para defender al país de un ataque exterior, para pagar la deuda pública, ni para alentar y organizar el comercio. En la reunión de Annapolis se quería discutir el establecimiento de un gobierno más ejecutivo, financieramente independiente y que pudiera lidiar efectivamente con los asuntos relacionados con el comercio y la economía que enfrentaba la nueva nación.

En aquel momento la oposición a un gobierno central era muy amplia. El celo con el que se defendía la soberanía e independencia de los estados venía de haber participado todos en una guerra de seis años contra el imperio británico. Habían vencido y habían obtenido su independencia. ¡Que los estados se gobiernen a ellos mismos!, era la opinión más extendida. Todavía permanecía en el ambiente general el espíritu por la libertad que tenían los habitantes de Ashfield, Massachusetts, que en 1776, en una asamblea del pueblo, votaron que "we do not want any Goviner but the Goviner of the universe, and under him a States Ginaral to Consult with the Wrest of the united States for the Good of the Whole" (nosotros no queremos más gobierno que el gobierno del universo, y bajo él, un Estado general para consultar con el resto de los Estados Unidos para el bien de todos).[1] John Adams no estaba muy equivocado cuando afirmó que él veía más dificultad en los intentos de los norteamericanos por gobernarse a ellos mismos que en la dificultad que habían tenido durante la Guerra de Independencia para liberarse de los ejércitos y armadas europeas. Por cierto, en Europa se consideraba de lo más improbable que los colonos norteamericanos pudieran gobernarse solos. Se esperaba el día no muy lejano en el que el estado de independencia que habían logrado llegara a su fin y se reintegraran como parte del imperio británico o de otra potencia europea.

---

[1] Catherine Drinker Bowen, *The Story of the Constitutional Convention, May to September 1787*, The American Past, Nueva York, 1966, p. 11.

En su recomendación para la celebración de la reunión en Filadelfia, la Convención de Annapolis señalaba que debe reunirse una convención de delegados con el único propósito de revisar los Artículos de la Confederación y dar cuenta al Congreso y a las legislaturas de los estados de las alteraciones y disposiciones que ahí se tomen. La Convención Constitucional se realizó en 1787, en Filadelfia, Pensilvania. Dependiendo de los intereses detrás de cada participante en la Convención, se evaluaban los resultados que hasta ese momento habían tenido los Artículos de la Confederación.

Para los llamados *federalistas* (James Madison, Alexander Hamilton, John Jay y George Washington), los Artículos eran un mecanismo de organización del estado con muchas limitaciones que habría que cambiar radicalmente, constituyendo un gobierno central fuerte y unificado. Los *antifederalistas* (Patrick Henry, George Mason y Samuel Adams), aunque aceptaban que se realizaran algunos cambios al estatuto de los Artículos, estaban en contra de la formación de un gobierno central fuerte y sobre todo de la formación de un ejército federal permanente. Además, una de sus mayores preocupaciones era la falta de una Declaración de Derechos (Bill of Rights), la cual sentían que era necesaria para proteger las libertades individuales del poder gubernamental. Sospechaban que un gobierno nacional distante no podría representar correctamente los intereses de los ciudadanos comunes. Aunque el objeto inicial de la Convención era "arreglar los Artículos de la Confederación", un grupo importante de los delegados tenía la intención de construir un nuevo gobierno más que de arreglar el que tenían.

De los 13 estados (Nuevo Hampshire, Massachusetts, Rhode Island, Connecticut, Nueva York, Nueva Jersey, Pensilvania, Delaware, Maryland, Virginia, Carolina del Norte, Carolina del Sur y Georgia), solo 12 enviaron representantes. Rhode Island se negó a enviar delegados debido a su desconfianza hacia la idea de un gobierno central fuerte y a su satisfacción con los Artículos de la Confederación. Los delegados eligieron a George Washington, que había sido el general en jefe del Ejército durante la Guerra de Independencia y gozaba de un gran respeto y reconocimiento para presidir los trabajos de la Convención. El resultado final, después de poco menos de cinco meses de sudores y deliberaciones, fue la redacción de la Constitución de los Estados Unidos de Norteamérica.

Había muchos temas importantes sobre los que la Convención Constitucional debía pronunciarse y ofrecer soluciones. Debatieron una gran cantidad de propuestas y de soluciones a múltiples asuntos, pero la esclavitud no fue uno de ellos. El mito histórico nos dice que conservar la esclavitud dentro de la Constitución fue un compromiso histórico doloroso y terrible pero inevitable, que de no haberse logrado Estados Unidos nunca se habría formado. Esto no fue así. En el diseño constitucional la esclavitud quedó integrada y protegida legalmente a nivel federal, en todos los estados, aceptaran o no la esclavitud en su territorio. La Convención se había reunido no para reformar a la sociedad, sino para darle un gobierno a esa sociedad tal cual existía. El gobernador Morris, de Massachusetts, lo expresó brutalmente: los hombres no se organizan para la defensa de la libertad o de la vida, se organizan para la protección de la propiedad, y eso exactamente hicieron en Filadelfia.

En la Convención de Filadelfia triunfaron los intereses de quienes defendían la esclavitud y en la Constitución se expresó con claridad esa victoria. En ninguna parte de la Constitución aprobada en Filadelfia se lee la palabra *negro* o *esclavo*, esas dos palabras fueron excluidas en la redacción, el lenguaje en la Constitución las enmascara. En el artículo 1, sección 9 se protege el comercio de esclavos durante 20 años. Solo a partir del 1 de enero 1808 podrían entrar en vigor las leyes para poner fin a la importación de esclavos. Una ley para regular el comercio de esclavos fue aprobada por el Congreso en marzo de 1807, mismo año en el que el Parlamento inglés aprobó una ley prohibiendo el comercio de esclavos a bordo de barcos británicos. Con esto se estimuló la "creación de esclavos" internamente. En el artículo 1, sección 2, párrafo 3 decía que un negro debe contarse solo como "⅗" de persona. En el artículo 4, sección 2, cláusula 3 se estipulaba que los esclavos fugitivos tendrían que ser devueltos a sus propietarios. Se le conocía como la cláusula de los esclavos fugitivos. Como en la Unión había estados en los que la esclavitud no era legal, se garantizaba que los esclavos que huyeran hacia allá serían devueltos a sus dueños. Esta cláusula daba a los esclavistas autoridad para la propiedad de seres humanos más allá de sus propios límites territoriales. En el marco de la legislación inglesa nunca existió un mandato universal como este para la propiedad de esclavos. Aunque hubiera estados que no aceptaban la esclavitud, esta cláusula les daba el mandato para tenerla que aceptar.

El racismo estadounidense comenzó siendo constitucional y tomó una guerra, la más sangrienta y cruel jamás peleada en el territorio del continente americano, para suprimir ese racismo de la carta magna estadounidense. Estados Unidos se constituyó como nación sobre una *falla geológica social*, expresada por la permanencia de la esclavitud de los negros en su sociedad. Al considerarlos solo ⅗ partes de persona se les regateó su condición humana. Las consecuencias de aquello llegan hasta nuestros días, y provocan constantes sacudimientos sociales.

Algunos delegados a la Convención estaban hartos de la palabra *soberanía*, usada por los antifederalistas para subrayar la condición en la que querían mantener a los estados en relación con el gobierno federal; Washington se refirió a ella como "el monstruo de la soberanía". ¿Una sola persona en el Poder Ejecutivo? Eso olía a monarquía, a la figura del presidente se le llegó a denominar "el feto de la monarquía". A la Constitución que proponía tres poderes, el Ejecutivo, el Legislativo y el Judicial, se le llegó a calificar de "monstruo de tres cabezas cuya conspiración es profunda y malvada, y que no fue concebida ni en las épocas más oscuras, contra las libertades de un pueblo libre".

La rebelión de Shays

¿De dónde salió la fuerza, la energía para que la Convención de Filadelfia dejara intacta la esclavitud? Siendo que, por lo menos declarativamente, la mayoría la cuestionaba. ¿Por qué la atrincheraron así en su Constitución? La amenaza que sintieron los delegados provino del oeste de Nueva Inglaterra. Se originó en una rebelión de granjeros del *backcountry* del estado de Massachusetts, ocurrida más o menos al mismo tiempo que la Convención de Filadelfia. Se trata de un levantamiento popular de enorme arrastre y vigor entre los habitantes de la región, que se conoció como la Rebelión de Shays.

Daniel Shays tenía una cierta fama militar en la región, había participado en la Guerra de Independencia al lado de Washington, como muchos de los granjeros y artesanos que ahora protestaban en Pelham, Massachusetts, y como ellos estaba también lleno de deudas.

La situación económica al finalizar la Guerra de Independencia era muy difícil, pero se había tornado particularmente difícil para los granjeros y artesanos en el *backcountry* de Massachusetts. Dos situaciones permiten florecer la rebelión en el verano de 1786. La primera está relacionada con el pago de salarios a los combatientes de la Guerra de Independencia y la segunda con el endeudamiento que contrajeron los comerciantes y productores con los comerciantes ingleses de ultramar. A los soldados, el gobierno de Massachusetts les pagaba el salario con *notas* de crédito (*army notes*) mediante las cuales el estado se comprometía a reintegrar la cantidad estipulada al portador del documento. Debido a la escasez de circulante, las notas no se podían redimir en su valor original, de tal suerte que fueron objeto de especulación por parte de acaparadores. Los excombatientes conservaron lo más que pudieron sus notas, pero la apremiante situación económica llevó a muchos a cambiarlas por un valor menor al que amparaban para poder sobrevivir. Se estableció así un próspero negocio de especulación, en donde los más afectados eran los excombatientes.

Cuando se empezó a discutir por parte de la legislatura del estado la consolidación de la deuda pública, es decir el pago de las "notas del ejército", el problema afloró y abrió un filón de oro para los especuladores. Las notas se pagaban en el mercado a un octavo o a un décimo de su valor original y ya para ese entonces el 80% (40% en manos de solo 35 personas) de las "notas" lo tenían los comerciantes y especuladores, que dominaban además la legislatura que había aprobado la medida.

Una vez que la legislatura de Massachusetts tomó la crucial decisión para redimir las notas en su valor original, en lugar de a su precio de mercado, no se beneficiaba a los combatientes sino a los especuladores. Así, una serie de ciudades protestó y pidió cambiar la legislación. No fueron escuchadas, fueron tratadas con desprecio, pero el llamado por los cambios en la legislación continuó.

La segunda situación estaba relacionada con la cadena de deudores que se establecía en el comercio entre el *backcountry* y las principales ciudades del *seaboard* (de la costa), estando Boston en primerísimo lugar. Se trataba de créditos obtenidos para el aumento de la producción que no pudieron cubrirse. Durante la Guerra de Independencia las carencias de todo lo indispensable para vivir se agudizaron. La confrontación militar con Inglaterra tenía en un estado lamentable a la economía y la escasez de bienes de consumo básico no se hizo esperar. Algunos granjeros del *backcountry* encontraron en el aumento de la producción agropecuaria una forma de hacer crecer sus ganancias. Abastecer un mercado en época de guerra probó ser un buen negocio durante los años que duró el conflicto. Para aumentar su producción, muchos granjeros tomaron créditos. Hacia 1786, terminada la guerra, la economía regresaba a un estado de menor escasez y las ganancias extraordinarias que se podían obtener en un tiempo de agitación e incertidumbre tendieron dramáticamente a la baja, dejando a muchos granjeros con créditos que no podían cubrir.

A estas dos condiciones se añadía la de los impuestos. La guerra retrasó su pago y había, además, nuevos impuestos con sus respectivos incrementos que había que cubrir. "Los bienes que llegaran a Boston y a ciudades costeras más pequeñas serían marcados con aranceles [...] habría un impuesto sobre los varones de 16 años, otro era un impuesto a la propiedad".[2] Todo el mundo sabía también que los impuestos iban a ser regresivos. Solo alrededor del 10% de esos impuestos habría de venir de derechos de importación y de impuestos especiales, que recaían en personas que eran más capaces de pagar. El otro 90% eran impuestos directos a la propiedad, con la tierra cargando con la parte mayor. No solo una porción de los impuestos iba a ser más pesada, también se había sesgado en contra de las familias campesinas con hijos adultos, y los principales beneficiarios de esto iban a ser los especuladores de Boston. Este es el conjunto de situaciones económicas que alimentaron la inconformidad y provocaron una crisis a mediados de 1786.

Muchos granjeros se encontraban endeudados, pero no pretendían evadir sus responsabilidades, como la burguesía bostoniana quería hacer creer, acusándolos de rebelarse para no pagar sus deudas, querían que se cambiara la ley de la deuda pública y que se proclamara una nueva Constitución estatal, en donde se garantizara un gobierno de la gente. El asunto tenía historia, así había comenzado la Guerra de Independencia. "No taxation without representation" (No hay impuestos sin representación).

A partir de 1785 los granjeros del *backcountry* de Massachusetts comenzaron a ser citados por las cortes del estado y muchos fueron detenidos en prisión en relación con el pago de sus deudas. "Para entonces, casi un tercio de todos los hombres en el oeste de Massachusetts habían sido llevados a los tribunales como demandados por casos de deuda, y fue para evitar esos juicios que Luke Day y sus compañeros rebeldes cerraron

---

[2] Leonard L. Richards, *Shays's Rebellion, The American Revolution final battle*, University of Pennsylvania Press, p. 82.

los tribunales en el verano y el otoño de 1786".[3] La inconformidad crece durante ese año, y ante los reclamos, la autoridad repite la fórmula del año anterior: "Habrá que esperar hasta el próximo año", cuando la legislatura estatal se reúna y realice los cambios legales que la gente exigía.

Mezcladas con las peticiones había decenas de preguntas difíciles, por ejemplo, ¿cómo iban los agricultores a pagar las deudas e impuestos con dinero duro, si no había dinero duro disponible? Y ¿por qué hombres honestos tienen que lidiar con todos los trámites en el sistema judicial? ¿Estaba bien que solo abogados bien relacionados y funcionarios judiciales pudieran cobrar honorarios a cada momento? ¿Y para qué estaba allí el Senado del estado? ¿Era simplemente un derroche innecesario de dinero de los contribuyentes? ¿Y no era solamente proporcionar otro bastión de privilegio para la élite de Boston? ¿Y por qué el gobierno estaba en Boston? ¿Por qué no se encontraba más céntrico, como en los otros estados? ¿Era así para que la élite mercantil pudiera aprobar leyes opresivas mientras la distancia y el mal tiempo mantenían los representantes del pueblo alejados de Boston?[4]

En agosto de 1786, multitudes encabezadas por el capitán Joseph Hines bloquearon la apertura de los tribunales en Northampton, obligando a los jueces a suspender las sesiones. En las semanas siguientes se repitieron escenas similares en diversas ciudades de Massachusetts, con lo que se evidenció el alcance del apoyo popular a la rebelión. No dejar funcionar a un gobierno injusto por el que no se sentían representados era una medida exitosa de resistencia. No los quemaron, no asesinaron a los jueces, no destruyeron la propiedad de nadie, querían gobierno, pero no ese que tenían sino uno que estuviera de su lado. Cuando el

____

[3] *Ibid.*, p. 58.
[4] *Ibid.*, p. 7.

gobierno quiso reprimir la rebelión, mandando al general Jonathan Warner a combatirla con la milicia estatal, se demostró que la rebelión era genuinamente popular, pues muchos de los milicianos, paisanos de los que protestaban, se les unieron en lugar de reprimirlos.

Para las autoridades estatales era obvio que los rebeldes estaban haciendo mucho más que interrumpir los casos de deuda y acosar a los jueces. "Ellos estaban atacando el símbolo más visible de la autoridad estatal en el sistema judicial del oeste del estado, que había sido aprobado por la Constitución estatal de 1780, impugnando así la mismísima legitimidad del nuevo gobierno del estado, y tratándolo como si no mereciera más su respeto, como si se tratara del viejo gobierno real".[5]

Ante la imposibilidad de combatir la rebelión con las milicias estatales, el 4 de enero de 1787, sin autorización legislativa, el gobernador Bodowin lanzó un llamado para reclutar a 4 400 hombres para sofocar la rebelión. El ejército iba a estar bajo el mando del general Benjamin Lincoln. Para cuando el ejército por contrato se empezaba a mover hacia el oeste, Bodowin y la élite bostoniana ya habían encontrado a quién culpar de la agitación en las zonas rurales: Daniel Shays. Shays se había incorporado lentamente a la rebelión, pero ahora estaba al mando del regimiento más grande que los rebeldes hubieran formado. Las autoridades insistieron en que la rebelión entera estaba también bajo su dirección, que él era el comandante en jefe, el generalísimo, como el procurador general lo quiso poner. Algunos lo vieron como un dictador en potencia, otros como la herramienta del rey George III. "Pronto se demostraría que estaban equivocados, que había hombres que no seguían las instrucciones de Shays, pero las autoridades querían presentarlo como el hombre al mando, y finalmente nombrar a todo el levantamiento como la rebelión de Shays".[6]

---

[5] *Ibid.*, pp. 9-10.

[6] *Ibid.*, p. 26.

En su radicalización, los rebeldes planearon el asalto a un depósito federal de armas muy importante en la ciudad de Springfield, con ello querían mandar la señal de que no se rendirían y de que de ahora en adelante estarían mejor armados. El 3 de febrero Shays movió sus fuerzas hacia Petersham para reorganizarse y planear el ataque al Arsenal federal. Lincoln tomó conocimiento de esto y decidió ir a perseguirlo en medio de una terrible y feroz tormenta de nieve. Lincoln hizo marchar a sus tropas durante toda la noche, en condiciones absolutamente terribles, suponiendo, como fue, que Shays y los suyos no estarían alerta, pues no pensaban que el ejército marchara en esas condiciones para atacarlos. Se equivocaron. Fueron atacados con la más absoluta sorpresa un domingo en la mañana y puestos en desbandada. Shays logró escurrirse, al igual que varios de los principales líderes, hacia el norte, primero a Nuevo Hampshire y después hacia Vermont. Para fines prácticos, este triunfo del general Lincoln puso fin de la rebelión de Shays.

Sometida la rebelión, quedaba ahora la tarea de juzgar a los sublevados. En primer lugar, tuvieron que entregar sus armas, admitir que se habían rebelado contra el estado y sus gobernantes, hacer un juramento de lealtad, y pagar una cuota de nueve peniques a un juez de paz que certificara que se habían cumplido estas condiciones para obtener el perdón. Por nombre estaban excluidos del perdón Daniel Shays y otros ocho dirigentes. De los rebeldes, a quienes se les había encontrado culpables de sedición, 14 en total, fueron condenados a la pena de muerte, que no fue ejecutada, pues el recientemente electo gobernador John Hancock decidió suspender las ejecuciones "por el bien público" y para no perpetuar la política de su antecesor James Bowdoin. Todos los rebeldes llevaron a cabo un juramento de lealtad al estado y a sus gobernantes.

La rebelión no fue una insurrección de los pobres contra los ricos, como cierta interpretación superficial lo quisiera ver. No hay tal cosa como "los pobres y desesperados" tomando las armas contra el estado y su élite gobernante. Se trataba de todos los pueblos, puestos en acción contra un gobierno que no sentían suyo, y al que pretendían cambiar. No se trataba de deudores morosos buscando una salida fácil a sus deudas. La rebelión pretendía restaurar el orden. Se trató de una genuina resistencia a un gobierno autoritario.

Algunos políticos en ascenso en la sociedad de Massachusetts de aquel tiempo veían con buenos ojos la rebelión, señalaban que tendría un buen efecto sobre el conjunto del país. "Se proporcionará una buena propaganda para la causa de un gobierno nacional más fuerte".[7] La insurrección "dio un fuerte impulso hacia el establecimiento de la Convención federal, y a las labores de ese órgano para que se adoptara un gobierno nacional fuerte".[8] La rebelión ofreció una buena justificación a los delegados reunidos en Filadelfia de que el país necesitaba además un ejército permanente que pudiera mantener el orden y proteger a los titulares de la propiedad. No se podía depender para eso de las milicias estatales. Las figuraciones que pudieron hacerse del levantamiento en Massachusetts gravitaron fuertemente sobre las resoluciones que se tomaron. La energía y la fuerza para cambiar a la autoridad de la Unión salió de la representación que los delegados se hicieron de los peligros de una rebelión popular, la rebelión de Shays fue un estímulo para pensar que la salida se encontraba del lado de una autoridad federal fuerte. Sintieron que una rebelión popular era la verdadera amenaza para la propiedad.

Todo esto lo tenían presente los delegados en la Convención de Filadelfia, pues para mayo de ese mismo año, cuando ellos empezaban sus deliberaciones, la rebelión de Shays había ya terminado y la confusión que originalmente existió sobre las motivaciones del levantamiento comenzaba a disiparse. Se trataba, en voz de uno de los delegados, de un enfrentamiento entre "el *seaboard* y el *backcountry*", entre los intereses de

---

[7] *Ibid.*, p. 128.

[8] Joseph Parker Warren, "The Confederation and the Shays Rebellion", *The American History Review*, vol. 11, núm. 1 (octubre de 1911), p. 43.

la burguesía especuladora de la ciudad (Boston) y los de la mayoría de los granjeros y artesanos que vivían en las zonas rurales, y que "mantenían un espíritu de igualados" con las autoridades del estado. La rebelión sirvió para que los federalistas, que abogaban por un gobierno fuerte y un ejército permanente, agitaran sobre su conveniencia con la amenaza de una sublevación popular. "La rebelión de Shays estaba en la mente del público cuando el Congreso, después de haber debatido el informe sobre la Convención de Annapolis, votó a favor de la realización de la Convención de Filadelfia".[9] Se temía, casi todos temían, que, si la rebelión tenía éxito, y estuvo a horas de tenerlo, se esparciera como un fuego incontrolable por todos los estados. George Washington mismo señaló al respecto: "¡Qué triunfo para nuestros enemigos será el verificar sus predicciones! Qué triunfo para los defensores del despotismo encontrar que somos incapaces de gobernarnos por nosotros mismos, y que sistemas fundados con base en la libertad son meramente imaginarios y erróneos".[10]

La rebelión de Shays afligió a los convencionistas en Filadelfia, pues no querían que la estabilidad política de la nueva nación estuviera atenida a la casualidad, a la oportunidad del momento que pudiera ser capitalizada por un movimiento popular. Esta misma aflicción llevó a Washington a sacrificar la tranquilidad de su retiro en Mount Vernon y decidirse a encabezar la delegación de Virginia en la Convención Constitucional. Con él al frente de la delegación de Virginia, y aceptando el puesto como presidente de la Convención, los 55 hombres que se reunieron en Filadelfia ese verano tenían que ser tomados en serio. "La rebelión de Shays no solo había energizado a Washington. En los 13 estados había alarma por el hecho. Las noticias, como las que recibía Washington por comunicación de sus partidarios y como las que había leído

---

[9] Catherine Drinker Bowen, *op. cit.*, p. 10.

[10] *Ibid.*, p. 45.

en el *Pennsylvania Packet*, tuvieron un efecto similar sobre muchos de sus compañeros de Virginia [...] en apoyo del cambio de la estructura política de la nación".[11]

Con gran alboroto *La Gaceta de Pennsylvania* imprimió las primeras copias de la Constitución. Unos días más tarde publicó la declaración de un corresponsal proclamando que todos los federalistas "deberían de ser distinguidos de ahora en adelante con el nombre de washingtonianos y los antifederalistas con el nombre de 'shayittes' en todo Estados Unidos".[12] Thomas Jefferson, que no fue parte de los delegados en Filadelfia, pues se encontraba junto con Benjamin Franklin en Europa como enviado diplomático, le escribió a Abigail Adams a propósito de la rebelión en Massachusetts:

Me gusta una pequeña rebelión de vez en cuando, el espíritu de resistencia al gobierno es una ocasión tan valiosa que yo quisiera que se mantuviera siempre viva. Algunas veces será ejercitada mal, pero es mejor eso que el que no sea ejercitada del todo. ¡Dios no permita que pasen 20 años sin una rebelión así! ¿Qué significan unas pocas vidas perdidas en un siglo o dos? El árbol de la libertad debe de ser regado de tiempo en tiempo con la sangre de los patriotas y de los tiranos. Ese es su abono natural.[13]

---

[11] Leonard L. Richards, *op. cit.*, p. 132.

[12] *Ibid.*, p. 139.

[13] Catherine Drinker Bowen, *op. cit.*, p. 46. Las últimas dos frases están inscritas en piedra en el Monumento Nacional a Thomas Jefferson en Washington, D. C.

2

La compra de la Luisiana
(1803-1804)

Han pasado 20 años desde la firma del tratado de París, que garantizaba el territorio y la independencia a los estadounidenses, y poco más de 15 años desde la reunión de la Convención Constitucional de Filadelfia. George Washington ha sido ya presidente por dos periodos y John Adams, con un solo periodo presidencial, se había convertido en el segundo presidente de Estados Unidos. Thomas Jefferson había comenzado su primer periodo como presidente el 4 de marzo de 1801, al año siguiente de la muerte de Washington.

En 1801 Napoleón ordenó a su cuñado, el general Charles Leclerc, ocupar Santo Domingo para desde allí recuperar Luisiana. Creía que bastarían seis semanas, pero al llegar en 1802 con 20 000 soldados enfrentó la rebelión de esclavos, el clima y la fiebre amarilla, que diezmaron fuertemente al ejército francés.

Mientras esto sucedía en la isla de Santo Domingo, Pierre Samuel Du Pont de Nemours, emigrado francés a territorio estadounidense, viajaba a París y estaba más que dispuesto de acercarse a Napoleón en nombre del gobierno de Estados Unidos. El presidente Jefferson envió una misiva al gobierno francés a través del ilustre viajero en la que sugería básicamente que Estados Unidos no estaba dispuesto a una ocupación francesa de Nueva Orleans, y que en caso de que esta existiera, a la Unión no le quedaría más remedio que casarse con la nación y la armada británica. Robert Livingston y James Monroe, negociadores americanos en Francia que llevaban ya tiempo trabajando sobre el asunto de ganar control estadounidense sobre el puerto de Nueva Orleans, unieron sus esfuerzos con Du Pont para lograr el mejor resultado posible.

En un principio no se consideraba la compra de todo el territorio de la Luisiana, sino solamente de garantizar la navegación libre a través del Misisipi y del puerto de Nueva Orleans. La búsqueda de una solución diplomática por parte de los norteamericanos estaba guiada por el hecho de que era de cualquier forma más barato comprar eventualmente el territorio de la Luisiana a los franceses, que ir a la guerra contra Napoleón. De tal suerte que estaban decididos a impedir que Francia tomara posesión nuevamente del territorio de la Luisiana. Du Pont instó a Jefferson a calcular cuánto costaría una guerra; el gasto de la construcción de barcos, la organización de un ejército, el pago a los marinos y soldados, y así ofrecer a Francia una suma razonable por la Luisiana y las Floridas. No importa qué tan alto el precio pudiera subir en la negociación, todavía sería más barato que ir a la guerra, además de que la conquista de la Luisiana no estaría así envenenada ni por el odio ni por la sangre humana.

Las negociaciones de Monroe, Livingston y Dupont finalmente dieron resultado; Napoleón, decidido a hacerle la guerra a Inglaterra a cualquier precio, aceptó deshacerse de la Luisiana vendiéndosela a Estados Unidos. En el fondo de su decisión, el Primer Cónsul consideraba que una vez derrotada Inglaterra, recuperar esos territorios americanos le sería relativamente fácil, así que no los estaba malbaratando, sino obteniendo la liquidez indispensable para la campaña contra los ingleses, a costa de los estadounidenses.

La compra de la Luisiana a la Francia de Napoleón fue aplaudida por muchos, festejada por los partidarios de Jefferson y criticada por sus opositores como ilegal y anticonstitucional. Lo cierto es que la incorporación de ese territorio a Estados Unidos envenenaría la relación entre los estadounidenses al consolidarse ahí, para 1821, siete nuevos estados esclavistas. El verdadero precio del territorio de la Luisiana sería cubierto con la sangre de cientos de miles de ciudadanos estadounidenses que 60 años después combatirían por eliminar la esclavitud del territorio norteamericano.

La compra de la Luisiana se firmó el 2 de mayo de 1803 y se pagaron 15 millones de dólares por ella. La compra del territorio dobló la superficie de Estados Unidos. Su extensión era de aproximadamente dos millones de kilómetros cuadrados, pero sus límites "no quedaban claramente establecidos en el tratado".[1] El Senado norteamericano aprobó el tratado el 20 de octubre de 1803 y Estados Unidos tomó posesión del territorio el 20 de diciembre. Se terminaron pagando tres centavos por acre en 1803. El territorio de la Luisiana comprendía todo o parte de 15 estados actuales de Estados Unidos y de dos provincias canadienses.

A la parte sur del territorio se le denominó Territorio de Orleans, y tuvo su capital en Nueva Orleans, y a la parte norte, con capital en San Luis, Misuri, se le conoció como el territorio de la Luisiana. La adquisición del nuevo territorio no fue celebrada por todos los norteamericanos. Los federalistas pensaban que la compra era un mal negocio, porque "hemos de dar dinero del que tenemos muy poco, por tierra de la que ya tenemos demasiada". Muchos estados se podrían crear al fraccionar el territorio obtenido y tendría igualmente cada uno de ellos dos votos en el Senado. Era muy probable que los estados creados en el nuevo territorio le fueran fieles a Virginia, de donde eran originarios el secretario

---

[1] Jeffrey B. Morris y Richard B. Morris, *Encyclopedia of American History*, Harper-Collins, Nueva York, 7ª ed., p. 150. Fue una constante en las conquistas y compras de tierra por parte de los norteamericanos el dejar siempre los límites territoriales lo suficientemente difusos para lo que pudiera ofrecerse en el futuro. Lo mismo ocurrió con la adquisición de Florida, de Florida del Oeste, de Texas y de los territorios mexicanos conquistados con la guerra de 1847.

de Estado Madison y el presidente Jefferson, y por lo tanto protegieran la esclavitud.[2]

Al duplicar el tamaño del territorio se aumentó la cantidad absoluta de esclavos, que originalmente se quería reducir, pues los territorios indómitos del oeste solo podrían ser "traídos a la civilización" a través del uso intensivo de mano de obra, no había otra forma para financiar su incorporación como tierras de cultivo, de tal suerte que el financiamiento provino de los salarios no pagados a los esclavos. La compra de la Luisiana presionó seriamente la expansión de la esclavitud, al haber tierra barata y abundante lo que habría que asegurar era la fuerza de trabajo para hacerla producir, esto se logró manteniendo una gran población de esclavos disponibles en los territorios adquiridos.

La adquisición además desató una controversia constitucional sobre si el gobierno federal tenía atribuciones en la Constitución para realizar la compra o no. Por otro lado, se argumentó, con razón, que Napoleón no tenía el derecho para vender la Luisiana, pues la venta violaba el segundo tratado de San Ildefonso de varias maneras, pero sobre todo violaba la solemne promesa de Francia al rey Carlos IV de España de nunca alienar el territorio de la Luisiana a un tercero. Napoleón, Jefferson, Madison, Monroe, DuPont y los miembros del Congreso sabían esto, mientras en Washington se debatía la compra durante 1803.

Después de aprobada la compra por parte del Congreso y de mucho nerviosismo sobre la reacción que tomarían los habitantes franceses y españoles de Nueva Orleans tras haber sido vendidos a Estados Unidos, los norteamericanos marcharon sobre la ciudad para efectuar el

---

[2] Jefferson ocupó la presidencia de los Estados Unidos por dos periodos que finalizaron en 1809; Madison, también de Virginia, la ocupó por dos periodos, desocupando la Casa Blanca hasta 1817; le siguió James Monroe, también del clan de Virginia, quien terminó sus dos periodos en 1825. Los tres eran dueños de esclavos; Madison, uno de los más grandes de la Unión. Jefferson hizo un muy pálido intento en 1804 por limitar la esclavitud en los territorios de la Luisiana que no fructificó ante la oposición de los hacendados y terratenientes del sur.

traslado de poderes el 20 de diciembre de 1803. Los federalistas temían, con razón, que los nuevos estados que se constituyeran a partir de los territorios de la Luisiana inevitablemente alterarían el balance político de la Unión. El sur agrario y los intereses de frontera hacia el oeste ganarían ascendencia sobre los intereses comerciales e industriales del noreste. Los descendientes de los *puritanos* de la costa este temieron que la compra de la Luisiana significara que pronto quedarían en minoría en el concierto nacional. "Este futuro era difícil, si no es que imposible de aceptar para esos orgullosos yankees. Se veían a sí mismos como los creadores de la nación, gracias a los héroes que lucharon en Lexington, Concord y Bunker Hill".[3]

En el futuro, el Congreso trató de mantener un balance político entre estados con leyes que permitían la esclavitud y los que no, pero evidentemente no lo lograron, la Guerra Civil sería el mejor ejemplo de ese fracaso. No había restricción constitucional para que el territorio de la Luisiana pudiera ser incorporado a la Unión como nueva parte de su jurisdicción territorial, pero los habitantes no podrían ser incorporados como ciudadanos. La única solución sería que el territorio fuera gobernado como colonia, de la misma forma que los británicos regían en Jamaica o en la India. El territorio se partió en porciones más pequeñas y se pasaron leyes esclavistas como las que ya tenían los estados del sur. Se institucionalizó la esclavitud en los territorios de la Luisiana.

En 1804 Haití logró su independencia, la segunda en el continente americano, y la primera de un país gobernado por negros, pero Jefferson y el Congreso norteamericano no reconocieron a la nueva República por miedo a que los esclavos negros en Estados Unidos pudieran alzarse reclamando su libertad, con el ejemplo puesto por los negros haitianos. El gobierno estadounidense decretó un bloqueo comercial que imposibilitó el desarrollo del joven país antillano, devastado por la guerra contra los

---

[3] *The Luisiana Purchase*, Turnig Points, John Wiley & Sons, 2003.

franceses. A los hacendados y dueños de esclavos del sur de Estados Unidos les aterraba la idea de que sus esclavos llegaran a tener "noción de la rebelión" sucedida en Santo Domingo.

En 1804 el Congreso de Estados Unidos prohibió la introducción de esclavos en el territorio de la Luisiana y estipuló que los que fueran llevados ahí por sus dueños recuperarían su libertad después de un año. La ley contenía sin embargo una cláusula que la haría expirar en 1805 si el Congreso no la renovaba. Los hacendados y dueños de esclavos presionaron al Senado de tal forma que la ley expiró. Fue lo más cerca que estuvieron los norteamericanos de prevenir la Guerra Civil de 1862, en 1805.

Los hacendados y dueños de esclavos de todo el Valle del Misisipi, de San Luis Misuri, a Nueva Orleans, amenazaron con rebelarse y con separarse de la Unión y reunificarse con Francia, si el gobierno de Estados Unidos volvía aprobar una medida restringiendo la esclavitud en el territorio de la Luisiana. El gobierno después argumentó que carecía de la fuerza y "autoridad necesaria para hacer cumplir las leyes en los lejanos territorios del oeste".[4] Si lo que el gobierno de Estados Unidos quería era incorporar el territorio de la Luisiana pacíficamente dentro de la Unión, tendría que permitir la esclavitud en esa frontera, de lo contrario los hacendados podrían hacer verdad sus amenazas de secesión y generar un problema mayor. Las amenazas al gobierno federal eran claras por parte de los ciudadanos blancos del Valle del Misisipi. "Si el gobierno federal deseaba sofocar el descontento e incorporar a los habitantes blancos de la Alta Luisiana a Estados Unidos, entonces se debería de confirmar de manera clara su derecho a obtener una esclavitud ilimitada".[5] El racismo estadounidense avanzaba hacia el oeste con la nueva frontera.

---

[4] John Craig Hammond, "They Are Very Much Interested in Obtaining an Unlimited Slavery: Rethinking the Expansion of Slavery in the Luisiana Purchase Territories, 1803-1805", *Journal of the Early Republic*, vol. 23, núm. 3 (otoño de 2003), p. 356.

[5] *Ibid.*, p. 358.

La Constitución garantizaba hasta el 1 de enero de 1808 la importación y el comercio internacional de esclavos. A partir de esa fecha ya no se podrían importar nuevos esclavos. Por lo tanto, antes de que venciera legalmente su importación los hacendados y terratenientes del sur "importaron cientos de miles de esclavos", muchos de ellos trasladados a los territorios recién adquiridos de la Luisiana. También, a partir de esa fecha los esclavos comenzaron a producirse intensivamente dentro de Estados Unidos. Comerciar con esclavos era un buen negocio, los hijos se les retiraban a las madres negras para venderlos. En no pocos casos eran los mismos hacendados blancos los padres de esas criaturas, quienes mantenían a mujeres negras[6] como vientres de cría en sus haciendas para la producción de personas. "En algunos casos, probablemente se practicó la cría deliberada de esclavos, especialmente en los estados fronterizos estadounidenses […] hay indicios de que tal práctica, incluso la de criaderos de animales humanos, realmente ocurrió".[7] El mismísimo presidente Jefferson, que compró la Luisiana, procreó varios hijos con una de sus esclavas: Sally Hemings.[8]

Con la adquisición de la Luisiana se profundizó y extendió la esclavitud. La ausencia de libertad de los afroamericanos se hizo más grande, como el territorio. El país creció hasta volverse irreconocible para muchos, sobre todo para los habitantes del noreste. La expansión territorial, que aumentaba las riquezas norteamericanas, disminuía la libertad de sus habitantes y mantenía a la sociedad en actitud de tener que justificar los medios por los fines. Superados los primeros escrúpulos de esta justificación, servirá en el futuro para acondicionar la legalidad de los actos

---

[6] Desde 1662 existía una ley que determinaba que la mujer esclavizada era quien transmitía la condición de esclavo a su descendencia. Por su nombre en latín, *partus sequitur ventrem* ("lo que nace sigue la condición del vientre"), esta ley fue crucial para institucionalizar y perpetuar la esclavitud en las colonias americanas.

[7] Marcel van der Linden, "The World Wide Web of Work", cap 11, *The Abolition of the Slave Trade and Slavery: Intended and Unintended Consequences*, UCL Press, 2023, p. 193.

[8] Annette Gordon-Reed, *The Hemingses of Monticello*, Norton, 2008.

de gobierno a la conveniencia de los fines esperados. A la Luisiana le seguirán las extensiones conquistadas a México. Con cada nuevo metro de tierra adquirido, los estadounidenses se alejaban más de sí mismos, condenando a la esclavitud a millones de seres humanos y compatriotas. Saldar esa escisión costaría la vida a más de 650 000 de sus mejores jóvenes 50 años después. La adquisición de la Luisiana a precio de ganga terminó en una tragedia de proporciones épicas.

3

El Territorio del Noroeste
y la votación sobre la esclavitud
(1823-1825)

Edward Coles nació en 1786 en una familia rica de Virginia, un año antes de que se realizara la Convención Constitucional de Filadelfia. Era vecino de Washington, Jefferson, Madison y Monroe, vivió en la misma sociedad esclavista que formó a esos presidentes. Estudió en el exclusivo Colegio de William and Mary en Williamsburg y consideró la esclavitud moralmente indefendible a la vez que difícil de erradicar. Fuertemente influido por las ideas de la ilustración, decidiría temprano en su vida que no viviría en una sociedad en donde la esclavitud fuera permitida.

Tras la muerte de su padre y al heredar sus bienes en 1808, Coles anunció que liberaría a sus esclavos, provocando consternación en su familia. En Virginia, la ley y la presión social hacían muy difícil tal decisión. Un esclavo liberado en Virginia no podría permanecer ahí por más de un año, vencido ese término tendría que abandonar el estado e irse a vivir a uno en donde la esclavitud no estuviera permitida, pero aun así sus posibilidades de sobrevivir no eran muchas. La mayoría de los esclavos habían nacido en las plantaciones en las que trabajaban, irse a vivir fuera de ellas a un lugar en donde no conocían a nadie, siendo negros, era correr demasiados riesgos para individuos que no sabían leer ni escribir y que no poseían nada. En algunos estados, incluso los que prohibían la

47

esclavitud, exigían una fianza de hasta 500 dólares (una fortuna para la época) a cualquier negro que llegara a vivir ahí, "para garantizar su buen comportamiento", y tendría además que estar preparado para demostrar con papeles ante cualquier autoridad que no era un esclavo fugitivo.

Los negros libres apenas eran tolerados en las ciudades del sur o del norte. Eran comúnmente excluidos, relegados a los peores trabajos pagándoseles apenas lo suficiente para sobrevivir. De un negro libre siempre se sospechaba que fuera un esclavo huido y quedaba expuesto a ser secuestrado y llevado al sur para ser convertido en esclavo por la fuerza. El negro en la plantación era visto como ganado humano y en la ciudad como delincuente o fugitivo. A los dueños de esclavos no les agradaban los negros libres, pensaban que si su cantidad crecía se convertirían en un mal ejemplo para los esclavos, y estos podrían rebelarse. En la mente de todo dueño de esclavos en Estados Unidos estaba la rebelión de los negros en Haití de 1800, que había sido capaz de derrotar al ejército de Napoleón. Dos tíos políticos de Edward habían liberado sus esclavos en Norflok, Virginia, y a los pocos meses de andar libres "ya se morían de hambre". En 1809 Coles puso en venta la hacienda heredada por su padre y viajó a Kentucky para explorar si podía liberar ahí a sus esclavos, pero regresó del viaje decepcionado, pues en ese estado la regulación de la esclavitud era muy similar a la de Virginia. Decidió entonces viajar hacia el Territorio del Noroeste, en donde la Northwest Ordinance (Ordenanza del Noroeste) había prohibido el establecimiento de la esclavitud.

Después de la Declaración de Independencia, la Ordenanza del Noroeste fue el documento más importante proclamado durante el régimen de los Artículos de la Confederación. Aprobada el 13 de julio de 1787 por el Congreso Continental, la ley establecía la creación del Territorio del Noroeste, primer territorio organizado por Estados Unidos a partir de las tierras al sur de los Grandes Lagos y al este del río Misisipi. De ese territorio se constituirían posteriormente los estados de Ohio (1803), Indiana (1816), Illinois (1818), Michigan (1837), Wisconsin

(1848) y Minnesota (1858). La Ordenanza fue ratificada con pequeñas modificaciones por el primer Congreso de Estados Unidos bajo la nueva Constitución y firmada como ley por George Washington el 7 de agosto de 1789, cuatro meses después de haber tomado posesión como primer presidente de la Unión.

La Ordenanza establecía el precedente de que sería el gobierno federal el responsable de organizar y gobernar los territorios adquiridos por la Unión, y que los nuevos estados se constituirían a partir de esos territorios y no de la división del territorio de los estados ya existentes. Una vez constituido un estado, dejaría de estar regulado por el gobierno federal a través de la Ordenanza del Noroeste y proclamaría su propia Constitución. Una de las mayores virtudes que tenía la ley era la prohibición de la esclavitud en ese territorio. El río Ohio se convirtió entonces, por mandato de esa regulación, en el límite entre los estados del sur que permitían la esclavitud y los del norte que la rechazaban. En el artículo 6 de la Ordenanza puede leerse: "No habrá ni esclavitud ni servidumbre involuntaria en dicho territorio…". Sin embargo, como ya hemos visto, los esclavos que escaparan hacia ese territorio tendrían que ser devueltos a sus dueños. Curiosamente, los estados esclavistas del sur votaron a favor de la Ordenanza cuando la estableció el Congreso, a pesar de que prohibía la esclavitud, porque les ofrecía una ventaja comparativa en el cultivo de algunos productos. El tabaco requería de mano de obra tan intensivamente que no sería posible competir contra esos estados en su producción sin mantener una población de esclavos para el sostenimiento del cultivo.

La región del noroeste había estado en posesión intermitente de ingleses y franceses durante los siglos XVII y XVIII. Con la firma del Tratado de París, que otorgaba a Estados Unidos el territorio dominado por los ingleses, el Territorio del Noroeste les fue cedido a los norteamericanos "al menos en el papel", pues no se tenía un completo control sobre los indios que lo habitaban. La expansión territorial de Estados Unidos a costa de las tierras de los indios cobró una enorme importancia en esa región, en donde se peleó una larga guerra para desalojarlos. La Guerra India del Noroeste se peleó durante 10 años (1785-1795) entre Estados Unidos y los indios wyandot, shawnee, miami y otras tribus más pequeñas, agrupadas en la Confederación India del Oeste.

Edward Coles pertenecía a una de las "primeras familias de Virginia", estaba destinado a ser parte de la exquisita élite virginiana que gobernaba hombres y haciendas en el nuevo mundo y era lo más parecido que se podía encontrar en las tierras de Norteamérica a la aristocracia europea.

Dar libertad a los esclavos que había heredado de su padre se convirtió en una obsesión para Edward. Su familia y amigos no lo aceptaban, creían que ya se le pasaría cuando creciera un poco. Además, ¿cómo podría mantener su estilo de vida de caballero virginiano si no contaba con el ingreso que podrían proporcionarle sus esclavos? Coles también había pensado en eso y había llegado a la conclusión de que lo mejor sería contratar a sus esclavos como trabajadores asalariados en una hacienda, en donde los negros no fueran molestados. Para la familia y los amigos esto sí había sido ir demasiado lejos. "Cuando les presenté mi plan a algunos amigos, encontré que la idea los indignó, y si intentaba seguir adelante con ella, no solo causaría el desagrado a mis amigos y vecinos, sino que sería considerado, junto con mis pobres y desafortunados negros, como una peste para la sociedad, sería perseguido, insultado, y finalmente exterminado".[1] Para Coles era fundamental encontrar el lugar en donde pudiera llevar a cabo sus planes.

Conocido de Jefferson desde pequeño, Edward sostuvo con el presidente un importante intercambio epistolar acerca de la esclavitud. En 1814 Coles le escribió a Jefferson, cuando este ya no era presidente, urgiéndole a que tomara el liderazgo de la lucha abolicionista y reseñándole

---

[1] David Ress, *Governor Edward Coles, and the Vote to Forbid Slavery in Illinois, 1823-1824*, McFarland & Co. Carolina del Norte, 2006, p. 33.

sus planes para liberar a sus esclavos. Jefferson declinó la invitación de Coles, aconsejándole a su joven amigo "quedarse en Virginia para ayudar en la desaparición gradual, a largo plazo, de la esclavitud". La respuesta de Jefferson decepcionó profundamente a Coles, quien esperaba de él un compromiso, que no obtuvo, para ayudar a "organizar un plan" que desapareciera la "aborrecible mancha de la esclavitud" del estado. Jefferson estaba teóricamente en contra de la esclavitud, pero nunca liberó a ninguno de sus múltiples esclavos, "no estaba de acuerdo con la esclavitud, pero consideraba a los negros inferiores a los blancos".[2]

En la sociedad virginiana de la época no había cómo acomodar el hecho de que se mantenía esclavizados a miles de seres humanos. La justificación que funcionaba mejor era la que señalaba a los negros como diferentes: "No somos iguales", "los negros no son iguales a los humanos", "son seres inferiores", y por lo tanto sujetos al control de los blancos. El tema de la esclavitud resultaba cada vez más insoportable para la "aristocracia" norteamericana, las conciencias críticas como la de Edward se multiplicaban, los opositores exigían su abolición.

A sus 33 años, Edward reunió un día de primavera a sus esclavos y les dijo que viajarían hacia el oeste en búsqueda de mejores oportunidades para todos. "Vamos a un viaje —les dijo—, toda mi gente con todos sus niños, vamos todos, menos la tía Amanda y la tía Sophie, quienes están muy grandes ya para viajar" y se quedarán en la Hacienda de Rockfish, en donde se cuidará bien de ellas hasta el final de sus días. Coles tenía preparadas varias carretas a las que subieron los esclavos y se dirigieron hasta Brownsville, Pensilvania, en donde los esperaban dos botes de piso plano. En ellos acomodaron la totalidad de sus pertenencias y comenzaron a bajar por el río Ohio hacia Illinois, era abril de 1819. Los dos botes fueron atados y juntos se deslizaban suavemente por el río, era un día en

---

[2] William Cohen, *Thomas Jefferson and the Problem of Slavery*, *The Journal of American History*, vol. 56, núm. 3 (diciembre de 1969), p. 505.

calma, tan claro que la luz del sol brillaba sobre la superficie del agua. El momento había llegado para decirles a los esclavos la razón de su viaje. Coles escogió un recodo del río particularmente hermoso para detenerse e informarles lo que tantas veces había soñado hacer. Reúne a toda mi gente, le dijo a Crawford, el hermoso mulato al que había puesto al mando de la expedición.

"Tal vez ustedes se han preguntado por qué se está llevando a cabo este viaje. Estoy dispuesto a decírselos ahora, y ustedes tienen una gran curiosidad por saber y yo por ver qué efecto tendrá la noticia". Los negros se agrupaban en las cubiertas de los botes, todos tenían grandes caras, estaban decididos y con ganas. "Los he sacado de Virginia para hacerlos libres. Ustedes ya no son esclavos, mi gente. Son libres, tan libres como lo soy yo. Están en libertad de permanecer conmigo o de quedarse en la orilla si lo quieren". Se produjo un silencio en el que no se escuchaba ni la respiración, los negros se le quedaron mirando a Coles y después se miraron entre ellos.

Claramente no creían lo que acababan de escuchar. "Es verdad —continuó Coles—. Son libres. No habrá más servidumbre mientras vivan, no habrá más temor a ser vendidos, no habrá más miedo a que las familias sean separadas. Los llevaré a un país libre. Ustedes pueden ir allí conmigo o buscar fortuna en otro lugar". De pronto el silencio fue roto por una risa bajita y luego por risas y gritos alegres de "¡Alabado sea el Señor! ¡Dios bendiga al amo Edward! ¡El reino de los cielos ha llegado! ¡Alabado sea Dios!".[3] Coles también les informó a sus esclavos que había adquirido 70 hectáreas de tierra para cada uno, de tal forma que pudieran proveer para su manutención. Todos los esclavos continuaron el viaje con él hasta Illinois, establecieron sus propias granjas en la tierra que Coles les donó, además de trabajar algunos para el propio Coles por un salario.

---

[3] Eudora Ramsay Richardson, "The Virginian Who Made Illinois a Free State", *Journal of the Illinois State Historical Society (1908-1984)*, col. 45, núm. 1 (primavera de 1952), pp. 6-7.

"Las palabras 'tú eres libre' raramente fueron dichas a un hombre, mujer o niños negros en América, en 1819. Coles las dijo".[4]

La culpa de haber tratado como animales a seres humanos llevaba a los dueños de esclavos a prometer su liberación en sus testamentos. Muy pocos lo hicieron, ciertamente no lo hicieron ni Jefferson, ni Madison, ni Monroe. Edward Coles sí lo hizo porque realmente no pensaba que "un hombre pudiera tener el derecho de propiedad sobre su prójimo, sino al contrario, que todos los hombres habían sido dotados por la naturaleza con igualdad de derechos". Como dice la Declaración de Independencia.

Todos los dueños de esclavos consideraban que habría que mantener en la máxima ignorancia posible a sus esclavos para impedir que la adquisición de algunas ideas los volvieran rebeldes. Entre las disposiciones que más celo tenían los dueños de esclavos en hacer cumplir estaban las de impedirles la lectura y la escritura. Estaba prohibido enseñarles a los negros, libres o esclavos. Toda infracción cometida por un esclavo era castigada directa e inmediatamente por el amo con el látigo. El esclavo no era nadie, y era mantenido en esa condición con el uso de la fuerza, no reclamaba, no protestaba, no contradecía, solo obedecía. Todo lo humano había sido eliminado de él. Fue rota, por dentro, la persona que existía en cada uno de los esclavos.

Un esclavo en algunas partes tenía hasta 30% de probabilidad de ser vendido durante su vida. El 25% de las ventas de esclavos destruían el primer matrimonio y la mitad destruían a la familia nuclear.

Cuando la mujer e hijos de Henry Brown, un esclavo de Richmond, Virginia, iban a ser vendidos, Brown buscó a un patrón blanco que pudiera comprar a su mujer e hijos para mantener unida a la familia. Falló. Al día siguiente se paró a la orilla de la carretera, junto con otros esclavos, para ver pasar a los que habían sido vendidos, que en cantidad de 350 iban

---

[4] David Ress, *op. cit.*, p. 15.

a pasar frente a ellos. El comprador de su esposa era un ministro metodista que estaba comenzando su iglesia en Carolina del Norte. Al poco tiempo cinco carretas cargadas de niños pequeños pasaron frente a él; mirando a la más cercana se percató de que un niño delgado levantaba su manita exclamando: "Ahí está mi padre; yo sabía que me vendría a despedir". Se trataba de su hijo mayor. Poco después otro grupo que caminaba se aproximó a él, ahí venía su esposa encadenada. La vio y reconoció en ella el rostro familiar, fue una agonía y esperó que Dios le evitara tener que volver a vivir ese terror insoportable alguna otra vez. Ella pasó cerca de donde Henry se encontraba parado, lo tomó de la mano intentando despedirse, pero no tuvo palabras para decir algo, se mantuvo mudo. La acompañó por algún tiempo tomado de su mano, como si la quisiera salvar de su destino, pero no podía hablar, al regresar lo hizo en silencio.[5]

En un tiempo en donde las comunicaciones eran muy primitivas y los negros no podían moverse de lugar, la partida de la familia resultaba como si la hubieran asesinado. Destruyeron a las familias afroamericanas, el más importante valor para cualquier persona, por la obtención de una ganancia económica. Es realmente en la esclavitud de los negros en donde se encuentra el origen de la democracia y de la riqueza estadounidense.

Alguien podría pensar que después de ese gesto extraordinario de generosidad humana por parte de Coles, obtendría el respeto de sus contemporáneos, quienes aprobarían y reconocerían el hecho. En efecto, con una parte de sus conciudadanos así fue, pero por parte de la mayoría de la sociedad no solo no obtuvo ningún reconocimiento ni aprobación, sino que fue agredido, hostigado y combatido, además de verse sometido a un humillante acoso judicial por haber dado libertad a sus esclavos. Varios años después de su arribo al estado, la Corte de Circuito del Condado de Madison encontró a Coles "responsable de haber violado una

---

[5] Ta-Nehisi Coates, "The Case for Reparations", *The Atlantic Monthly*, 21 de mayo de 2014.

ley estatal, aprobada justo antes de que llegara a Illinois, y que no había sido todavía publicada, por lo que no tenía conocimiento de ella. La ley requería que cualquiera que trajera sus esclavos al estado con el propósito de emanciparlos tendría que depositar una fianza de 1 000 dólares por cada esclavo liberado. Coles había proveído a cada uno de sus esclavos de los certificados de manumisión, pero no había depositado las fianzas requeridas".[6] El asunto tuvo que llegar hasta la Suprema Corte del estado, en donde se revirtió la sentencia de la Corte de Circuito y se condonó a Coles la fuerte multa que hubiera tenido que pagar, ya que había liberado a sus esclavos en Ohio, y habrían arribado a Illinois ya como hombres libres.

Coles arribó a Edwardsville, Illinois, a principios de mayo de 1819. Se estableció en la ciudad y tomo posesión como el responsable de la recientemente instituida Oficina Federal para la Regulación de la Tierra, puesto para el que su amigo y vecino, el presidente Monroe, lo había nombrado. Desde esa posición gubernamental, Coles fue levantado por el torbellino político de frontera y comenzó a participar en la vida pública del estado. Al comenzar a recorrer su nuevo estado adoptivo, Coles debe de haber quedado muy impresionado, pues se encontró con que el lugar que había elegido para liberar a sus esclavos, y él mismo establecerse, se encontraba enfrascado en una disputa sobre la adopción de la esclavitud a nivel estatal, ese "pecado nacional" del que Coles venía huyendo.

Edward no lo sabía en ese momento, pero la mayoría de los pobladores del nuevo estado de Illinois provenían de los estados esclavistas del sur. A pesar de la creencia popular muy extendida de que los blancos pobres que migraban hacia el norte lo hacían aborreciendo la esclavitud en sus natales estados del sur, lo cierto era que ultrafavorecían la esclavitud, más que los mismos hacendados de los estados del sur de

---

[6] Robert M. Sutton, "Edward Coles and the Constitutional Crisis in Illinois, 1822-1824", *Illinois Historical Journal*, vol. 82, núm. 1 (primavera de 1989), p. 35.

donde eran originarios. Además, existían en el estado antecedentes de la práctica de la esclavitud, introducida por los franceses durante el siglo XVIII y que había permanecido a pesar de la Ordenanza del Noroeste, pues quienes poseían esclavos los hacían pasar por criados o sirvientes. Si bien la Ordenanza prohibía la introducción de esclavos, "no preveía para nada cuando los esclavos ya se encontraban en el territorio de Illinois. Hombres y mujeres que ya habían trabajado ahí en cautiverio por más de seis décadas, cuando el Congreso promulgó la Ordenanza, eran hijos y nietos de los esclavos propiedad de los granjeros franceses que habían derivado hacia Illinois, especialmente aquellos residentes de la Luisiana establecida en 1717".[7] En los años setenta del siglo XVIII, de 1 600 personas viviendo en el territorio de lo que sería después el estado de Illinois, 600 eran esclavos. Para principios del siglo XIX esa cantidad se redujo considerablemente, pero solo por algún tiempo.

Illinois se convirtió en el estado número 21 de la Unión, el 3 de diciembre de 1818. En 1810 había en el territorio de Illinois 168 esclavos, y para cuando obtuvo la categoría de estado, ocho años después, había 917, siendo el único estado al norte de la línea Mason-Dixon (línea que separaba al norte del sur) y del río Ohio, en el que había aumentado la población de esclavos en esos años. La mala situación económica ayudaba a la agitación sobre la introducción de la esclavitud en el estado, pues los últimos años habían sido de crisis económica, y uno de los argumentos a favor de la esclavitud era precisamente que su establecimiento fortalecería la producción agrícola, pero, sobre todo, elevaría el valor de la tierra, lo que resultaba muy atractivo para la mayoría.

Políticos ambiciosos y oportunistas vieron en el miedo popular a otra crisis económica y en la fantasmagórica idea de que la tierra aumentaría su valor, la oportunidad para presentar una plataforma política que incluía introducir la esclavitud en el recién creado estado de Illinois.

---

[7] David Ress, *op. cit.*, p. 56.

Entre aquellos políticos que apoyaban la introducción de la esclavitud se encontraban "seis futuros senadores de Estados Unidos, el gobernador y dos futuros gobernadores, el presidente de la Corte de Justicia estatal y muchos otros funcionarios del gobierno".[8] El movimiento proesclavitud, apoyado por la mayoría, si no es que por todos los políticos del estado y demandado por la gente, parecía invencible para 1821. El primer gobernador del estado, Shadrach Bond, terminaría su mandato en diciembre de 1822, y habría elecciones en Illinois ese mismo año.

El 30 de octubre de 1821 Edward Coles anunció su candidatura a gobernador de Illinois llevado por la desesperación, y no por una ambición de poder. Su oponente, el juez Joseph B. Phillips, férreo defensor de la esclavitud, era el favorito para ganar. Sorprendido y preocupado por el inesperado apoyo de Coles en el sur del estado, Philips convenció a Thomas C. Browne de que se postulara para dividir el voto antiesclavista. Esta estrategia resultó contraproducente: Browne y otro candidato, James B. Moore, le restaron votos a Philips en el norte, y dividieron el voto esclavista. Coles ganó por solo 50 votos, y se convirtió en gobernador gracias a que el voto mayoritario a favor de la esclavitud se repartió entre tres candidatos.

Edward Coles tomó posesión como el segundo gobernador de Illinois el 5 de diciembre de 1822, decidido a combatir la esclavitud con todos los instrumentos que el poder del estado ponía a su disposición. Para ese mismo año, cuando Coles acababa de sentarse en la silla del gobernador de Illinois y comenzaba la batalla contra la esclavitud, Thomas Jefferson poseía en su hacienda de Monticello 267 esclavos.[9]

Algunos políticos e intelectuales estadounidenses, cuando hablan de la esclavitud en Estados Unidos, la refieren como algo propio de la

---

[8] Donald S. Spencer, "Edward Coles: Virginia Gentleman in Frontier Politics", *Journal of the Illinois State Historical Society (1908-1984)*, vol. 61, núm. 2 (verano de 1968), p. 153.

[9] William Cohen, *op. cit.*, p. 506.

época, que durante los siglos XVIII y XIX resultaba *normal*. Lo común en aquel tiempo era tener esclavos, suelen decir, y no encuentran nada censurable en el hecho de que casi la absoluta mayoría de los presidentes estadounidenses, hasta antes de Lincoln, se hubieran beneficiado de la esclavitud. Sería un "anacronismo juzgarlo de otra forma", suelen replicar, el asunto era más complejo que ahora. Edward Coles es un ejemplo de que había personas en aquella época que consideraban imperdonable la esclavitud y que estaban dispuestas a que sus acciones siguieran a sus ideas. La liberación de sus esclavos no solo alivió su alma compungida por el dolor de que tal barbaridad humana existiera, sino que dejó establecido con claridad meridiana que poseer esclavos era un acto criminal. Pretender hoy que poseer esclavos en el siglo XIX era algo "normal", es simplemente ignorar la historia, ahí está Edward Coles para recordarnos que no había nada de "natural", ni de "normal" en esclavizar personas.

En su discurso inaugural al asumir la gubernatura, Coles le propuso a la legislatura, con gran ingenuidad política, abolir las "leyes sobre los negros" (*Black Laws*), que imponían duras restricciones a las acciones y a los movimientos de los negros libres en el estado y no les permitían ejercer el derecho al voto, a ser votados, a formar parte de un jurado, etc. "No hay otra forma de cumplir los objetivos expresados en el mensaje inaugural del gobernador que convocando a una Convención para modificar la Constitución",[10] señalaron sus opositores políticos. La legislatura, mayoritariamente proesclavitud, convocó de inmediato a un referéndum para realizar una Convención Constitucional que modificara la Constitución, para según ellos cumplir con los deseos del gobernador. Todos se dieron cuenta en ese momento de que la Convención en realidad lo que haría sería convertir a Illinois en un estado esclavista. Harían a través de la legislatura los cambios necesarios para volver legal la esclavitud.

---

[10] David Ress, *op. cit.*, pp. 101-102.

Toda la agitación política que se produjo sobre la realización, o no, de la Convención Constitucional, era en realidad la batalla por legalizar o mantener prohibida la esclavitud en el estado. El término proconvención era igual a proesclavitud y el anticonvención era lo mismo que antiesclavitud. Los opositores a Coles hicieron campaña a favor de la Constitución, no a favor de la esclavitud. "Constitución, no esclavitud", sería su grito de campaña, con lo que el referéndum sería engañoso para muchos que no estaban poniendo atención a los desarrollos políticos que sucedían en Illinois. Habría que hacer una campaña para explicarle a la gente que al reformar la Constitución se abría la posibilidad de que los delegados votaran la aprobación de la esclavitud.

Transcurrirían 18 meses entre la convocatoria a la Convención y el día de la votación. Coles se puso a hacer campaña y contaba con su viejo conocido, Morris Birkbeck, quien producía buenos textos para la propaganda anticonvención. Birkbeck agitaba a los granjeros pobres con la idea de que introducir la esclavitud podría traer la rebelión de los esclavos, como sucedió en Haití, y permitiría el surgimiento de una aristocracia como en los estados del sur, sembrando la discordia entre hermanos, pero el más efectivo de sus alegatos era el que dejaba perfectamente establecido que los precios de la tierra no aumentarían con la introducción del trabajo esclavo.

Las fuerzas antiesclavistas se organizaron para dar la batalla. Quince representantes de la legislatura hacían campaña contra la Convención con la idea de que si se aprobaba debería de escribirse el epitafio del gobierno libre en Illinois. Varias iglesias cristianas del valle del río Wabash se declararon "amigas de la humanidad" y ministros metodistas predicaban que la esclavitud era una forma de pecado. En los periódicos y en los púlpitos se peleó la batalla contra la realización de la Convención. Por el lado de sus promotores, los ataques personales a Coles no cesaron a lo largo de toda la campaña.

El asunto de la Convención levantó por dos años la más furiosa y tumultuosa excitación en una competencia que jamás se hubiera realizado en Illinois. Muchos combates personales se entregaron a la cuestión y el estado entero parecía, a veces, estar listo y dispuesto a recurrir a la fuerza física para decidir el asunto. Viejas amistades se separaron; familias divididas y barrios opuestos entre sí. "William Brown recordaba: había gran demanda de pistolas y dagas, incluso la cuestión de género entró en el vórtice de este torbellino de pasión; y muchas fueron las disputas airadas de aquellos cuyas preocupaciones e intereses estaban usualmente confinados a sus labores domésticas".[11] Las mujeres que no votaban sí podían presionar a sus maridos para que lo hicieran en una determinada dirección. Coles se apoyó en el trabajo de las mujeres en contra de la esclavitud.

La votación para la realización de la Convención se verificó en agosto de 1824 y la ganó Coles con 6 640 votos (57%) contra 4 972 (43%). No habría Convención Constitucional, no habría esclavitud en Illinois. En 1824 salieron a votar 11 612 personas, 35% más de los que habían votado en 1822. Ese triunfo contra toda la clase política de Illinois le trajo a Coles una derrota personal. Después de haberle ganado a la legislatura la votación sobre la Convención, la mayoría resentida de los legisladores no aprobó ninguna de sus propuestas de ley y no dio el visto bueno para ninguna de las nominaciones que propuso para ocupar un puesto en su administración, rechazaron incluso a alguien tan calificado como Morris Birkbeck para ocupar la Secretaría de Estado. Coles no pudo realizar prácticamente ninguna acción de gobierno.

Las preguntas sobre la elección se acumularon en aquellos días. Nadie podía entender cómo teniendo los dos tercios constitucionales en cada una de las dos cámaras de la legislatura, las fuerzas proesclavitud habían perdido la votación sobre la Convención por más de 10 puntos. Una explicación sugerente es la que señala que la demografía había cambiado muy rápidamente en aquellos años. Illinois acababa de obtener apenas

---

[11] David Ress, *op. cit.*, p. 141.

unos años atrás la categoría de estado de la Unión, y a partir de esa fecha la llegada de nuevos inmigrantes había permitido que la población creciera vertiginosamente. "El censo de 1825 mostraba un total de 72 187 habitantes, lo que era casi el doble de la población reportada al momento de obtener el carácter de estado en 1818".[12]

A diferencia de la migración anterior a la obtención de la categoría de estado, que provenía de los estados al sur del Territorio del Noroeste, la nueva ola migratoria desatada con el ingreso de Illinois a la Unión provenía principalmente de los estados de Nueva Inglaterra, en donde la esclavitud había sido prohibida casi desde el inicio de la Guerra de Independencia, por lo que la disposición de la gente en Illinois era más favorable, ahora, a su prohibición. "Cinco años antes de la Declaración de Independencia, Massachusetts había prohibido la futura importación de esclavos. [...] Pensilvania en 1780 pasó una ley previendo la posible abolición de la esclavitud, Massachusetts en 1783 la abolió. Connecticut y Rhode Island en 1784 siguieron el camino de Pensilvania. Nueva York y Nueva Jersey pasaron actas de manumisión de amplia naturaleza".[13]

Después de la elección para el establecimiento de la Convención Constitucional el tema de la esclavitud desapareció de la escena política en Illinois, pero el problema de los esclavos permaneció. La servidumbre bajo contrato seguía existiendo y no sería erradicada hasta pasados 20 años, cuando las cortes encontraron ilegal ese sistema de empleo. En una serie de artículos publicados por el *Journal of the Early Republic*, Paul Finkelman "llamaba la atención sobre la virulencia de la esclavitud. Una vez que se le permitía echar raíces, permanecería, y habría gran dificultad para erradicar sus vestigios remanentes, incluso en Illinois, en donde no había nunca existido propiamente". Las leyes sobre los negros (*Black*

---

[12] Robert M. Sutton, *op. cit.*, p. 45.

[13] Richard Kluger, *Simple Justice, The History of Brown v. Board of Education and Black America's Struggle for Equality*, Random House, Nueva York, 2004, p. 29.

Laws), que con la solicitud de su revocación Coles había destapado todo el asunto de la Convención, fueron finalmente revocadas, pero solo para ser restablecidas en 1853, permaneciendo vigentes hasta después de la Guerra Civil.

Terminado su periodo en 1826, Coles ni siquiera consideró posible la reelección, habría deseado ser senador en 1824, pero su activismo contra la esclavitud evitó que se le considerara en Washington para el trabajo. Coles dejó Illinois en 1832 para irse a vivir a Filadelfia, en donde residió hasta su muerte. La lucha contra la esclavitud en Illinois acabó con su carrera política. Coles defendió sus principios frente a políticos que no los tenían y recurrió a los ideales de sus conciudadanos cuando debió haber recurrido a sus intereses. Edward Coles era un hombre de principios con una integridad moral poco común, al que obviamente no le iba bien la frontera oeste de Estados Unidos, en donde bandidos y especuladores eran parte importante de la sociedad. "Su gran triunfo consistió en ganar un referéndum constitucional diseñado para legalizar la esclavitud en el estado de Illinois, pero al ganar el referéndum sembró las semillas de su propia derrota e impopularidad. Se volvió víctima de su propia integridad".[14]

Abraham Lincoln había nacido en Kentucky y había emigrado con sus padres, primero a Indiana y después a Illinois, estado por el que fue electo a la Cámara de Representantes local y posteriormente a la Cámara de Representantes federal. Sin la lucha que Edward Coles libró para mantener al estado libre de la esclavitud es muy probable que la familia Lincoln nunca hubiera llegado a vivir a Illinois.

Al enfrentarse a una legislatura hostil desde el primer día como gobernador de Illinois en 1822 y declarar que "la esclavitud podía ser terminada de verdad", la gente del estado pudo realizar una votación sobre la cuestión de la esclavitud y expresar su opinión en contra, impidiendo

---

[14] Donald S. Spencer, *op. cit.*, p. 151.

la realización de la Convención Constitucional en 1824. Esa fue la única ocasión, en toda la historia de Estados Unidos, en la que el pueblo pudo votar respecto de la aceptación o no de la esclavitud en un estado. En ningún otro momento de la historia norteamericana se realizó un referéndum que le permitiera al pueblo votar sobre el asunto.

Al llegar Abraham Lincoln a Filadelfia, camino de Washington para prestar juramento como el decimosexto presidente de Estados Unidos, "expresó una gran alegría al verlo", cuando Coles, ya viejo, pudo abrirse paso ante la multitud de partidarios y admiradores del presidente electo que inundaban el Hotel Continental para presentarle sus respetos. Coles, dijo Lincoln, "es respetado universalmente y por todo el estado de Illinois". Edward Coles murió en Filadelfia el 7 de julio de 1868, a los 81 años.

4

La independencia de Texas
(1832-1839)

El Tratado Adams-Onís de 1819 fijó las fronteras entre Estados Unidos y Nueva España: cedió la Florida, renunció a Oregón al norte del paralelo 42 y estableció la frontera de Luisiana y Texas en el río Sabina. Sin embargo, terratenientes esclavistas y expansionistas del sur, como Andrew Jackson, no reconocieron el acuerdo, argumentando que Texas siempre había sido parte de la compra de la Luisiana. Hasta 1836 continuó la migración de colonos anglosajones y la introducción de esclavos en Texas, aprovechando el debilitamiento de la presencia española.

Tras la Independencia de México, se volvió una necesidad estratégica poblar el norte. Moisés Austin obtuvo de la Corona española permiso para fundar una colonia angloamericana en Texas, pero murió antes de verla establecida; su hijo Stephen F. Austin proclamaba llevar la "civilización" a indios, negros y mexicanos y se convirtió en el centro geográfico de Texas, atrayendo a un número considerable de familias inmigrantes desde Estados Unidos.

A pesar del aumento de población anglosajona, Texas no estaba lo suficientemente poblada para formar un estado propio, de modo que fue incorporada a Coahuila en 1824. Los colonos texanos no tardaron en sublevarse, exigiendo su separación en 1829, para formar un estado independiente. Aunque estas primeras rebeliones fueron sofocadas, las inconformidades fueron creciendo debido a las turbulencias políticas en México. Se citaban como causas la religión obligatoria, el diezmo, el centralismo y las restricciones a la tierra, pero fueron sobre todo pretextos de agitación. Los texanos se negaron a reconocer incluso a su propio gobernador federalista. Su proyecto era de otra índole: buscaban la independencia, justificándose en la lucha contra el centralismo, pero con motivos que iban más allá de los alegatos públicos.

Los terratenientes esclavistas del sur, los expansionistas que nunca reconocieron el Tratado Adams-Onís y pugnaban por la "reanexión" de Texas a la Unión, estaban a la defensiva cuando John Quincy Adams se convirtió en el sexto presidente de Estados Unidos en 1825. El firmante del tratado que llevaba su nombre seguramente honraría la defensa de los límites territoriales de Texas y censuraría cualquier intento por comprometer a Estados Unidos en una guerra contra México. Adams, sin embargo, no había renunciado a la obtención del territorio de Texas para Estados Unidos, pero favorecía una línea más civilizada que la simple anexión por la fuerza. Para esto utilizó al ministro americano para México, Joel Poinsett, quien además de intrigar y enemistar a los dirigentes mexicanos entre sí, exploraba la posibilidad de comprar Texas para Estados Unidos. Henry Ward, ministro británico en México, escribe al canciller Canning: "No he titubeado [...] en expresar mi convicción, tanto en público como en privado, de que el objetivo más importante de la misión del señor Poinsett [...] es enredar a México en una guerra civil y facilitar [...] la adquisición de las provincias situadas al norte del río Bravo".[1]

El presidente Adams, originario de Massachusetts, era un personaje emblemático de los norteamericanos opuestos a la esclavitud. Hijo de John Adams, que fue probablemente de los pocos "padres fundadores" de Estados Unidos que no tuvo esclavos, veía a la "peculiar institución"

---

[1] Gregorio Selser, *Cronología de las intervenciones extranjeras en América Latina*, t. 1, p. 213.

como una de las manchas más negras en la historia norteamericana. Adams era enemigo político de Andrew Jackson, con quien perdería su reelección en 1828. Cuando Jackson ganó la presidencia de Estados Unidos, los partidarios de la "reanexión" de Texas reiniciaron su tarea. En su memoria *Viaje a Texas en 1828-1829* el teniente mexicano José María Sánchez escribe: "A mi entender, de esa colonia [la de los anglosajones admitidos desde comienzos de la década] ha de salir la chispa que forme el incendio que nos ha de dejar sin Tejas".[2] Andrew Jackson triunfa en la elección de 1828 y toma posesión de la presidencia en marzo de 1829, año en el que comienza la protesta de los texanos, que posteriormente en 1835 se convertirá en un movimiento, ¡para defender la Constitución mexicana de 1824! José Antonio Mexía, ofreciendo organizar la defensa de Texas del gobierno mexicano, señalaba: "Compañeros, los engaña quien les informe que los texanos deseamos la separación de la federación mexicana… lo que deseamos es lo que yo y todos los federalistas desean, esto es, la Constitución de 1824…".[3]

Andrew Jackson es uno de los más polémicos presidentes que ha tenido Estados Unidos. De origen escocés–irlandés, sus padres emigraron de Inglaterra a Estados Unidos en 1765, solo dos años antes de que naciera el pequeño Andrew. Dos semanas antes de su nacimiento su padre, de nombre también Andrew, falleció. En 1796 Jackson fue electo representante ante la Cámara de Representantes de Estados Unidos por el estado de Tennessee y en 1801 fue nombrado coronel de la Milicia del estado. Jackson fue dueño de una enorme plantación llamada The Hermitage, en Nashville, y poseía en ella "cientos de esclavos".

En la guerra de 1812 contra los ingleses, Jackson obtuvo renombre nacional al comandar la Batalla de Nueva Orleans en la que el ejército

---

[2] *Ibid.*, p. 225.

[3] Josefina Zoraida Vázquez, "The Texas Question In Mexican Politics, 1836-1845", *The Southwestern Historical Quarterly*, vol. 89, núm. 3 (enero de 1986), p. 312.

inglés fue derrotado por Jackson al impedírsele la entrada a la ciudad. Despojó a los indios americanos de sus tierras en Kentucky, Tennessee, Georgia, las Carolinas y la Florida. A ese despojo de tierras de los nativos americanos, supervisado personalmente por Jackson siendo presidente, se le llamó "Camino de Lágrimas" (*Trail of Tears*) y significó el traslado de miles de indios hacia el oeste despoblado del país desde sus ricas tierras en la costa este. La Indian Removal Act (Ley para la Remoción de Indios), emitida por el Congreso a petición de Jackson en 1830, expulsó a más de 50 000 indios de sus tierras para dar paso a los especuladores y después a los colonos blancos. Indios, negros y mexicanos no extrañaron a Jackson cuando dejó la presidencia en 1837 después de su segundo periodo presidencial. Andrew Jackson representa a esa parte de los estadounidenses que se creyeron elegidos por la Providencia para dominar, explotar y robar a sus contemporáneos. Era el prototipo del racista estadounidense.

En noviembre de 1826, siguiendo la ruta de la primera colonia oficialmente establecida en Texas por norteamericanos, la de Austin, el aventurero

Haden Edwards se apodera de la población de Nacogdoches, en Texas oriental, con el pretexto de colonizar la región y posteriormente proclama la República de Fredonia, mala españolización de *Freedom Republic* (República Libre). Se trata del primer experimento más o menos exitoso en territorio mexicano, con el mismo espíritu con el que se proclamó, tres lustros antes, la independencia de la Florida Occidental. Los límites de esta flamante república —cuya bandera es roja y blanca, presunto símbolo de unión de blancos e indios— los fija Edwards en el río Bravo.[4]

Los intentos norteamericanos por apropiarse de Texas en realidad nunca se detuvieron, tomaron un aire más pacífico y de intriga durante

---

[4] Gregorio Selser, *op. cit.*, p. 211.

la presidencia de Adams, pero con Jackson volverían a la carga los *frontiermen* y sus aliados políticos, los dueños de esclavos.

En poco tiempo Texas se había convertido en la capital de la especulación con la tierra, los hacendados del sur norteamericano comenzaron a introducir esclavos y la población anglosajona comenzó a ser mayoritaria rápidamente. En 1830 Texas tenía más de 20 000 habitantes (75% norteamericanos). En 1834 el estado de Coahuila-Texas permitió vender tierras a cualquiera mediante subasta, facilitando la especulación. Los especuladores norteamericanos compraban títulos de propiedad de las autoridades mexicanas sedientas de liquidez en Saltillo, solo para revenderlos en Texas hasta por 10 veces su valor original a los que serían futuros mexicanos naturalizados y que provenían de Kentucky, Tennessee y Virginia. Se entregó el territorio nacional a extranjeros por las necesidades fiscales del estado; las consecuencias podrían haber sido previstas casi por cualquiera.

Los títulos de tierra no incluían el derecho a la rebelión contra un estado al que se había jurado lealtad. Los inmigrantes norteamericanos habían inundado esta provincia de México (Tejas) en las décadas de 1820 y 1830, por invitación de las autoridades mexicanas. Muchos de estos colonos descartaban la obediencia de las leyes mexicanas, incluyendo las que prohibían la esclavitud. Cuando los funcionarios mexicanos se trasladaron a reforzar su control sobre la provincia rebelde, la población anglosajona respondió declarando su independencia en 1836, que logró *de facto* tras una serie de victorias militares sobre los mexicanos. "La administración Jackson perdió tiempo en extender su reconocimiento a la naciente República de Texas, ya que esta solicitó la anexión por parte de Estados Unidos, pero esta no llegó de inmediato por el argumento de que sería provocar a México y desencadenar un conflicto político interno".[5]

---

[5] Jay Sexton, *The Monroe Doctrine*, Hill and Wang, Nueva York, 2011, p. 88.

Para 1835 los especuladores de tierra, unidos a los dueños de esclavos, muchas veces los mismos, los *frontiermen* y los nuevos colonos norteamericanos, fueron convocados a una consulta e instauraron un Consejo Permanente. El rumor esparcido en miles de volantes repartidos por todo el estado de Texas para convocar a la consulta era que el gobierno de México, que a la sazón había suspendido la Constitución de 1824 y cambiado su régimen de federal a centralista, desconocería los títulos de propiedad existentes hasta ese momento y sancionaría a los colonos que los hubieran adquirido ilegalmente. Se agita alrededor de la inseguridad sobre la propiedad de la tierra que el nuevo gobierno, dicen, provocaría. "Un comité central ejecutivo llamado 'consejo permanente' fue organizado en San Felipe el 11 de octubre y el domingo 18 el general Sam Houston, miembro de él, propuso una resolución recomendando una consulta, que cuando se reuniera declarara nulas todas las grandes subvenciones de tierra hechas por la legislatura (estatal) en circunstancias sospechosas a partir de 1833".[6]

Humo, aire caliente y agitación. Cuando se tienen noticias de que de la capital de México ha salido un ejército al mando del general y presidente Santa Anna, los especuladores comienzan a gritar "¡… el lobo, el lobo, condenación, destrucción guerra, a las armas, a las armas!".[7] De la agitación sobre la amenaza a la propiedad de la tierra, los anexionistas disfrazados de independentistas pasaron a la agitación sobre la amenaza de la existencia misma del estado de Texas. Independientemente de la razón o verdad que les asista a los rebeldes, entre ellos el ilustre mexicano Lorenzo de Zavala, se trata de una provocación que lleva por lo menos 30 años elaborándose, esperando su oportunidad, y que la anulación de la Constitución de 1824 les brindaba espléndidamente. Recordemos que los independentistas están, según ellos, "reanexando" Texas a la Unión,

---

[6] Eugene C. Barker, "Land Speculation as a Cause of the Texas Revolution", *The Quarterly of the Texas State Historical Association*, vol. 10, núm. 1 (julio de 1906), p. 93.

[7] *Ibid.*, p. 91.

que siempre consideraron parte de la compra de la Luisiana, pero que "el traidor de Adams había entregado a los españoles" mediante el tratado de 1819 que llevaba su nombre.

La separación de Texas de la República Mexicana cumplía tres objetivos de la oligarquía sureña norteamericana: aumentaba la cantidad de tierra con la que se podía especular para venderla a rancheros y nuevos colonos; ampliaba el margen de los estados esclavistas en la correlación de fuerzas políticas internas, y expandía la esclavitud a los nuevos territorios, justo cuando en el resto del mundo esta comenzaba a desaparecer. La independencia de Texas fue instigada con estos tres objetivos en mente. Los dirigentes de la *insurgencia* texana eran expansionistas, especuladores de tierra y dueños de esclavos, lo mismo en Texas que en Estados Unidos, de donde además había provenido el capital para la adquisición de las tierras. De forma que no solo se trata de los intereses de quienes se asentaban en el territorio texano, sino de quienes les habían prestado el capital para que pudieran hacerlo.

La historiografía norteamericana abundante y espléndida con otros sucesos de menor importancia deja prácticamente un vacío sobre los orígenes de la independencia de Texas. Lo cierto es que "voluntarios" estadounidenses comenzaron a llegar a Texas provenientes de todos los estados vecinos de la Unión Americana para dar apoyo a los insurgentes texanos. Luchar por la independencia era una formalidad de política interna e internacional necesaria para los estadounidenses, como se verá más adelante. En octubre de 1836 en la misma boleta con la que se eligió a Sam Houston presidente de Texas, los insurgentes aprobaron, por una mayoría de 90%, el plebiscito para anexarse como un estado más a la Unión Americana.

En México, mientras tanto, se conocía que todas las "colonias de extranjeros de Texas se habían sublevado, sin exceptuar los de la colonia de Austin, que hasta entonces se habían mostrado adictos al gobierno…".[8]

---

[8] *México a través de los siglos*, t. IV, p. 360.

El 28 de noviembre de 1835 salió Santa Anna para San Luis Potosí. Para el 3 de noviembre, los texanos ya habían establecido en San Felipe un gobierno provisional y les habían declarado la guerra a los mexicanos. Previamente, el 28 de octubre, una fuerza de 600 angloamericanos había derrotado en el presidio de El Álamo, en la localidad de San Antonio de Béjar, a la guarnición mexicana, a la que pusieron en retirada hacia el sur.

En febrero, Santa Anna tomó la ciudad de San Antonio sin disparar un tiro, los habitantes huyeron, los norteamericanos se atrincheraron en la fortaleza de El Álamo. Santa Anna no ofreció parlamento alguno y sentenció a la guarnición a rendirse incondicionalmente. Ante la negativa de los ocupantes, comenzó un asedio implacable al fuerte. Los ocupantes realizaron una defensa heroica, y "el 6 de marzo, a las ocho de la mañana", El Álamo cayó en manos de los mexicanos. Lo que siguió por parte de Santa Anna fue un crimen. Todos los defensores del fuerte fueron pasados por las armas.

Los texanos comenzaron a pedir auxilio a los norteamericanos. El llamado de auxilio había surtido efecto en realidad desde poco antes de noviembre del año anterior, cuando cientos de norteamericanos, con todo y armas, habían acudido en defensa de los insurgentes texanos. No solo se trataba de gente común y corriente, se trataba de políticos y militares de renombre en Estados Unidos. Algunos ejemplos son Samuel Houston, nacido en Rockbridge County, Virginia, miembro de la Cámara de Representantes del Estado de Tennessee, había sido el sexto gobernador del mismo estado y fue uno de los principales líderes de la rebelión de los texanos contra la República Mexicana. David Crockett, miembro de la Cámara de Representantes de Estados Unidos por Tennessee, defensor de los sublevados en El Álamo (y muerto ahí), es otro de los "texanos" que pelean por la independencia de Texas.

La independencia de Texas la realizaron estadounidenses con fusiles estadounidenses, con cañones estadounidenses, con soldados y políticos estadounidenses peleando en el frente de batalla por un territorio que no les pertenecía, que le pertenecía a México y que había quedado consignado en el Tratado Adams-Onís de 1819. En apoyo de los insurgentes Texanos zarpó "un buen número de barcos bien abastecidos que navegaron desde Nueva York y Nueva Orleans a Texas. Aunque estas actividades violaban técnicamente la neutralidad...".[9] En la frontera este de Texas se encontraba estacionado con sus tropas el general Edmund Pendleton Gaines, comandante de la División Oeste del ejército norteamericano, quien debería proteger esa frontera en caso de que el ejército mexicano la atacara, pero sobre todo tenía que impedir el cruce voluntario de sus soldados hacia Texas, para combatir a los mexicanos, cosa que no hizo.

Después de la masacre de El Álamo, Santa Anna se movió con su ejército hacia Goliad, en donde ordenó la ejecución de más de 200 prisioneros texanos, pese a los intentos del general Urrea por salvarlos. Persiguiendo a Houston, el ejército mexicano de más de 4000 hombres llega a San Jacinto el 20 de abril. Teniendo superioridad numérica sobre los norteamericanos, quienes estaban arrinconados con el río a sus espaldas, decide Santa Anna dar descanso a sus tropas y esperar a que los alcancen contingentes rezagados de su ejército. Superaban al enemigo casi 4 a 1. El 21 por la mañana Houston consulta con sus oficiales y deciden que la única posibilidad que tienen es un ataque sorpresa que contara con la fortuna de detener al comandante en jefe de los mexicanos. A las tres de la tarde ejecutan la maniobra, cuando los mexicanos están en la siesta, y bajo un desconcierto general ponen en desbandada a la tropa mexicana. Santa Anna logra escapar y utiliza un disfraz para no ser reconocido por las tropas de Houston, que peinan la zona buscándolo. Al día siguiente es capturado y hecho prisionero. Una fuente norteamericana estima que en la Batalla de San Jacinto "solo murieron dos texanos, mientras que los

---

[9] John H. Schroeder, "Annexation or Independence: The Texas Issue in American Politics, 1836-1845", *The Southwestern Historical Quarterly*, vol. 89, núm. 2 (octubre de 1985), p. 141.

mexicanos tuvieron 630 muertos, 208 heridos y 730 capturados, incluyendo Santa Anna mismo".[10]

La cara derrota mexicana en San Jacinto no solo es militar. Santa Anna, siendo prisionero de los norteamericanos, escribe una carta a su segundo, Vicente Filisola, ordenándole retirarse de la zona y no contraatacar al ejército de Houston. Que Santa Anna preso intentara salvar el pellejo se entiende, pues su patriotismo no daba para tanto, pero que Filisola, ahora al mando del ejército, lo obedezca, es verdaderamente increíble. La carta de Santa Anna y la obediencia de Filisola son la verdadera derrota de los mexicanos en San Jacinto.

El 14 de mayo Santa Anna, preso, firma los Tratados de Velasco (actualmente Freeport, Texas), en donde se reconoce entre otras cosas la independencia de Texas de la República Mexicana. José Justo Corro, nuevo presidente interino de México, reprueba la firma de esos tratados, como era de elemental decencia política: "El Exmo. Sr. Presidente interino reprueba los convenios celebrados en Velasco en 14 de mayo de 1836, por falta de libertad y autoridad en el general que los suscribió, y reprueba expresamente como atentatorio a los derechos de la nación el que se haya dado el nombre de República a la parte sublevada de uno de los departamentos de la nación mexicana y el título de presidente al jefe de aquellos bandidos".[11]

Posteriormente Santa Anna es llevado preso a Washington y se entrevista largamente y varias veces con el presidente Andrew Jackson durante el curso de su cautiverio. ¿Qué hacía el presidente de otro país, México, preso en la capital de Estados Unidos, por haber peleado una guerra contra un tercero, Texas? ¿Qué no serían los texanos los encargados de mantenerlo preso? ¿Por qué lo retuvieron los estadounidenses? La simulación norteamericana sobre la cuestión no se puede ocultar, su

---

[10] *Ibid.*, p. 140.

[11] *México a través de los siglos, op. cit.*, p. 376.

alegato de neutralidad es una farsa. Jackson escribió que "tenemos un tratado con México y nuestra fe nacional está comprometida para apoyarlo… nuestra *nutralidad* [*sic*] debe de ser fielmente sostenida" ("we have a treaty with Mexico, and our national faith is pledged to support it… our nutrality [sic] must be faithfully maintained").[12] Un *lapsus linguae* esclarecedor. Santa Anna es liberado en 1837 y regresado a México en febrero en un barco de la Marina norteamericana, arribando al puerto de Veracruz el día 20. "Había llegado en una excelente corbeta de guerra de la Marina de Estados Unidos, la cual no solo había venido a sus órdenes durante la navegación, sino que debía mantenerse sujeta a ellas, hasta ocho días después de la llegada a Veracruz, en previsión sin duda de que hubiérasele podido recibir mal por las autoridades del puerto".[13]

La independencia de Texas era el primer paso que la simulación debía de seguir, para su incorporación como estado a los Estados Unidos de Norteamérica. Dado que estos habían reconocido al estado como parte de la Nueva España en el Tratado Adams–Onís de 1819, y la colonia española se había convertido, por la independencia, en los Estados Unidos Mexicanos, el gobierno norteamericano no tenía ya reclamos sobre el territorio de Texas, la anexión se podría realizar solo si el pueblo texano decidía antes su independencia. Sin embargo, era claro desde entonces que toda la maniobra tenía su origen del otro lado de la frontera. En Estados Unidos las noticias sobre la revolución en Texas produjeron una gran ola de excitación y un apoyo prácticamente unánime. Partidarios de todas las posiciones políticas aplaudieron los esfuerzos heroicos de los insurgentes texanos. "Para la gran mayoría de observadores en Estados Unidos, el asunto parecía claro y simple: un grupo de norteamericanos valientes amantes de la libertad, estaban quitándose los grilletes de una cruel y opresiva tiranía mexicana".[14]

---

[12] John H. Schroeder, *op. cit.*, p. 143.
[13] *México a través de los siglos, op. cit.*, p. 388.
[14] John H. Schroeder, *op. cit.*, p. 141.

Al momento de tener que reconocer la independencia de Texas, el gobierno norteamericano se encontró con la raíz del problema. El asunto se había convertido en un tema nacional de profunda importancia; el tema del reconocimiento de la "independencia" había llevado a la superficie las tensiones y conflictos que latían con fuerza en el interior de la sociedad estadounidense. Una cosa era celebrar la independencia de los texanos y otra muy distinta aceptarlos como parte de la Unión. Los opositores a la esclavitud y a la expansión territorial buscaron prevenir la incorporación de Texas como estado, previendo, como era el caso, que serían los esclavistas y expansionistas quienes triunfaban con ello, aumentando su poder y alterando el equilibrio político interno que sobre el asunto habían logrado hasta ese momento todos los estados miembros de la Unión. "Después de que la nueva república votó abrumadoramente a favor de unirse a Estados Unidos, era de esperarse que el gobierno texano presionara por la anexión, pero esa era una cuestión sobre la cual los norteamericanos no podían estar de acuerdo".[15] El asunto se complicaba aún más por el hecho de que las potencias europeas preferían ver a Texas como una nación independiente y fuerte que hiciera de contrapeso a Estados Unidos, favoreciendo así, por razones distintas a las de los expansionistas, su independencia, además de que México no había renunciado a la soberanía sobre ese estado y se organizaba para la reconquista.

La anexión de Texas suponía la expansión de la esclavitud dentro de la Unión, pues en ese estado ya había esclavos. Quienes se oponen a la anexión de Texas se están oponiendo a la expansión de la esclavitud, no al ensanchamiento territorial de Estados Unidos por los medios que fuera. Se oponen porque la expansión de la esclavitud impediría en algún punto, como de hecho sucedió durante la Guerra Civil, el mantenimiento de una sociedad estable. "La emoción sobre Texas coincidió con el aumento de la agitación abolicionista y proporcionó a los abolicionistas y a sus

---

[15] *Ibid.*, p. 141.

simpatizantes un problema práctico que podían capitalizar".[16] El intento por anexar el territorio de Texas a la Unión provocó un enfrentamiento político, es decir, un enfrentamiento de intereses.

El 3 de marzo, un día antes de que su presidencia terminara, Jackson abonó en la anexión al reconocer al gobierno de Texas con el nombramiento de "Alcee L. La Branche de Luisiana para servir como *charge d'affaires* a la República de Texas".[17] Por su parte John Quincy Adams, que como presidente había intentado adquirir Texas mediante una negociación con el gobierno mexicano, era en 1836 senador por el estado de Massachusetts y uno de los más combativos antiesclavistas en el Congreso norteamericano. Por entonces, los opositores a la esclavitud se encontraban en minoría en ambas cámaras, pero el tema de Texas les dio un impulso absolutamente insospechado. Tan temprano como el 25 de mayo de 1836, Adams inició el ataque para prevenir la aceptación de Texas en la Unión, argumentando que se trataba de un plan concebido por los especuladores y esclavistas cuyo más probable desenlace sería una guerra contra México y posiblemente contra Inglaterra y Francia. Al introducir el tema de Texas en el Congreso, Adams y los abolicionistas "inflamaron, redefinieron y prolongaron todo el asunto. Por los siguientes nueve años, Texas no podía ser discutido públicamente o ser considerado, sin que se le asociara con el faccionalismo y la esclavitud".[18] Los abolicionistas dejaron perfectamente claro que se opondrían a la anexión de Texas por todos los medios, señalando que la Unión no tenía ninguna necesidad de recibir en su seno a esa "progenie bastarda e ilegítima" y que la anexión sería "idéntica a la disolución de la Unión".

Mientras tanto, la migración crecía hacia la "República de Texas" y entre 1836 y 1840 se duplicó la población anglosajona. Paralelo a este

---

[16] *Ibid.*, p. 142.

[17] *Ibid.*, p. 144.

[18] *Ibid.*, pp. 142-143.

crecimiento de la población se produjo el correspondiente crecimiento económico, lo que estrechó aún más los lazos de Texas con el sureste de Estados Unidos, especialmente con Nueva Orleans. Texas fue admitido como estado de la Unión el 29 de diciembre de 1845, tras la aprobación del Congreso. Se ampliaba el territorio de Estados Unidos y se ampliaba la esclavitud.

5

El Destino Manifiesto (1846-1848)

Ulysses S. Grant fue el presidente número 18 de Estados Unidos, participó en la guerra de invasión contra México y fue el general en jefe del ejército de la Unión frente a quien Robert E. Lee rindió las tropas del Ejército Confederado del Sur en Appomattox, dando término a la Guerra Civil norteamericana en 1865. En 1879, dos años después de haber dejado la presidencia, Grant escribió: "No creo que hubiera habido alguna vez una guerra más malvada que la llevada a cabo por Estados Unidos en contra de México, me lo imaginaba en aquel momento, cuando yo era joven, solo que no tenía el suficiente valor moral para renunciar".[1] Hacia el final de su vida Grant abordó este sentimiento escribiendo en sus memorias que la guerra contra México fue una transgresión y que "la Guerra Civil fue nuestro castigo por esa transgresión".[2]

La guerra que James Polk provocó contra México fue una guerra de invasión y despojo para apropiarse de lo que no le pertenecía. En su ambición imperial, Polk contó con la invaluable ayuda de los mexicanos, especialmente la de sus *autoridades*. El único episodio digno de aquel

---

[1] Amy S. Greenberg, *A Wicked War, Polk, Clay, Lincoln, and the 1846 U.S. Invasion of Mexico*, Knopf, Nueva York, 2012, p. vii.

[2] *Ibid.*, p. 274.

acontecimiento corrió a cargo de una parte de la sociedad estadounidense que se opuso a la invasión y a la guerra, resistiendo de forma activa el atropello de la oligarquía sureña norteamericana. Los estadounidenses que se oponían a la esclavitud, a la anexión de Texas y a la expansión territorial de Estados Unidos hicieron más por detener el desmembramiento de México que los propios mexicanos. Los soldados y oficiales mexicanos patriotas, que dieron la vida por su país, fueron vendidos por sus dirigentes y gobernantes, encabezados por Antonio López de Santa Anna y la Iglesia católica.

La guerra de Estados Unidos contra México fue "un acto de agresión expansionista contra un país vecino" que terminó constituyendo la punta de lanza de una lucha intestina contra la esclavitud en Estados Unidos, arrojando a los norteamericanos en dirección de la más sangrienta guerra en la que han participado: la Guerra Civil. La independencia de Texas de México, instrumentada por los dueños de esclavos y especuladores de tierra del sur de Estados Unidos, no pudo realizar su anhelada incorporación a la Unión debido a la oposición de los abolicionistas en 1837.

Diez años después, James K. Polk derrotó a Henry Clay por un pequeño margen en las elecciones presidenciales de 1844. Con la llegada de Polk a la presidencia, los opositores de la anexión de Texas a la Unión perdieron fuerza, y en colaboración con el presidente saliente, John Tyler, Polk favoreció con entusiasmo la incorporación de Texas como el estado número 28 de Estados Unidos. La ley que aceptaba a Texas como nuevo estado fue firmada por el presidente Polk el 29 de diciembre de 1845. La República de Texas cedió formalmente su soberanía a Estados Unidos el 14 de febrero de 1846. Así se consumaba el esfuerzo anexionista de la oligarquía sureña encabezada por Andrew Jackson que se había iniciado en 1836 con la independencia de Texas de México. John Quincy Adams escribiría en su diario: "En la anexión de Texas a la Unión, los norteamericanos habían tratado a la Constitución como un trapo menstrual".[3]

---

[3] Jay Sexton, *The Monroe Doctrine*, Hill and Wang, Nueva York, 2011, p. 92.

Henry Clay, candidato presidencial del Partido Whig, fue inmensamente popular entre la mayoría de los norteamericanos y era considerado, por adelantado, como el seguro vencedor de la elección de 1844. Clay había participado en la contienda electoral con la clara posición de no aceptar la anexión de Texas a la Unión, de la misma forma opinaba su aparente contrincante en el Partido Demócrata Martin Van Buren. Sin embargo, la convención del Partido Demócrata reunida en Baltimore descartó a Van Buren como candidato presidencial, quien además ya había sido presidente en 1837, y propuso a James K. Polk como su candidato. Nadie le daba muchas posibilidades al nuevo candidato demócrata que había sido gobernador de Tennessee y que representaba el ala anexionista y esclavista del Partido Demócrata dominada por Andrew Jackson.

Polk ganó la presidencia con un programa anexionista, según el cual Estados Unidos había sido elegido por la Providencia para hacerse cargo de todo el continente. A falta de una justificación política o social, la invocación de Dios, por supuesto del lado de Estados Unidos, bastaba a muchos de sus partidarios para marchar sobre las tierras del oeste. Polk capitalizó las ideas expansionistas de Jackson, entendió que había en los norteamericanos del sur una creencia fundamental y subyacente que podría reagrupar a su partido, dividido por la selección del candidato presidencial, y unir a la nación: la expansión definitiva hacia el oeste. Para galvanizar la marcha hacia el oeste, Polk y los demócratas jacksonianos se hicieron de una retórica ideológica a la que le dieron el nombre de Destino Manifiesto. La demagogia de la libertad se encontraba en el centro de esta doctrina de predestinación divina, chocante, empalagosa y criminal. Ni Lincoln, ni Grant, ni ningún otro político whig, creyeron nunca en esa justificación, que permitía la utilización de cualquier táctica para obtener lo deseado.

La opinión de Lincoln y de Clay era que Estados Unidos seguramente expandiría sus fronteras con el tiempo, pero no debido a su superioridad, sino a los beneficios que traerían su organización social y su sistema económico. Lincoln entendía que el "sueño americano" se lograría con el desarrollo tecnológico, con el acceso a crédito, con el crecimiento de los mercados y no arrebatándoles por la fuerza la tierra a indios y mexicanos. Con el Destino Manifiesto, la colonización, el pillaje y la invasión estaban justificados con la idea de que en realidad se "expandía la libertad" y el progreso hacia los territorios conquistados.

Empujar al país hacia el oeste solucionaría los problemas nacionales. Podría proveer a los inmigrantes que atestaban las ciudades norteamericanas con tierra propia y un lugar en la sociedad al mismo tiempo que reforzaría el patriarcado al proveer a los hombres los medios para mantener a sus familias, en un ambiente donde la fuerza y la habilidad física importaban mucho. Se reforzaría la democracia estadounidense al reducir la fuerza creciente de la industria manufacturera en la economía y la influencia de la élite urbana del noreste, que se beneficiaba de ese sistema de producción. Pero sobre todo estaba la Alta California, en la lejana costa oeste, en donde había bahías que le permitirían a Estados Unidos competir con Europa por el control del comercio con China. La expansión haría a Norteamérica fuerte. El expansionismo era un tema político ganador y la mejor política para el país. Polk no solo suponía que esto era lo correcto, lo creía desde el fondo de su alma.[4]

Polk despojaría a los mexicanos de sus tierras de la misma forma en la que su mentor Andrew Jackson había despojado a los indios de las suyas y había fraguado la independencia de Texas.

La contienda electoral de 1844 se centró en el estado de Nueva York, de donde Van Buren era originario, y que Clay perdió por 5 000 votos, dejando ir con esa derrota los votos del colegio electoral que le hubieran

---

[4] Amy S. Greenberg, *op. cit.*, p. 36.

significado la victoria en la elección presidencial. "Polk ganó Nueva York. Su victoria ahí se obtuvo por un margen del grueso de una navaja de rasurar, solo 5 000 votos. El abolicionista James Birney, candidato del partido antiesclavitud, Partido de la Libertad, recibió 16 000 votos. Si solo 5 000 de los partidarios del Partido de la Libertad hubieran votado por Henry Clay, cuya visión preferían a la de Polk, Clay habría ganado el estado y con los votos electorales de Nueva York hubiera ganado la elección presidencial".[5]

La de Clay fue una derrota para las fuerzas políticas que se oponían a la esclavitud y a la expansión territorial de Estados Unidos a costa de invadir México. James K. Polk garantizaba la continuidad de la política de los enemigos de México en la Casa Blanca, iniciada por Jackson. Solo los especuladores y los hacendados esclavistas podrían haberse alegrado del triunfo sorpresivo de Polk. Él y sus partidarios reconocieron lo que Clay y los suyos no: el Destino Manifiesto lo era todo en 1844. Un demócrata de Illinois admitía que temía la anexión de Texas porque incrementaría el territorio del país en donde se permitiría la esclavitud, y explicaba su apoyo a Polk diciendo que bastaba una mirada al mapa para convencerse de que tarde o temprano Estados Unidos se extendería al río Grande. El Destino Manifiesto hacía parecer la anexión como algo inevitable —solo una cuestión de tiempo— y en la plataforma demócrata aparecía como de simple sentido común. La expansión territorial se había convertido en el gran nuevo elemento que había entrado en la contienda electoral, y que, por su importancia, era suficiente por sí mismo para determinar el voto de todo hombre libre.

James Polk era un miembro más de la clase política de Tennessee cuya fortuna había crecido espectacularmente después de la elección de Jackson como presidente. Era un fiel creyente de la "democracia jacksoniana", que consistía en la expansión territorial y en la utilización de trabajo

---

[5] *Ibid.*, p. 60.

esclavo. Se representaba a sí mismo como el que apoyaba los derechos del hombre común y corriente en oposición de las élites urbanas del norte con sus soportes tradicionales: bancos, fábricas e instituciones sociales. Los jóvenes demócratas de Tennessee, como Polk, Sam Houston y David Crockett, transformaron su origen rural en el suroeste del país en una ventaja que los hacía parecerse a Jackson, incluso este alguna vez pensó en convertir a Polk en su vicepresidente.

Polk y su esposa Sarah eran presbiterianos, dueños de esclavos y acomodados en la punta de la pirámide de la sociedad de Tennessee. Nunca tuvieron hijos, y eso permitió a Sarah participar de lleno en la vida política de su marido. Sarah Childress era hija de un prominente hacendado y comerciante de Tennessee y poseía un ingenio e inteligencia por encima de la mayoría de las mujeres de la época. Alguna vez le dijo a su marido, mientras este escribía y ella miraba por la ventana a sus esclavos trabajar la tierra: "Los que escribieron la Declaración de Independencia estaban equivocados cuando afirmaron que todos los hombres son creados iguales". Cuando Polk le sugirió que solo era otra de sus tontas fantasías, Sarah argumentó: "Ahí están esos hombres afanándose bajo el calor del sol, mientras tú escribes. Y aquí estoy yo, refrescándome con el abanico, rodeada de confort. Esos hombres no escogieron esa suerte en la vida, ni nosotros pedimos la nuestra; fuimos creados para ocupar estos lugares". La dominación del fuerte sobre el débil, del blanco sobre el negro o café, no era solo la realidad de la esclavitud, era también, desde su perspectiva, "lo correcto".[6] Tener esclavos era una actitud aspiracional de la época, quien los poseía mostraba el lugar que ocupaba en la pirámide social, era como querer tener una buena casa, todos querían ser dueños de esclavos. La violencia que provocaba la idea de que fueran puestos en libertad producía la misma reacción que se esperaría si el gobierno de Estados Unidos expropiara todas las casas, por ejemplo.

---

[6] *Ibid.*, p. 96.

Dos veces representante en la legislatura estatal entre 1825 y 1839, Polk se mudó a Washington en 1835 para convertirse en el decimoséptimo *Speaker of the House* en la Cámara de Representantes. Dos veces perdió Polk la gubernatura de su estado a manos de candidatos whigs que no solo eran mejores oradores que él, sino que tenían un mayor encanto, algo que a Polk definitivamente le faltaba. Cuando finalmente fue electo gobernador de su estado en octubre de 1839, no era querido por la gente de Tennessee, que se lo hizo saber con claridad. Especulador de tierra y dueño de esclavos, utilizaba a estos para habilitar terrenos comprados para la agricultura y revenderlos después con una atractiva ganancia. "A pesar de advertencias realizadas por parte de miembros de su familia de que uno de sus capataces trataba a sus esclavos con una perturbadora brutalidad, Polk continuó utilizándolo".[7] Con la lógica implacable de su mujer, es posible que esos esclavos estuvieran hechos para ser golpeados con brutalidad. Quizá Polk haya sido el único presidente del que se conoce que "comerció con la compraventa de esclavos mientras ocupaba la Casa Blanca como presidente de Estados Unidos".[8] Esto no debería de ser ninguna sorpresa, pues tanto el Capitolio como la Casa Blanca fueron construidos por esclavos.

James K. Polk tomó posesión de la presidencia de Estados Unidos el 4 de marzo de 1845, teniendo como vicepresidente a George Dallas. Polk sucedió a John Tyler, quien se había convertido cuatro años atrás en el primer presidente no electo de Estados Unidos al ocupar la presidencia tras la repentina muerte del presidente William Henry Harrison. Los planes expansionistas de Polk requerían que Texas hubiera sido ya incorporada a la Unión como estado, pues serían precisamente las disputas sobre sus límites territoriales con México las que se utilizarían como pretexto para invadirlo. Andrew Jackson murió poco menos de tres meses después de

---

[7] *Ibid.*, p. 33.

[8] Jay Sexton, *op. cit.*, p. 97.

que Polk ascendió a la presidencia. Al morir solo lamentaba dos cosas: "No haber matado de un tiro a Henry Clay y no haber ahorcado a John Calhoun".

Por lo que toca a Henry Clay, este se retiró a su plantación en Kentucky, humillado y un poco amargado. Había contemplado el futuro desde tiempo atrás, cuando aseguraba que "la anexión de Texas significaría la guerra con México", y esas palabras le habían costado la presidencia. Pero ahora parecía como si su profecía estuviera a punto de convertirse en realidad. Y así fue. El 13 de enero de 1846 Polk le ordenó al general Zachary Taylor que se moviera con sus fuerzas al río Grande y que "estableciera una posición defensiva dentro del territorio en disputa". México nunca había reconocido la independencia de Texas, de tal suerte que para montar una provocación a los mexicanos bastaría con ubicarse cerca del río Bravo.

Polk había enviado secretamente, en noviembre de 1845, a la ciudad de México a John Slidell, político sureño y diplomático estadounidense, para tratar de gestionar la compra de la Alta California y de Santa Fe, de Nuevo México, al gobierno mexicano. Slidell ofrecía que el gobierno norteamericano pagaría 25 millones de dólares por los territorios. La convulsa situación política de México impidió que alguien tomara en serio a Slidell, quien escribía al Departamento de Estado en marzo de 1846: "Comparando a México con una mujer rebelde, nunca debemos tratar con ella hasta que se le enseñe a respetarnos".[9] Sam Huston, buen amigo y compañero del presidente Polk, expresó bruscamente lo que la mayoría de los norteamericanos del sur y del oeste tenían como cierto: "Los mexicanos no son mejores que los indios". Por ello, el robo de sus territorios estaba moralmente justificado, como lo había estado años atrás el territorio de tantas tribus norteamericanas.

---

[9]Amy S. Greenberg, *op. cit.*, p. 84.

Antes de invadir México, Polk quería dejar terminada la negociación con los ingleses en relación con el territorio de Oregón. Después de discutirlo con su gabinete, envió al Congreso una iniciativa de ley que fue aprobada por una resolución conjunta de las cámaras, en la que se proponía a Inglaterra terminar con la ocupación conjunta del territorio y dejar establecidos amigablemente los nuevos límites territoriales. El tratado con Inglaterra se firmó el 15 de junio de 1846. Poco después de firmar la declaración conjunta del Congreso que pondría en movimiento el arreglo con los ingleses sobre Oregón, Polk se dedicó a preparar la invasión a México y empezó a redactar su mensaje al Congreso sobre el asunto. El plan de Polk era tan viejo como la guerra misma. Se trataba de montar una provocación en territorio mexicano, alegando que habían sido los mexicanos quienes habían invadido el territorio de Estados Unidos. Las fronteras de la recién admitida Texas a la Unión cubrirían las huellas de Polk. Si la provocación fallaba por alguna razón, Polk tenía un plan b, esto era simplemente declarar la guerra a México.

Poco después de haber llegado al río Sabina, el general Zachary Taylor recibió de la oficina de la Intendencia General un nuevo mapa de Texas. "En este mapa se superponía un nuevo mojón en el río Grande sobre la anterior marca de límite en el río Sabina. El teniente coronel Ethan Allen Hitchcock, de Vermont, se maravilló en su diario de la 'arrogancia insolente y la presunción dominante' tanto del mapa como de la administración que lo realizó".[10] El 3 de febrero de 1846 Taylor recibió órdenes directas de Polk para que marchara con sus hombres 150 millas al sur, hasta el río Bravo. Taylor se encontraba muy poco entusiasmado con las nuevas órdenes. El secretario de Guerra, William L. Marcy, le había comunicado con anterioridad a Taylor que la misión del ejército era defensiva. Las nuevas órdenes le reiteraron a Taylor que no debería de considerar a México como un enemigo a menos que, por

---

[10] *Ibid.*, p. 99.

supuesto, actuara de esa manera. Pero si México disparaba el primer tiro, Taylor debería de aprovechar la situación, y no actuar simplemente a la defensiva.

Claramente Polk pretendía que Taylor corriera con parte de la responsabilidad política cuando se presentaran las hostilidades. Taylor estaba deliberadamente marchando con 4 000 hombres hacia el sur dentro de territorio mexicano, ampliamente reconocido como tal por todo el mundo, menos por los expansionistas estadounidenses. A Taylor se le mandó invadir al país vecino. A la hipocresía en general del gobierno norteamericano, y del presidente Polk en particular, habría que agregar el cinismo de afirmar que se derramó "sangre norteamericana en territorio norteamericano", cuando el ejército de Taylor se encontraba completamente dentro de territorio de México.

Poco antes de haberse internado en México, considerando Taylor lo arriesgado de la misión que se le encomendaba, decidió "escribir un nuevo testamento" y comenzó en marzo de 1846 la marcha con sus 4 000 hombres a través de la franja del río Nueces. "En ninguna circunstancia esto se sentía como territorio estadounidense". Un soldado norteamericano que marchó desde Corpus Christi expresaba así su desorientación en una carta mandada a su casa en el estado de Illinois. Sentado bajo

la sombra de una especie de espina blanca, reflexiono que todo sobre mí son cactus, Dios sabe cuántas clases. Es imposible describirlos. Todas las plantas aquí tienen espinas, todos los animales tienen aguijones o cuernos y todos los hombres llevan armas [...] No tenemos ni una partícula de derecho de estar aquí [...] Parece como si el gobierno hubiera mandado una pequeña fuerza con la intención de iniciar una guerra, y así tener el pretexto de tomar California y tanto de este país como se quiera.[11]

---

[11] *Ibid.*, p. 101.

El 24 de abril las fuerzas de Taylor se encontraron con las del general Mariano Arista bien dentro de México, cerca de Matamoros. En este primer encuentro se verificó una pequeña confrontación en la que perdieron la vida 11 soldados norteamericanos. Polk tenía ya su justificación para la guerra, pero debido a las comunicaciones de la época no lo supo hasta dos semanas después. El 9 de mayo Polk envió su mensaje al Congreso. En un lenguaje agresivo y mentiroso demandaba de los legisladores no que declararan la guerra, sino que reconocieran que ya existía un estado de guerra entre México y Estados Unidos. Informó que ahora, después de reiteradas amenazas, México ha cruzado la frontera de Estados Unidos, ha invadido nuestro territorio y ha *regado sangre americana en suelo americano*. Nada de eso era cierto, pero Polk no lo consideraba necesariamente como una mentira. Había una mayor verdad en juego y él hablaba a su servicio: "Ya existe la guerra, a pesar de todos nuestros esfuerzos para evitarla, existe por el acto de México mismo, nos llama el deber por la consideración del servicio y el patriotismo para reivindicar con decisión el honor, los derechos y los intereses de nuestro país".[12]

Los líderes demócratas en el Congreso habían añadido a la declaración del reconocimiento de un estado de guerra entre México y Estados Unidos la apropiación de los recursos para el pago de las tropas. Así, la autorización de fondos para la guerra quedó unida al reconocimiento de esta, de tal suerte que los legisladores que se oponían a la guerra podrían ser acusados de traicionar a las tropas si no aprobaban la ley. Antes de que se procediera a la votación final, Garrett Davis, un whig que representaba el distrito en el que vivía Henry Clay en Kentucky, logró llegar a la tribuna para denunciar a Polk y a sus prisas parlamentarias para dar trámite a la cuestión. Davis sentenció que no había sido México, sino el presidente Polk, quien había comenzado la guerra, y que la había estado preparando durante meses.

---

[12] *Ibid.*, p. 104.

Ya en 1844 los opositores de Polk habían advertido que si se le elegía presidente habría una guerra contra México, este era ahora el caso. La votación en el Senado aprobó la ley con 42 votos a favor y dos en contra. Hemos sido obligados a ir a la guerra, declararían algunos senadores después de la votación. Así, con esa votación los senadores reconocían el estado de guerra contra México. No declararon la guerra; Polk les robó ese privilegio. La conquista de México era parte del plan que Dios había diseñado para los norteamericanos. Los mexicanos no eran más que "reptiles en la ruta de una democracia progresista" y deberían de "gatear fuera del camino o ser aplastados", la gente de México era "racialmente inferior", aunque "un poco por encima del negro", escribía el periódico demócrata de Illinois *State Register*.

California se declaró independiente el 4 de julio de 1846, solo días después de que tuvo confirmación de que Estados Unidos se encontraba en guerra contra México. El 16 de agosto Nuevo México y sus 80 000 habitantes habían pasado a posesión de los norteamericanos. La mañana del 23 de septiembre los soldados de Taylor se encontraban peleando casa por casa en las calles de Monterrey, la batalla fue una "verdadera carnicería", la ciudad se convirtió al atardecer en un gran cementerio. Las intenciones de Polk eran las de anexar desde el paralelo de los 26° para arriba. Es decir, quería los estados mexicanos de Baja California, Sonora, Chihuahua, Coahuila, Nuevo León y Tamaulipas, un tercio del México actual. Se pretendía introducir esclavos en el territorio mexicano, donde habían sido prohibidos por Miguel Hidalgo desde el inicio de la Guerra de Independencia con España. Esa era la verdadera motivación para la invasión de México. La única forma que la oligarquía del sur norteamericano imaginó para escapar del creciente domino económico del norte fue ampliar la superficie dedicada al "ganado humano" en el sur. Expandieron la esclavitud en nombre de Dios y de su Destino Manifiesto.

Hacia principios de 1847, más que reforzar el ejército de Taylor, Polk decidió enviar otro ejército al mando del general Winfield Scott, que sería transportado por mar hasta las playas de Veracruz. Scott desembarcó un ejército de 12 000 hombres sobre la ciudad y puerto de Veracruz. La ciudad cayó después de 12 días de sitio. Entre los oficiales de Scott que participaron en la toma de Veracruz se encontraban Robert E. Lee, George Meade, Ulysses S. Grant, James Longstreet y Thomas "Stonewall" Jackson, que se volverían a ver las caras en la Guerra Civil norteamericana, pero entonces sería como enemigos. La guerra contra México fue solo el preludio de la guerra que librarían los estadounidenses contra sí mismos para mantener la esclavitud.

Las elecciones legislativas intermedias celebradas en 1846 no fueron favorables para Polk. La oposición a "su guerra" comenzó a crecer entre los estadounidenses. En noviembre de 1847 Henry Clay, que ya había perdido un hijo en la guerra contra México a principios del año, emitió un célebre discurso en Lexington en donde afirmaba: "Se les dijo que la guerra entre México y Texas no había sido terminada por un tratado o por la paz; que México seguía reclamando Texas como una provincia rebelde; que si recibíamos a Texas dentro de la Unión, nos llevábamos también con ella la guerra que existía entre ella y México".[13] ¿Para qué se quería tanta tierra?, se preguntaba Clay en el discurso, "… el deseo de conquista se acaricia con el propósito de propagar o extender la esclavitud".[14] El discurso de Henry Clay en Lexington se convirtió posiblemente en el más importante discurso que se oponía a la guerra, y tuvo un dramático impacto en Lincoln, Polk y en toda la nación americana.

Clay dejó perfectamente claro en su alocución que la razón por la que se había ido a la guerra contra México era para apropiarse de los territorios que pudieran ser usados para extender la esclavitud de los negros. Añadir superficie al territorio de Estados Unidos trasladaba el problema

---

[13] *Speech of Henry Clay, at the Lexington Mass Meeting, 13th November, 1847*, Printed by George F. Nesbitt, Stationer and Printer, Corner of Wall and Water-streets, Nueva York, 1847, p. 4.

[14] *Ibid.*, p. 13.

de la abolición de la esclavitud hacia adelante, y le evitaba a la oligarquía sureña el tener que enfrentar su fin. "Procuraron seguirle añadiendo territorio porque esa era la única forma de mantener vivo un artilugio vistoso para no deshacerse de la esclavitud".[15] Para mediados de 1847 "era claro para casi cualquier norteamericano que la expansión de la esclavitud estaba íntimamente conectada con la resolución de haber ido a la guerra".[16] La crítica había comenzado a herir al gobierno de Polk; el plan de invadir la mitad de México resultó muy impopular entre la mayoría de los norteamericanos. Polk no perteneció a ninguna iglesia, pero no dejaba de repetir como mantra que él era el agente de la Providencia, que él era el agente del Destino Manifiesto.

Henry David Thoreau, en Concord, Massachusetts, se negó a pagar sus impuestos para no colaborar con la injusta guerra que se libraba contra México y fue encarcelado por ello. Thoreau escogió la cárcel antes que apoyar una guerra que expandiría los territorios de la esclavitud hacia el país vecino. Se rehusó a cooperar con un sistema perverso y consideró que la resistencia civil pacífica era un deber moral de todo ciudadano norteamericano amante de la paz. Thoreau pensaba que el mal debía de ser resistido y que ningún hombre moral puede pacientemente ajustarse a una injusticia. El racismo estadounidense siempre ha contado con un potente antídoto, la decencia y la generosidad de norteamericanos como Henry David Thoreau era uno de esos anticuerpos que combatían la demencia de considerar a otros seres humanos como inferiores.

El gobierno de Polk fue la continuación del de Andrew Jackson. Old Hickory echó por la fuerza a los indios de sus tierras, Young Hickory echó a los mexicanos de las suyas; Jackson apoyó la independencia de Texas, Polk la anexó a Estados Unidos. Ambos eran dueños de grandes

---

[15] Richard Kluger, *Simple Justice, The History of Brown v. Board of Education and Black America's Struggle for Equality*, Random House, Nueva York, 2004, p. 40.

[16] Amy S. Greenberg, *op. cit.*, p. 196.

haciendas y de una gran cantidad de esclavos. Tanto el gobierno de Jackson como el gobierno de Polk defendieron los intereses de la sociedad más primitiva que hubiera habitado hasta entonces el territorio de Norteamérica, aquella que basaba su reproducción en la explotación del trabajo de esclavos negros, aunque se presentara a sí misma como adalid del progreso y la civilización cristiana, portadora del providencial Destino Manifiesto.

"Ralph Waldo Emerson predijo en 1846 que Estados Unidos derrotaría a México, pero que esa victoria los envenenaría. El veneno surtió efecto casi inmediatamente, cuando se entendió con claridad en dónde era legal poseer esclavos y en dónde no".[17] Incluso había dueños de esclavos que consideraban las consecuencias de la expansión territorial de la misma forma que Emerson. Con un extraordinario sentido del futuro, John C. Calhoun, un esclavista no expansionista, opinaba que la invasión a México destruiría políticamente las instituciones de Estados Unidos. Pensaba principalmente en la destrucción de la "peculiar institución" de la esclavitud. "México es para nosotros la fruta prohibida, la pena por ingerirla será la de someter a nuestras instituciones a una muerte política".[18] La invasión a México rompió el equilibrio que se había mantenido durante mucho tiempo entre los estados esclavistas del sur y los no esclavistas del norte, precipitando la más terrible de las guerras en la que los norteamericanos hubieran jamás peleado y cuyas víctimas serían ellos mismos. "La guerra contra México resultó ser un disparador que puso en marcha una serie de eventos que resultaron en la Guerra Civil norteamericana".[19]

En la medida en que la guerra contra México se prolongó, las voces de protesta comenzaron a extenderse. Catorce de los representantes de

---

[17] *Ibid.*, p. 269.
[18] Jay Sexton, *op. cit.*, p. 93.
[19] *Ibid.*, p. 110.

la Cámara, que habían votado en contra de la guerra en mayo de 1846, incluidos John Quincy Adams y Joshua Giddings, nunca dejaron de protestar con vehemencia contra la invasión y la esclavitud. En el Senado Thomas Corwin ponía en *shock* a la nación mientras se preguntaba: "¿Qué haría yo si fuera mexicano?". Para él mismo contestarse: "Si yo fuera mexicano, les preguntaría: ¿no tienen en su país suficiente espacio para enterrar a sus muertos? Si vienen al mío los vamos a recibir con las manos ensangrentadas y les daremos la bienvenida en hospitalarias tumbas". Polk consideraba a sus enemigos políticos culpables de traición, y lo dijo en su mensaje anual a la nación, cuando se llevaban apenas seis meses de guerra. La legislatura de Massachusetts, que ya se había rehusado desde el inicio a proporcionar un regimiento de voluntarios para enviar a la guerra, declaraba en abril que la guerra contra México era tan odiosa en sus objetivos, tan insensible, injusta y anticonstitucional en su origen que debería de ser considerada como una guerra contra la humanidad. Un político de Ohio le escribía a su hermano el teniente William Tecumseh Sherman, estacionado en México: "No hay duda de que la gran mayoría de la gente considera la guerra como una agresión injusta a una república débil, justificada por razones falsas, y continuada solo para la adquisición de territorio esclavo".[20]

La sociedad norteamericana comenzó a vivir en un estado de ansiedad, agitación y aprensión, debido a que comenzó a quedar públicamente claro que la guerra era innecesaria y que más bien se trataba de una "agresión ofensiva" fraguada con mentiras. Para cuando Lincoln llegó a Washington para ocupar su curul como miembro de la Cámara de Representantes, Scott estaba a punto de desembarcar sus tropas en la ciudad de Veracruz. Lo haría el 9 de marzo de 1847; el 18 de abril derrotaba al ejército mexicano en Cerro Gordo y el 19 llega a la ciudad de Xalapa. El 15 de mayo toma Puebla, en donde espera un tiempo para reiniciar la

---

[20] Amy S. Greenberg, *op. cit.*, p. 198.

campaña hacia la ciudad de México. El 20 de agosto se verifica la Batalla de Churubusco y el 8 de septiembre la de Molino del Rey. Una delegación de la ciudad de México arribó al cuartel general de Scott bajo una bandera de tregua el 14 de septiembre a las siete de la mañana para rendir la capital a las fuerzas invasoras. Ese mismo día la bandera de Estados Unidos ondearía en el asta bandera de Palacio Nacional, para terror de los residentes de la ciudad y festejo de las tropas de ocupación.

Mientras tanto en Estados Unidos la agitación crecía. Henry Clay reconocía ante sus conciudadanos que "la guerra había caído sobre nosotros, por actos que nosotros mismos emprendimos; nosotros y no nuestros enemigos somos responsables por las perversidades y la culpa que acarrea este conflicto". Ante este razonamiento solo cabía esperar que fuera la propia gente la que terminara con el conflicto. La oposición a la guerra no paraba de crecer. El primer mitin realizado en su oposición se llevó a cabo en Cleveland, Ohio. Fue tal el éxito de la reunión que los manifestantes decidieron celebrar otro una semana más tarde, y la noticia comenzó a bajar por el Misisipi contagiando a todas las ciudades ribereñas.

La invasión a México por parte de Estados Unidos había detonado el surgimiento del primer movimiento antiguerra surgido en territorio estadounidense. El discurso de Clay en Lexington se imprimió y comenzó a repartirse por toda la nación. La sociedad respondía a las acusaciones lanzadas por Clay al gobierno de Polk con una extraordinaria concurrencia a las plazas públicas y a las calles para manifestarse en contra de la guerra. Hacia finales de 1847 se celebraban mítines y reuniones en oposición a la guerra por todo el país, cientos de miles comenzaron a denunciarla como una guerra de agresión e injusta. El movimiento por la paz era ya general y proponía no tomar ni un metro de tierra a México. Los partidarios de Polk pretendieron realizar manifestaciones públicas también, pero fuera de sus haciendas en el sur, convocaban a muy poca gente. "En un mitin celebrado en Nueva York que apoyaba la idea de anexar todo el territorio de México a Estados Unidos, Sam Houston, el expresidente de la independiente República de Texas, proclamaba que todo el continente americano le pertenecía a Estados Unidos como un derecho de nacimiento".[21]

En el Congreso, el flamante representante por el estado de Illinois ante la Cámara baja, Abraham Lincoln, desenmascaraba la mentira de Polk sobre la agresión mexicana que inició la guerra. Lincoln demandó conocer el lugar exacto en donde tropas mexicanas habían "derramado sangre norteamericana en suelo norteamericano". Actuando como el buen abogado que era, Lincoln desmontó pieza por pieza la mentira de Polk al Congreso para justificar el inicio de la invasión a México, demostrando claramente que habían sido los norteamericanos, en territorio mexicano, los que habían provocado la respuesta de los mexicanos. El presidente, no México, era el responsable de los muertos y de la guerra.

Mientras tanto, en la ciudad de México, Nicholas Trist, un enviado del gobierno norteamericano para asegurar un tratado de rendición por parte de México, firmaba en el santuario de Guadalupe con los representantes mexicanos un tratado de "Paz, Amistad, y arreglo de Límites" mediante el cual los mexicanos recibirían 15 millones de dólares a cambio de casi la mitad de su territorio. El tratado se firmó el 2 de febrero de 1848, en el santuario de Guadalupe, porque el general Scott creía que solo así, firmando ante la virgen, los mexicanos se obligarían a cumplirlo. El tratado era una suerte de derrota para los expansionistas partidarios de Polk, quienes pretendían anexar todo México, o por lo menos desde el paralelo de los 26° hacia el norte. Polk no estaba para nada conforme con el tratado, pues había dejado fuera Baja California, que específicamente había instruido a Trist para que quedara incorporada en la cesión territorial. Fue tal el enojo de Polk por el tratado, que en cuanto Trist regresó

---

[21] *Ibid.*, p. 213.

a Estados Unidos lo despidió. El tratado fue ratificado por el Senado norteamericano el 10 de marzo de 1848.

Polk consiguió California, pero fue el movimiento en contra de la guerra el que conquistó la paz. Sin la oposición nacional desatada por figuras como Clay, la cesión territorial mexicana habría sido aún mayor. Sin embargo, los motivos de los opositores eran diversos: desde el moralismo de Thoreau hasta un racismo visceral que se negaba a incorporar a los mexicanos considerados una raza inferior. Este miedo a mezclar razas limitó por primera vez la expansión estadounidense en 1848, sentando un precedente de antiimperialismo racista que se repetiría en el futuro.

6

Abolición de la esclavitud, promulgación de la 13ª Enmienda a la Constitución (1863-1868)

La Guerra Civil norteamericana es el resultado de una contradicción en el origen mismo de Estados Unidos. En la Declaración de Independencia hecha pública el 4 de julio de 1776 por parte de los revolucionarios norteamericanos, se dice, entre otras cosas, que "todos los hombres son creados iguales, que son dotados por su Creador con ciertos derechos inalienables, entre los que se encuentran la vida, la libertad y la búsqueda de la felicidad" ("… all men are created equal, that they are endowed by their Creator with certain unalienable Rights, that among these are Life, Liberty and the pursuit of Happiness"). ¿Cómo conciliar esta Declaración con la existencia de la esclavitud de los negros en el nuevo Estado? La contradicción se mantuvo durante décadas hasta que estalló la Guerra Civil en abril de 1861, dando por resultado un conflicto bélico que provocó más muertes norteamericanas que todas las guerras combinadas juntas hasta el día de hoy en las que Estados Unidos se ha visto involucrado: 750 000 víctimas.[1] Y es, sin lugar a duda, el evento

---

[1] Además de actualizar el dato de muertes a esa cantidad, el historiador John Huddleston ha estimado que en la guerra murió 10% de todos los hombres de entre 20 y 45 años en el norte, y en el sur 30% de los hombres de entre 18 y 40. Las cifras anteriores señalaban entre 600 000 y 650 000 los muertos en la guerra.

99

más importante sucedido en todo el continente americano a lo largo de su historia.

Hacia el inicio de la Guerra Civil norteamericana existían alrededor de cuatro millones de esclavos en el territorio de Estados Unidos, cuando la población total reportada por el censo de 1860 era de poco más de 31 millones de habitantes. Es decir, 13% de la población estaba esclavizada y a la que se le extraía trabajo no pagado. Los negros esclavizados no se sentían norteamericanos, la conquista de la libertad no provino de ellos mismos, sino de una parte de la sociedad blanca que repudiaba la esclavitud. Frederick Douglass, que había nacido esclavo, les recordaba a los norteamericanos lo que los esclavos pensaban de ellos.

¿Qué es para el esclavo americano su 4 de julio? Yo respondo, un día que le revela, más que todos los demás días del año, la injusticia y la crueldad de la que él es la víctima constante. Para él, la celebración del 4 de julio es una farsa […] sus gritos de libertad e igualdad, burla hueca […] un fino velo para encubrir crímenes que avergonzarían a una nación de salvajes. No hay una nación sobre la tierra culpable de prácticas más aterradoras y sangrientas que las de las personas de este Estados Unidos en este preciso momento.[2]

La Guerra Civil inició el 12 de abril de 1861 con el bombardeo del Fuerte Sumter desde Charleston, Carolina del Sur. Al momento de iniciar las hostilidades la esclavitud era permitida en 15 estados de la Unión.[3] Temiendo que durante la presidencia de Lincoln se establecería en los nuevos estados la prohibición de la esclavitud, el sur toma una decisión política equivocada, separarse de Estados Unidos. El primer

---

[2] Richard Kluger, *Simple Justice, The History of Brown v. Board of Education and Black America's Struggle for Equality*, Random House, Nueva York, 2004, p. 36.

[3] Texas, Misuri, Arkansas, Luisiana, Kentucky, Tennessee, Misisipi, Alabama, Georgia, Florida, Carolina del Sur, Carolina del Norte, Virginia, Maryland y Delaware.

estado en separarse de la Unión fue Carolina del Sur, lo hizo el 20 de diciembre de 1860, solo 42 días después del triunfo de Abraham Lincoln en las elecciones presidenciales de ese año. Le siguieron los demás estados esclavistas menos cuatro, Delaware, Maryland, Kentucky y Misuri, que permanecieron leales a la Unión. Se presentó el caso, en Virginia, de que la parte oeste del estado que se encontraba al otro lado de los Apalaches se separó "al revés", es decir, se formó el estado de Virginia del Oeste (West Virginia), para permanecer dentro de la Unión. Los estados que permanecieron leales a la Unión, 19, son conocidos como "la Unión" o "el norte" y los que se separaron formando los Estados Confederados de América son conocidos como "el sur" o "la Confederación".

Durante 1860 la disputa sobre la esclavitud giraba alrededor de si esta fuera permitida o no en los nuevos estados que se estaban constituyendo en los territorios conquistados a México. Los republicanos encabezados por Lincoln no estaban dispuestos a permitirlo, y con esa postura Lincoln había ganado las elecciones presidenciales de ese año. Los estados del sur, por el contrario, afirmaban que ni el Congreso ni el presidente podían intervenir en los asuntos internos de los estados, y la esclavitud era considerada entonces como un "asunto interno" de los estados. Lo que pretendía el sur era encubrir, bajo un argumento constitucional, la esclavitud en sus territorios. La "secesión fue impulsada no por la noción de 'derecho de los estados', sino por la defensa de un sistema de trabajo".[4] Para mantener ese "sistema de trabajo" que implicaba la dominación, explotación y abuso de millones de seres humanos, la oligarquía del sur desató una guerra de proporciones inauditas. Para preservar el horror desataron el horror, invocaron el nombre de la libertad para proteger la esclavitud y el de la justicia para encubrir el mayor abuso que jamás se haya realizado en Estados Unidos.

---

[4] *Disunion, Modern Historians Revisit and Reconsider The Civil War. The New York Times*, ed. Ted Widmer, 2013, p. 20.

Hacia el inicio de la guerra la esclavitud estaba abolida en la mayor parte de los estados del norte y disminuyendo en los centros urbanos del sur, sin embargo, crecía fuertemente en los nuevos territorios del oeste estimulada por los altos precios internacionales del algodón. La estrategia de las fuerzas que combatían la esclavitud era la "contención", es decir, impedir que la esclavitud se extendiera a los nuevos estados que se formarían a partir de los territorios del oeste, y apoyar, en los estados en donde era permitida, a las fuerzas que se le oponían localmente. Esperaban que con el tiempo estas fuerzas fueran venciendo; esta era la postura de Lincoln. El sur sin embargo tomó la estrategia de la secesión como una forma de presión política, pero imposible de sostener. Confiaban en que los altos precios del algodón se mantuvieran y que los enemigos de Estados Unidos en Europa reconocieran al nuevo Estado formado por la Confederación, pero no sucedió ninguna de las dos cosas. La oligarquía sureña no quería la guerra, quería, como lo había hecho en el pasado, un nuevo "compromiso" nacional, que alargara sus prerrogativas sobre la posesión de esclavos.

El pragmatismo político busca ajustar los conflictos sociales a la idea del deber más que a la idea de justicia. Lincoln era un antiesclavista de corazón, pero no estaba dispuesto en lo más mínimo a entrometerse con el derecho de los estados para continuar con la esclavitud, porque sabía que eso desataría una conflagración. Era opuesto a la esclavitud porque la consideraba contraria a la justicia, pero no creía que negros y blancos pudieran convivir en la misma sociedad después de más de 200 años de un sometimiento y una dominación feroces. Lincoln no amaba a los negros, odiaba la esclavitud. Sin duda regenerar esa parte de la sociedad llevaría tiempo, paciencia y mucha inteligencia. Para él la abolición de la esclavitud no significaba la obtención inmediata de la ciudadanía por parte de los negros liberados, ni la obtención de la ciudadanía significaba de inmediato la obtención plena de todos los derechos, especialmente el del voto. Lincoln es el más natural hombre de Estado en el que se pueda pensar, su visión siempre es la del conjunto, la de los intereses de todos los miembros de la sociedad. Entendía que la política y la ley eran los instrumentos para armonizar y balancear los conflictos que generaba la vida en común, y que la actuación al margen de esos instrumentos destruía a las sociedades.

Para darles seguridad a los estados del sur, los republicanos partidarios de Lincoln en el Congreso impulsaron en marzo de 1861 la Enmienda Corwin (Corwin Amendment), cuyo texto trataba de ser una garantía para los intereses confederados de que la esclavitud en los estados en donde esta ya existía sería respetada absolutamente por el Congreso. Introducida en el Senado por William H. Seward, de Nueva York, y por Thomas Corwin, de Ohio, en la Cámara de Representantes, la enmienda establecía que "no se realizaría ninguna modificación a la Constitución que autorizara o diera al Congreso el poder de abolir o interferir, dentro de un estado, con las instituciones domésticas de los mismos, incluidas las personas detenidas por el trabajo o el servicio por las leyes de dicho estado". El sur, que ya era minoría en la Cámara de Representantes, temía que con la admisión de nuevos estados quedaría en minoría permanente también en el Senado, con lo que solo sería cuestión de tiempo para que por mayoría de las dos cámaras se terminara con la esclavitud en un día no muy lejano. Los confederados no creyeron en las intenciones del Congreso y prefirieron defender su "institución doméstica" a cañonazos, y así con las primeras explosiones sobre el Fuerte Sumter quedó claro que la Unión tendría que ir a la guerra y someter a los rebeldes para conservar la unidad de Estados Unidos.

Permitirles vivir como un país distinto era exponer al resto de la nación a un peligro del que creían que ya estaban a salvo, pero que siempre habían temido: la reconquista europea. En el mismo momento en el que se recargaban los cañones en Charleston para continuar el bombardeo sobre el fuerte de la Unión en abril de 1861, Francia comenzaba los preparativos para invadir México. La incomprensible emoción de los norteamericanos en la celebración de la victoria mexicana del 5 de mayo tiene aquí su origen, la Unión estaba muy complacida con el hecho de que el general Zaragoza hubiera derrotado a los franceses en Puebla, de quienes se temía que quisieran recuperar sus posesiones en Norteamérica.

Durante 1861 los combates fueron más bien escasos y de poca envergadura, las partes iniciaban los preparativos para su enfrentamiento, que tomaron plena forma durante 1862. A partir de finales de 1862, lo que en un principio la Unión había creído que sería una confrontación más o menos breve, se había convertido en un verdadero infierno. La derrota del general de la Unión George B. McClellan en la Campaña de la Península que pretendía tomar Richmond, Virginia, capital de la Confederación, y el movimiento hacia el norte, internándose en territorio de la Unión, del general confederado Robert E. Lee, terminaron con las esperanzas de finalizar rápidamente el conflicto.

El 1 de enero de 1863 el presidente Lincoln toma una decisión difícil pero que probaría su voluntad de terminar con la esclavitud. Emite una orden ejecutiva a la que se conoce como la Declaración de la Emancipación, en la que garantiza la libertad a todos los negros esclavos de los territorios de la Confederación que logren huir del control de sus captores hacia los estados del norte. Adicionalmente, la Declaración acepta a los negros que se quieran enlistar a pelear en las filas de la Unión. Para la primavera de 1863 el general Lee comienza su segunda invasión al norte, lleva a su ejército por el valle de Shenandoah hacia Harrisburg, Pensilvania. Con esta campaña, Lee pretende cambiar el teatro de operaciones del norte de Virginia hacia el sur de Pensilvania y presionar así a los políticos del norte, opuestos a Lincoln, a terminar con la guerra. A Lincoln le toca lidiar con el escenario político y social más complicado que pudiera imaginarse. En 1863 se sueltan todos los demonios norteamericanos, la estatura de Lincoln deviene no solamente de sus acciones, sino del contexto en el que las tuvo que tomar.

Es precisamente a mediados de 1863 (1-3 de julio), con el avance del Ejército Confederado hacia el norte metiéndose en territorio de la Unión, que se registra la famosa batalla de Gettysburg en el sur de Pensilvania. La batalla es un parteaguas en la guerra y es apenas ganada por la Unión a un muy alto costo en vidas humanas, alrededor de 50 000[5] bajas entre ambos bandos en tres días de batalla. La moral de la tropa confederada decayó a un punto del que ya no se recuperó por el resto del conflicto. Gettysburg marca el punto del mayor avance del Ejército Confederado durante toda la guerra, de ahí ya solo fue retroceder, lenta y sangrientamente, pero retroceder.

Aunque la batalla implicó bajas igualmente fuertes para ambos bandos, las reacciones después de Gettysburg son el contraste que se produce entre la victoria y la derrota. La guerra, como la política, se pelea no solo en la realidad sino también en la imaginación. En el norte un encabezado del *The Philadelphia Inquirer* festejaba: "¡VICTORIA, WATERLOO ECLIPSADO!"; George Templeton, un periodista de Nueva York, escribía: "El resultado de la victoria no tiene precio. El halo de invencibilidad de Robert E. Lee se ha roto. El gobierno se fortalece por cuatro, tanto en el país como en el extranjero". Aunque el general George Meade, comandante en jefe del Ejército del Norte en la batalla, recibió reproches por no haber terminado ahí mismo con el ejército de Lee, la moral general en el norte se levantó. Después de Gettysburg quedó claro que la guerra sería ganada por la Unión. Al día siguiente de terminada la batalla en Pensilvania, el 4 de julio, la fortaleza de Vicksburg, en el sureño estado de Misisipi, caía en manos del general de la Unión, Ulysses S. Grant. Este triunfo, combinado con la victoria en Gettysburg, permite darle a la guerra una nueva dirección, las certezas comienzan a mostrarse en el horizonte, se ve la luz al final del túnel.

---

[5] Para dar una idea de lo que esta cifra significa, durante los 12 años que duró la intervención norteamericana en Vietnam murieron 54 000 norteamericanos.

En el sur la derrota militar rápidamente se convirtió en derrota política. Cuando la noticia de Gettysburg llegó a Londres, cualquier esperanza que el gobierno de la Confederación hubiera tenido sobre el reconocimiento de Inglaterra se desvaneció. Ante este panorama, el presidente de la Confederación, Jefferson Davis, pretendió considerar la derrota como "un revés, no como un desastre". Los dirigentes del sur, más que pensar en una victoria militar estratégica sobre el norte, pensaban en victorias tácticas que tuvieran traducción simultánea hacia la arena política, pues seguían confiando en una rebelión en el norte contra el gobierno, que eliminara a Lincoln y firmara la paz con la Confederación. Los demócratas norteños, apodados los *copperheads* (cabeza de cobre), opuestos al gobierno de Lincoln, crecieron durante el periodo en el que los ejércitos de la Unión tenían un mal desempeño, pero conforme comenzaron a ganar batallas su influencia política disminuyó. La esperanza que Davis y los políticos de la Confederación tenían en ellos comenzó a evaporarse después de Gettysburg. La inquietud política en el sur, más bien con sabor a derrota, llevó incluso al general Lee a presentar su renuncia al presidente Davis, quien la desechó de inmediato.

La guerra es la política por otros medios, enseña Clausewitz. Más allá de la discusión sobre la victoria de la Unión en Gettysburg, que es muy abundante, está el hecho de que a partir de esa batalla la correlación de fuerzas políticas al interior de la Unión consolidó la posición de Lincoln. Si la victoria militar de la Unión en Gettysburg es discutible desde el punto de vista militar, en el sentido de que no es completa, el significado político de esa victoria es incontrovertible. A partir de ese momento, la sociedad norteamericana empieza a abrirse para incorporar a los negros, siempre presentes, pero a la vez ausentes de la vida social, cultural y política de Estados Unidos. Ahora están en el centro del debate sin ser mencionados explícitamente. ¿Por qué morían miles de soldados blancos en los campos de batalla? ¿Por qué había escasez, hambre y desolación por todo el territorio nacional? ¿Por qué había disturbios y motines durante la leva en muchas ciudades del norte y del sur? ¿Por qué cientos dejaban su país para no ser reclutados por el ejército? ¿Por qué y para qué esta guerra? Las preguntas comenzaban a pesar sobre la conciencia de la nación. Con la Proclamación de la Emancipación Lincoln da una respuesta y se inicia así la destrucción de la esclavitud en el sur. Al paso de los ejércitos de la Unión los negros son liberados en los territorios ocupados. Hacia donde se movieran los diferentes ejércitos de Estados Unidos, eran seguidos por filas interminables de esclavos liberados, iletrados que no sabían de qué se trataba la guerra y no podían imaginar lo que les depararía el futuro, pero tenían gran claridad de que el camino que seguían los hombres vestidos de azul era el camino de su libertad.

El problema con esta guerra era que una vez comenzada no habría manera de forjar un compromiso para salir de ella, las partes jamás podrían encontrar el suelo común para la negociación, tendría que ser una lucha a muerte. Caídos los primeros no habría marcha atrás. "La Confederación existía y tenía que ser destruida, no solamente llevada al punto hasta donde sus líderes estuvieran dispuestos a entablar negociaciones de paz, tendría que ser una destrucción total".[6] Para que la Unión pudiera existir, el norte tendría que destruir a la Confederación, y para destruir a la Confederación se tendría que destruir la esclavitud. Quizá el mayor error político que cometieron los líderes del sur fue pensar que la esclavitud se podría defender con las armas en la mano. No se daban cuenta de que la esclavitud podía existir solo por la aceptación o tolerancia de quienes no estaban de acuerdo con ella, y la guerra destruyó esa tolerancia.

El discurso de Lincoln en Gettysburg ("Gettysburg Adress"), para honrar a los caídos durante la batalla, es uno de los más famosos y conocidos de entre todos los miles de discursos que los políticos estadounidenses han pronunciado a lo largo del tiempo, a pesar de tener solo 10 frases y no durar más de dos minutos su lectura. Está cuidadosamente

---

[6] Bruce Catton, *The Civil War*, Mariner Books, Nueva York, 2005, p. 173.

construido, dedicado a los caídos en la batalla y leído en el mismo lugar de los hechos, el cementerio de Gettysburg, en Pensilvania, el 19 de noviembre de 1863. Ahí el presidente reiteró los principios de igualdad humana expresados en la Declaración de Independencia y comparó la guerra que se libraba con un "renacimiento de la libertad, que brindará verdadera equidad a todos los ciudadanos".

Ese discurso es el principio del final de la contradicción con la que había vivido el pueblo norteamericano, la contradicción que significaba ofrecer igualdad y libertad en su Declaración de Independencia y negarla en los hechos a una parte de su población. La guerra le estaba funcionando a la sociedad norteamericana como una neurosis, que la obligaba a dirigir la mirada hacia la fuente del desacuerdo interior: la Declaración de Independencia no tendría plena vigencia hasta que no desapareciera la esclavitud. Con millones de hombres, mujeres y niños esclavizados, ¿con qué cara se habla de los estadounidenses como hombres libres? El precio que se ha pagado en vidas humanas por eliminar esa contradicción es muy alto, y en Gettysburg se pagó un abono muy importante.

Lincoln comienza su intervención en Gettysburg contando los años que han pasado desde la proclamación de la independencia, 87, en la que se aceptó que "todos los hombres son creados iguales" y se propuso construir una sociedad en libertad. Ve a la guerra como una prueba para saber si es posible vivir bajo esos principios de una manera estable y duradera. Pronunciando el discurso desde lo que habría sido el campo de batalla mismo, honra a los caídos que dieron su vida para que esa sociedad pudiera ser realidad. La imagen de Lincoln en Gettysburg no es la de una autoridad, la imagen de Lincoln en Gettysburg es la de un enterrador muy lúcido, que anuncia que habría que dar muerte al absurdo y a la incoherencia que significaba la esclavitud, si lo que se pretendía ser era una nación armónica de hombres libres. En Gettysburg el pueblo abrazó el sueño de una sociedad libre e igualitaria, renació la idea original de "un gobierno del pueblo, por el pueblo y para el pueblo". En Gettysburg el pueblo que fundó esta nación reapareció y pidió cuentas; Lincoln era solo el mensajero. Gettysburg es la segunda Declaración de Independencia norteamericana, pero esta vez Lincoln está decidido a incorporar a todo el pueblo. Los norteamericanos ciertamente han pecado de profesar que todos los hombres han sido creados iguales para luego actuar en la dirección contraria.

Las consecuencias de la estrecha pero estimulante victoria en Gettysburg se comenzaron a sentir en la vida política del país. Uno de los temas que mayor tensión había provocado entre el norte y el sur, desde antes del inicio de la guerra, había sido el trato que se les daba a los esclavos que huían hacia la libertad y se convertían en prófugos de la justicia reclamados por sus dueños. La simpatía que había hacia los negros que decidían "romper las cadenas de la esclavitud" en los estados que años atrás la habían abolido llevó a muchos ciudadanos del norte a organizarse en algo que se llamó el "underground railroad" (ferrocarril subterráneo) para dar protección y cobijo a los negros que escapaban de las haciendas del sur. El *ferrocarril* consistía en una red de personas que se asociaban clandestinamente y que conocían rutas y casas de seguridad a lo largo de todo el camino hasta la frontera con Canadá, para proteger a los esclavos que huían de las plantaciones del sur.

Harriet Tubman, después de escapar de la esclavitud, se dedicó a realizar misiones de rescate en las que liberó a muchos esclavos del sur a través del ferrocarril. Fue entre 1840 y 1860 cuando esta red operó más intensamente. Lo importante no era la cantidad de esclavos negros que se lograba proteger hasta que escaparan, parece que no eran muchos más de 1 000 al año, cuyo impacto económico era insignificante, sino el simbolismo de que existiera una red de blancos y negros libres dispuestos a protegerlos. Esto causaba un impacto psicológico enorme entre esclavos, pero también entre sus dueños, quienes comenzaron a preocuparse por el entusiasmo que provocaban las fugas entre los que se quedaban.

Para evitar el contagio de la libertad, que suele ser muy contagiosa, los dueños de esclavos, a pesar de que ya estaba garantizada por la

Constitución, hicieron pasar en el Congreso una ley que obligaba a los estados a detener a los esclavos fugitivos y regresarlos a sus "legítimos propietarios". Se trataba de la Fugitive Slave Act (Ley de los esclavos fugitivos) del 18 de septiembre de 1850. Esta ley fue parte central del llamado *Compromiso de 1850*, mediante el que se aprobaron varias leyes para desactivar el enfrentamiento entre el norte y el sur que por aquellas fechas confrontaba al país en la decisión sobre el futuro de la esclavitud en los territorios conquistados a México.

El Compromiso de 1850 solo retrasó la guerra civil 10 años. Los abolicionistas calificaban a la Fugitive Slave Act como la *Ley sabueso*, por los perros que se usaban para cazar a los esclavos fugitivos. Hubo verdaderas historias de horror sobre los cazarrecompensas que se contrataban para perseguir a los escapados. Bajo esta ley, las autoridades de los estados en donde estaba prohibida la esclavitud tenían que perseguir a los esclavos prófugos y entregarlos a quien los reclamara judicialmente. Las multas a quienes ayudaran a escapar a un esclavo eran extraordinariamente altas, alrededor de 400 000 pesos actuales. De ahí el efecto psicológico que causaba, entre los esclavos que permanecían cautivos, el heroísmo de quienes ayudaban a escapar a los esclavos prófugos a través del *underground railroad*.

La Fugitive Slave Act fue derogada por el Congreso el 18 de junio de 1864. Las consecuencias políticas de tal decisión se dejaron ver inmediatamente. En la Convención Constitucional de Luisiana, celebrada el 23 de julio de 1864, se aseguró la liberación de todos los esclavos que se encontraban dentro de las 13 parroquias controladas por tropas de la Unión. En Maryland una nueva Constitución fue aprobada el 13 de octubre, en ella parcialmente se derogaba la esclavitud y se revocaba el derecho al voto a aquellos que apoyaran al gobierno de la Confederación. Después de la Proclamación de la Emancipación, la revocación de la Fugitive Slave Act fue el acto legislativo más importante antes de la aprobación de la 13ª Enmienda a la Constitución.

En 1864 se debían de realizar elecciones presidenciales; posiblemente en toda la historia no hubiera existido un cuadro como el que se vivía en ese momento en Estados Unidos para realizar una elección. "Nunca una nación democrática se había preparado para sostener elecciones libres mientras estaba en medio de un sangriento intento por ganar una guerra civil, los resultados podrían ser impredecibles".[7] Para ese momento una buena parte de la gente en el norte se encontraba desilusionada sobre el resultado de la guerra. Las tropas muchas veces tenían que usarse no para combatir al sur, sino para controlar protestas y motines provocados por el reclutamiento forzoso en los estados. Nueva York pasó, poco después de la batalla de Gettysburg, por una protesta sangrienta que duró varios días en la que se quemaron las oficinas de reclutamiento, se golpeó y se asesinó a cuanto negro se encontró en las calles, y se combatió con el ejército y la policía. Las protestas se lograron controlar hasta que llegaron a la ciudad tropas de combate procedentes directamente de Gettysburg, miles de civiles murieron durante esas protestas callejeras. Esos síntomas de descontento preocupaban extraordinariamente a Lincoln, que sabía que, si no ganaba él las elecciones, todo lo que se había avanzado hasta ese momento habría sido inútil, todo el sacrificio en vidas humanas no habría servido absolutamente de nada si perdía esa elección.

La elección de 1864, celebrada en medio de la guerra, fue una elección muy complicada al interior de los dos partidos, el Demócrata y el Republicano, que se alineaban con las diferentes posturas que existían en relación con el conflicto. Las dos corrientes principales que dominaban el Partido Demócrata eran la de los partidarios de la guerra, *war Democrats* y la de los que se oponían a ella, los *peace Democrats* (también conocidos como *cooperheads*), que proponían una "paz a cualquier precio". Este era el grupo que en los hechos resultaba un aliado político del sur. Por su

---

[7] *Ibid.*, p. 211.

parte, en el Partido Republicano también coexistían dos posiciones frente al conflicto, los conservadores moderados, cuyo líder era el presidente Lincoln, y los radicales (*radical Republicans*), que se oponían a la esclavitud desde antes del inicio de la guerra y eran partidarios de una posición dura y de una política más agresiva hacia a los secesionistas del sur.

Con el objetivo de atraer como aliados a los *war Democrats*, que nunca votarían por el Partido Republicano, este cambió su nombre para las elecciones al de Partido de la Unión Nacional (National Union Party) y postuló a Abraham Lincoln como candidato a la presidencia. Entre los republicanos la corriente mayoritaria era la del presidente Lincoln y entre los demócratas los mayoritarios eran los *peace Democrats*. Los *radical Republicans* pensaban que Lincoln era un incompetente y que no debería de ser reelecto, así que formaron el Radical Democracy Party (Partido Radical Democrático) y nominaron a John C. Frémont, senador por California, como candidato presidencial. Los *peace Democrats* nominaron a la presidencia a George B. McClellan, quien había sido nombrado por Lincoln comandante en jefe de todos los ejércitos de Estados Unidos al inicio de la guerra en 1861, pero que no había terminado en buenos términos con el presidente. La típica maniobra política de postular al enemigo de mi enemigo como candidato.

La campaña presidencial de 1864 no tenía que ver con lo que se dijera, no importaban los discursos, importaba lo que pasara en el campo de batalla. Si para el día de la elección la gente creía que la guerra era un fracaso, el partido y el candidato que habían tenido que ver con ella perderían la elección. Pero si, por el contrario, los ejércitos de la Unión entregaban victorias estimulando el coraje en los electores, el partido que proponía "la paz a cualquier precio" perdería la elección. La elección civil dependía de las acciones militares, el triunfo no se podría obtener de otra forma. Los confederados también entendían esta situación, de tal suerte que no iban ayudar a Lincoln, permitiéndole victorias militares al general Grant o al general Sherman.

Como la Confederación no era realmente capaz, en el verano de 1864, de infringir reveses serios a los ejércitos de la Unión, se dedicaron a impedir una derrota muy visible. Los ejércitos del sur se comportaron, por instrucciones de sus líderes políticos, como un boxeador en el ring que ya no se acerca al intercambio de golpes porque sabe que en un descuido puede ser noqueado, por lo que se dedica a rehuir el combate.

La sociedad del norte que aceptó los compromisos de 1820, 1850 y 1854 no parecía que se fuera a mantener en un curso radical después de 1861. […] Por medio de este razonamiento, la Confederación no tenía que ganar la guerra contra Estados Unidos; solo tendría que aguantar hasta que candidatos contra la guerra comenzaran a ganar elecciones en el norte y que con la intervención de los amigos europeos y clientes del sur se lograra la independencia con esclavitud.[8]

El norte siempre fue militarmente superior al sur, por eso el sur guardaba tantas esperanzas en la elección de 1864, porque la política parecía la única forma mediante la que podrían obtener algo.

Lincoln temía no poder ser reelecto a la presidencia; las victorias militares, aunque cada vez más favorables a la Unión, seguían produciendo un número altísimo de bajas que se tenían que reponer con reclutamiento forzoso que la mayoría de la gente rechazaba. De entre los tres candidatos a la presidencia, Frémont y Lincoln estaban a favor de continuar la guerra hasta someter a los rebeldes del sur, en cambio, los *peace Democrats*, con McClellan como candidato, proponían la paz de inmediato y la suspensión del reclutamiento. Los partidarios de Lincoln habían elegido vicepresidente al *war Democrat* Andrew Johnson para asegurar el apoyo de esa corriente en la elección. Al existir dos candidatos a favor de la

---

[8] Gil Troy, Arthur M. Schlesinger y Fred L. Israel, *History of American Presidential Elections 1789-2008*, 4ª. ed., vol. I, p. 497.

guerra y uno en contra, se corría el riesgo de que el voto antiesclavitud se dividiera entre Lincoln y Frémont y se posibilitara así el triunfo de los *peace Democrats*, de tal suerte que Frémont retiró su candidatura mes y medio antes de las elecciones (22 de septiembre) y así Lincoln obtuvo el 8 de noviembre de 1864 un triunfo arrollador. Lincoln ganó en 24 estados, completando 212 votos electorales, mientras que McClellan lo hizo solo en tres, sumando 21 votos electorales. El 55% del electorado votó por Lincoln y el 45% por McClellan. En el Congreso el triunfo resultó igualmente arrasador, de los 54 asientos que se disputaban ese año en el Senado, los partidarios de Lincoln ganaron 42, y de las 193 curules en la Cámara de Representantes ganaron 149. Por una mayoría sustancial, el electorado del norte le había dicho a Lincoln que llevara la guerra hasta la victoria. Después de la elección de 1864 el triunfo de la Unión estaba a la vista.

El 31 de enero de 1865 la Cámara de Representantes aprobó la 13ª Enmienda a la Constitución. La ley había sido previamente presentada y votada a favor por el Senado el 8 de abril de 1864. El resultado de la votación había sido un arrollador 38 a favor y seis en contra, sin embargo, cuando la iniciativa pasó a la Cámara de Representantes los partidarios de la enmienda no pudieron lograr los dos tercios de los votos necesarios para su aprobación; la votación el 15 de junio fue de 93 a favor y 65 en contra. La razón por la que no se obtuvo la mayoría en la Cámara de Representantes fue porque la votación estaba asociada a la carrera presidencial. Los *radical Republicans* pedían la inmediata abolición de la esclavitud y votaron a favor de la enmienda, mientras que los partidarios de Lincoln, más moderados, consideraban que aprobar la 13ª Enmienda antes de las elecciones sería una provocación hacia el sur, un riesgo político que no era necesario correr y además sumaba a los peligros que ya de por sí tenía la reelección de Lincoln. Aquí es donde se da la negociación política entre Lincoln y Frémont. Lincoln aprueba la 13ª Enmienda en la carta con la que acepta la candidatura para su reelección, a cambio de que Frémont aceptara retirar la suya. Pasadas las elecciones, con el triunfo de Lincoln, la Cámara de Representantes aprueba la enmienda con una votación de 119-56, el 31 de enero de 1865. Después de su ratificación por los estados, el 18 de diciembre, el secretario de Estado William H. Seward anunció que la ley había sido adoptada. A partir de ese momento la esclavitud en todo Estados Unidos estaría prohibida.

Al iniciar 1865 el fin de la guerra y de la esclavitud estaban ya en el horizonte cercano, la tarea había sido concluida con éxito, la habilidad política de Lincoln logró poner fin, en principio, a una de las instituciones más vergonzosas y criminales que hubieran existido en Estados Unidos. Sin embargo, las mismas fuerzas sociales, económicas y políticas que estuvieron detrás de la secesión y de la esclavitud seguían presentes en la sociedad norteamericana y se adaptarían, una y otra vez, a las nuevas circunstancias. Lincoln rinde protesta para su segundo periodo como presidente el 4 de marzo de 1865, Andrew Johnson, un sastre de Raleigh, Carolina del Norte y *war Democrat*, sería su vicepresidente, y aunque nadie en ese momento lo sabía, estaba a punto de convertirse en el siguiente jefe del Estado norteamericano.

Las fuerzas militares de la Confederación, diezmadas por el hostigamiento enemigo, habían adelgazado mucho sus líneas de defensa. El Ejército del Norte de Virginia, comandado por Lee, se encontraba protegiendo Richmond, la capital de la Confederación, pero sus tropas estaban exhaustas y con gran carencia de pertrechos militares. Rodeado por las fuerzas del Ejército del Potomac, comandado por el general Ulysses Grant y sin posibilidades reales de acción militar alguna, Robert E. Lee se rindió en Appomattox, Virginia, el 9 de abril de 1865. Después de la rendición de Lee, comenzaron a entregar las armas todos los comandantes de la Confederación a lo largo del territorio norteamericano. La guerra había terminado, quedaba por delante el trabajo de la reconstrucción del país, no solo material, sino fundamentalmente política y espiritual.

Para Lincoln la esclavitud era una ofensa a Dios, y no solamente perpetrada por el sur, sino por todos los norteamericanos; la guerra había sido la expiación necesaria para quedar limpios de esa culpa. Y si los costos de la guerra con su dolor y destrucción habían sido compartidos por ambos bandos, estaba cierto de que la victoria tendría que serlo también. En la visión de Lincoln, la paz que tendría que llegar después de esta guerra tendría que ser tan amplia, tan humana y tan justa, que no podría excluir a ninguno de los participantes. "En esa paz no podría caber la pregunta sobre ninguna medida punitiva, no más de la que podría hacerse para buscar la reconstrucción de lo que la guerra había destruido. Si había un triunfo que celebrar no era el triunfo de un grupo de hombres sobre otro grupo, sino el de todos los hombres juntos sobre una aflicción compartida".[9]

Firmada la rendición de Lee en Appomattox, Lincoln decide visitar a las tropas del general Grant en Richmond y realiza el viaje desde Washington para presenciar la ciudad que sirvió de asiento a los poderes de la Confederación. Al recorrer Richmond, Lincoln produce la imagen política de la victoria, se encuentra en la sede destruida del gobierno rebelde. No es una ciudad que recorre con la soberbia militar de la victoria, es una ciudad que recorre con la compasión por la destrucción y el desamparo de su población. Lincoln va a Richmond a dar la mano a los vencidos y su imagen es la de quien parece que "daría su presidencia por un vaso de agua". El presidente de la Confederación, Jefferson Davis, había huido junto con todo su gabinete ante la inminente caída de la ciudad el día 3.

Lincoln regresó a Washington y decidió ir con su esposa al teatro el 14 de abril, se trataba del Teatro Ford, a solo unas cuadras de la Casa Blanca, se presentaba la obra *Nuestro primo americano*. Sentado en el palco de honor durante el curso de la representación, Lincoln fue asesinado por

---

[9] Bruce Catton, *op. cit.*, p. 265.

la espalda de un tiro en la cabeza por John Wilkes Booth, un actor y partidario del gobierno secesionista, cuyo plan original había sido secuestrar al presidente para entregarlo al Ejército Confederado como rehén. La rendición en Appomattox le hizo cambiar de planes y urdió entonces la absurda idea de asesinar a los tres miembros más importantes del gobierno con el objetivo de provocar una crisis política. Ese mismo día, a la misma hora, el secretario de Estado, William H. Seward, era acuchillado por Lewis Powell, pero Seward sobrevivió. El asesino que se encargaría del vicepresidente Andrew Johnson huyó de la ciudad cuando el plan del secuestro se cambió por el de asesinato.

El 11 de abril, dos días después de la rendición de Lee en Apomattox, Booth había asistido a escuchar un discurso de Lincoln en la Casa Blanca, en donde este mencionó la posibilidad de "emancipar a los antiguos esclavos"; se recuerda a Booth diciendo: "Eso significa la ciudadanía. Ahora, por Dios, lo voy a poner a través […] Este será el último discurso que dará en su vida". Y lo fue, Lincoln sobrevivió durante la noche, pero falleció a las 7:22 de la mañana del 15 de abril. "Esta nación se formó para los blancos, no para los negros", había escrito Booth días antes de asesinar a Lincoln.

La muerte de Lincoln había dejado el gobierno federal completamente en manos de los republicanos radicales que odiaban a los sureños y querían ver ejecutado un duro castigo sobre ellos. Andrew Johnson había demandado que la traición fuera odiada, él sería ahora presidente y podría hacer que el castigo fuera tan duro como se quisiera. La investigación sobre el asesinato del presidente se la apropió el secretario de Guerra, Edwin M. Stanton, un hombre duro y endurecido por la guerra, arrogante y suspicaz. En un acto de irresponsabilidad que con seguridad Lincoln hubiera impedido, le comunicó a la nación, sin ninguna prueba, que "Lincoln había sido asesinado por agentes a las órdenes de Jefferson Davis". La sombra de la venganza que tanto esfuerzo había invertido Lincoln por erradicar, quedaba con su muerte instalada como gobierno.

El enfoque que Lincoln tenía para la reconstrucción estaba cimentado en la idea de que las mitades rotas podrían volver a unirse si se excluía la amargura y el deseo de venganza y se mantenía un espíritu de mutuo entendimiento y buena voluntad. Toda la inteligencia y la habilidad política que Lincoln poseía para conseguir la reconciliación nacional murió con él.

Lincoln sería el primer presidente norteamericano en ser asesinado. Hubo un intento anterior de asesinato en la persona de Andrew Jackson, pero había fracasado. John Wilkies Booth escapó, pero fue encontrado en una granja al sur de Washington, en donde fue muerto. A los demás participantes en la conspiración se les colgó y a sus cómplices se les mandó a prisión. Mientras el juicio comenzaba en Washington, en la casamata del Fuerte Monroe, en Hampton, Virginia, Jefferson Davis era ingresado como prisionero. Miles de personas llegaron a Washington para los servicios fúnebres de Lincoln y millones más vieron pasar el tren que llevaba sus restos a lo largo de 2700 kilómetros de recorrido, desde la capital del país hasta Springfield, Illinois. Su féretro se puso en exposición en Nueva York, Chicago y muchas otras pequeñas ciudades por las que pasó el convoy en una ruta laberíntica e inimaginable. Millones de norteamericanos tomaron parte en este desfile de genuino dolor. Fue el general Ulysses Grant, con quien Lincoln estaba distanciado al momento de su muerte, quien declaró que Lincoln había sido "incontestablemente el hombre más extraordinario que había conocido".

Lincoln le pertenece al pueblo, es el presidente más querido por los norteamericanos, su monumento en Washington se encuentra en el otro extremo de la colina en donde se encuentra el Congreso, el gobierno. Ese acomodo geográfico tiene su significado, Lincoln vigila desde la historia a los que dominan, su legado no puede ser ignorado ni borrado, continúa su vigilia "desde los siglos" frente al poder. Lincoln fue asesinado por el racismo estadounidense. Lo mataron las mismas fuerzas que expulsaron a los indios de sus tierras, los mismos que invadieron Texas, los mismos que odian a los que nos son como ellos, los que desataron la guerra más cruel e inhumana de todas las guerras, aquella que se libra por el color de la piel y que beneficiaba solo a unos poquísimos norteamericanos provocando el sufrimiento de millones. Lincoln se opuso a la guerra con México, se opuso a la expansión de la esclavitud, se opuso a la desintegración de su país. La muerte de Lincoln es una tragedia para el pueblo, no para el gobierno, es una tragedia que se vive en cada casa, no en los corredores del poder. Lincoln en realidad nos pertenece a todos.

Andrew Johnson tomó posesión como presidente de Estados Unidos el 15 de abril, el mismo día del fallecimiento de Lincoln. Es paradójico que siendo Lincoln el presidente más querido por el pueblo norteamericano su vicepresidente terminara siendo el presidente menos popular en la historia del país. Hacia el final de su mandato fue enjuiciado por el Congreso (*impeachment*), siendo el primer presidente en la historia en serlo.

La 13ª Enmienda a la Constitución a la letra dice: "*Sección 1*. Ni la esclavitud ni la servidumbre involuntaria, excepto como castigo de un delito del que el responsable haya quedado debidamente convicto, existirán dentro de Estados Unidos ni en ningún lugar sujeto a su jurisdicción. *Sección 2*. El Congreso estará facultado para hacer cumplir este artículo mediante leyes apropiadas".

7

Ciudadanía y derecho al voto para los afroamericanos, 14ª y 15ª Enmiendas a la Constitución (1867-1869)

Andrew Johnson se convirtió en el presidente número 17 de Estados Unidos cuando Abraham Lincoln fue asesinado el 14 de abril de 1865. La selección de Johnson como vicepresidente de Lincoln para las elecciones de 1864 estuvo guiada exclusivamente por el temor que invadía a los republicanos de perder esa elección. En el resto de la agenda política, Johnson tenía muy poco o nada que ver con Lincoln.

Johnson había nacido en Raleigh, Carolina del Norte, en una familia de escasos recursos. Sastre de profesión, deambuló por la frontera oeste hasta que se asentó en Greeneville, Tennessee. Andrew Johnson era un descendiente político y espiritual de Andrew Jackson, había apoyado la candidatura de James K. Polk, había estado de acuerdo con la invasión a México y había comprado varios esclavos en cuanto obtuvo cierta prosperidad económica. Siendo senador, Johnson votó en contra de la Wilmot Proviso, que prohibiría la introducción de esclavos en los territorios conquistados a México, y era un opositor a la terminación de la esclavitud. Johnson también se opuso a la 14ª y 15ª Enmiendas de la Constitución, que garantizaban la ciudadanía a los esclavos recién liberados y la no discriminación para que los negros pudieran votar en las elecciones. Una vez instalado como presidente, Johnson dedicó sus esfuerzos a la restauración rápida de los estados del sur, no prestando demasiada atención a los esclavos recién liberados, por lo que rápidamente entró en conflicto con el Senado y con la Cámara de Representantes.

La época de la Reconstrucción es el nombre con el que se conoce al periodo de tiempo que va de la firma de la paz en Appomattox para terminar con el enfrentamiento armado, hasta poco después de la readmisión en la Unión del último estado rebelde en 1870. Fue un periodo bastante caótico en el que el asesinato de Lincoln no hizo más que ayudar a enturbiar el caudaloso río que era la sociedad norteamericana de aquel entonces. Andrew Johnson podría haber sido un buen vicepresidente, pero fue sobre todo un buen candidato a la vicepresidencia. Johnson era uno de los "hijos del sur", había sido gobernador y representante de un estado ahora separado, cuando juró su cargo como vicepresidente. Durante la inauguración del segundo periodo de Lincoln, se dice que Johnson estaba ebrio. En efecto, Johnson estaba completamente borracho, pues antes de llegar a la ceremonia se había empinado "tres grandes tragos de whiskey". Lincoln posteriormente lo defendió señalando que "había cometido una tontería", pero que "Andy no era un borracho". Lincoln se reunió con Johnson en una sola ocasión siendo ya este vicepresidente, su primera y única reunión de trabajo fue por la mañana del día en que Lincoln sería asesinado.

Al tomar posesión de la presidencia, Johnson enfrenta un problema enorme. ¿Qué hacer con la Confederación? ¿Qué hacer con los estados que se habían declarado en contra de la Unión? ¿Cómo restaurar sus gobiernos? ¿Qué hacer con los esclavos recién liberados? ¿Cómo tratar a los traidores? Conforme la Unión había comenzado a tener control militar en Virginia, Arkansas, Luisiana y Tennessee, Lincoln había autorizado que en esos estados se formaran gobiernos leales a la Unión. Antes del final de la guerra y como una forma de presión política sobre la Confederación, Lincoln había establecido el plan del "diez por ciento". El plan contemplaba la realización de elecciones en los estados de la Confederación en donde la Unión tuviera control militar, cuando el 10% de la población con derechos para votar hubiera realizado un "juramento de lealtad a la Unión". Con ese plan se habían restablecido los primeros gobiernos de la Unión en los estados confederados. El Congreso consideraba el plan de Lincoln, implementado por Johnson, muy indulgente con los rebeldes del sur, y así comenzaron las diferencias políticas entre el Congreso y el presidente. El Congreso requería que la mayoría de la población en los estados de la Confederación con derecho a voto realizara un juramento de lealtad a la Unión como condición para poder celebrar elecciones.

Johnson quería, para normalizar la vida social y política del país lo más pronto posible, el restablecimiento de los gobiernos de los estados en el sur. En algunos estados de la Confederación las legislaturas locales, reaccionando a la abolición de la esclavitud, habían comenzado por aprobar leyes para el control y exclusión de los negros de la vida social y política (*black codes*). Si los esclavistas del sur no podrían ya disponer del trabajo esclavo de los afroamericanos, se sentían con el derecho de no dejarlos entrar a la sociedad como hombres libres. Aunque los esclavos del sur habían sido liberados por Lincoln durante la guerra con la Proclamación de la Emancipación, y posteriormente todo tipo de esclavitud había quedado prohibida en Estados Unidos por la 13ª Enmienda, la condición jurídica, económica y política de los negros era aún muy incierta. ¿En dónde trabajarían los millones de negros liberados? ¿Son, o no son, ciudadanos? ¿Podrán votar? ¿Qué derechos tendrán? ¿Se les podrán negar a ellos algunos derechos siendo ciudadanos? Las respuestas a estas preguntas no eran sencillas. Se trataba de resolver los problemas generados por una especie de *apartheid* en el siglo XIX.

En 1865 la mayoría de los norteamericanos no se inclinaba por el reconocimiento de los derechos políticos de los exesclavos. Conceder el voto a los negros, como algunos pocos estados de Nueva Inglaterra ya lo hacían, parecía algo impensable en el sur. Para Johnson, la reincorporación de los estados rebeldes a la Unión no representaba un mayor problema. En su concepción del asunto, los estados en realidad "nunca habían dejado la Unión", por lo que bastaría un nuevo juramento de lealtad para que pudieran ser reintegrados políticamente y celebraran elecciones para formar nuevos gobiernos conforme mejor lo consideraran conveniente. Para Johnson el tema de los derechos políticos de los afroamericanos era un asunto que solo distraía de lo principal, además siempre había sido un derecho constitucional de los estados el decidir quién podría votar y en qué condiciones. La federación no podría inmiscuirse con ese derecho a riesgo de violar la Constitución. Como presidente, Johnson comenzó a tener posturas extraordinariamente indulgentes hacia los estados rebeldes. Lo que le acarreó rápidamente problemas con la mayoría republicana del Congreso. Ya había olvidado sus palabras cuando censuraba el rompimiento de la Unión por parte de los estados confederados: "La traición es un crimen, y el crimen debe de castigarse".[1]

En la restauración de gobiernos leales a la Unión en el sur, Johnson creía haber encontrado la fórmula para salir del problema argumentando que "finalmente la secesión no se había consumado, los estados permanecían intactos, y la Reconstrucción significaba habilitarlos en todos sus derechos constitucionales lo más rápido posible".[2] Los republicanos radicales argumentaban que el presidente tenía el poder para nombrar gobernadores provisionales y diferían de él en cuanto a los requerimientos que se deberían exigir a los estados del sur para su reincorporación a la Unión. Sobre el asunto más candente de todos, ¿podrían los afroamericanos tener derecho al voto?, la posición de Johnson no difería de la de un hacendado del sur, la respuesta era no.

En su mensaje al Congreso en diciembre de 1867 Johnson insistió en que los negros tenían una menor capacidad para obedecer y organizarse

---

[1] Eric Foner, *Reconstruction, America Unfinished Revolution*, Perennial Classics, 2002, p. 177.
[2] *Ibid.*, p. 179.

en gobierno que los blancos. "Nunca un gobierno independiente de ningún tipo ha sido exitoso en sus manos. Al contrario, toda vez que han sido dejados al uso de sus propios mecanismos, han mostrado una tendencia constante a recaer en la barbarie".[3] Eric Foner señala que posiblemente no se encuentre un pronunciamiento igual de racista en los papeles oficiales de ningún otro presidente norteamericano. En privado, Johnson le dijo al senador John Conness de California que "solo los hombres blancos deberían de encargarse de los asuntos del sur". Cuando una delegación de afroamericanos lo visitó en la Casa Blanca en febrero de 1866, Johnson les propuso que lo mejor sería que emigraran con su gente a otro país.

Los republicanos en el Congreso insistían: sin el voto a los negros su liberación sería una burla. La facción mayoritaria del Partido Republicano en el Congreso era la de los republicanos radicales, que creían que los negros, los "nuevos hombres libres", podrían ser convencidos fácilmente de votar por ellos en correspondencia por la postura que el partido había tenido para su liberación. El voto de los negros en el norte era completamente insignificante, pero en el sur era determinante para establecer un tipo de gobierno u otro. Los republicanos pensaban que con el voto afroamericano de su lado se podría mantener a los demócratas y a los rebeldes fuera de los nuevos gobiernos que se crearían en los estados del sur. Por otro lado, los republicanos también creían que los dirigentes confederados deberían de ser duramente castigados, no se podía haber desatado una guerra de la magnitud de la que había sido la Guerra Civil sin que existieran consecuencias para los responsables de haberla iniciado. Desde temprano en su presidencia Johnson se había puesto a pensar en su reelección en 1868, creía que, si era más bien blando y gentil con el sur, pero sobre todo si evitaba el sufragio para los negros, podría aspirar sin sobresaltos a un segundo periodo. Ese mezquino cálculo político del

---

[3] *Ibid.*, p. 180.

presidente jugó su papel durante la batalla política que desataría contra los afroamericanos y contra el Congreso.

Conceder el voto a los afroamericanos en el sur era de carácter estratégico para los republicanos. Al abolirse la esclavitud con la 13ª Enmienda, los negros dejarían de contar como ⅗ de persona para calcular la cantidad de representantes que cada estado podría tener en el Congreso. Con este cambio, los representantes de los estados del sur ante la Cámara baja poco menos que se duplicarían. Si no se lograba garantizar el voto para los negros, esa cantidad de nuevos representantes que le corresponderían al sur por el repentino aumento *virtual* de la población serían seguramente afines a los demócratas, finalmente al partido del presidente y cercanos políticamente a los secesionistas de la ex-Confederación. Contar a los afroamericanos como si fueran ciudadanos, pero impidiéndoles ejercer el voto, podría dejar a los republicanos en minoría en el Congreso, poniendo en riesgo lo hasta ese momento logrado. De esto se habían percatado también los políticos demócratas del sur y el presidente, por lo que la lucha se centraría en la concesión de derechos plenos de ciudadanos a los afroamericanos, especialmente su derecho a elegir a sus representantes.

La pretensión de Johnson y de los demócratas del sur era dejar el asunto del voto a los negros como un "derecho de los estados". Es decir, que cada estado eligiera a una legislatura y a un gobernador, sin la participación del voto de los negros, para que una vez electos y constituidos como un estado readmitido en la Unión, decidieran si los negros en su jurisdicción podrían votar o no. No habría que ser muy perspicaz para entender que esta era una manera de negar la ciudadanía plena a hombres libres, bajo el mismo argumento con el que había empezado la guerra, y que era en el fondo tautológico y tramposo: el derecho de los estados a no ser lo que son. Johnson nunca abandonaría la posición de que el asunto del voto concernía exclusivamente a los estados y que nada tenía que hacer ante eso el gobierno federal, pero particularmente el Congreso.

A mediados de 1865, solo unos meses del asesinato de Lincoln, Johnson comenzó a otorgar perdones y amnistía a los ciudadanos del sur que se habían rebelado contra la Unión, incluyendo la restauración de los derechos sobre todas sus propiedades, con excepción de sus esclavos, pues estos ya eran hombres libres. El interesado en obtener el perdón presidencial debería de realizar un juramento de lealtad a la Unión y el reconocimiento de la abolición de la esclavitud. A quienes el valor de su propiedad rebasara los 20 000 dólares, necesitarían solicitar un perdón individual del presidente. En el norte, la opinión era que en el sur no existía tal cosa como lealtad, al menos no como se entendía en el norte. De tal suerte que los perdones de Johnson eran vistos con recelo casi por todos aquellos que no fueran los perdonados mismos. Jefferson Davis, presidente de la Confederación rebelde, estuvo solamente dos años en prisión, nunca fue juzgado y vivió hasta sus 82 años sin ser molestado. Alexander H. Stephens, vicepresidente de la Confederación, estuvo brevemente preso y regresó al Congreso en 1873 como representante del octavo Distrito de Georgia en la Cámara de Representantes, solo para morir 10 años después como gobernador del estado.

Para 1866 más de 7 000 sureños, principalmente dueños de esclavos, habían obtenido amnistía bajo la condición de la cláusula de los 20 000 dólares, recibiendo todos ellos el perdón presidencial. Con alguna excepción, hacia finales de 1865 se percibía claramente que el sur no estaba ajustándose a lo que debiera significar la terminación de la esclavitud. El perdón a los responsables de la guerra, el general maltrato a los negros, el permanente espíritu de deslealtad, la promulgación de leyes contrarias a la participación de los afroamericanos en la sociedad, hacían evidente a los ojos del norte que la reconstrucción llevada a cabo por Johnson no era para nada reconstrucción. A pesar de todo, a principios de 1867 la puerta para una solución de consenso con el Congreso seguía aún abierta para el presidente Johnson. Se trataba de forjar un arreglo político que otorgara a los esclavos recién liberados el carácter de ciudadanos con plenos derechos, incluido el derecho a votar a sus gobernantes y a dar un papel más relevante a quienes en el sur durante la guerra se habían mantenido leales a la Unión a pesar de todo, disminuyendo el apoyo que se brindaba a los recién y felizmente perdonados, responsables, en la mayoría de los casos, del inicio de la guerra.

Conforme los estados del sur comenzaron el proceso para la formación de nuevos gobiernos, las políticas de Johnson recibieron un relativo apoyo en los estados del norte. Él interpretó este apoyo como un respaldo incondicional para el pronto restablecimiento del orden en el sur. Al desestimar la determinación del norte de asegurarse de que la guerra no se había peleado por nada, de que el sur tendría que reconocer su derrota, de que la esclavitud había terminado y de que los afroamericanos tendrían que mejorar sus condiciones de vida, Johnson subestimaba una parte importante de la realidad política en la que se encontraba metido el país.

Dado que la mayoría de los estados del norte estaban también en contra del establecimiento del voto para los negros, Johnson creía que el tema no era de relevancia política en ese momento. La opinión pública en el norte toleraría la suavidad con la que Johnson trataba al sur solo si era capaz de que este asumiera plenamente su responsabilidad en el estallido de la guerra y reconociera sin ambages su calidad de derrotado. En cambio, lo que el norte observaba era a unos sureños envalentonados por el presidente, promulgando leyes que excluían a los afroamericanos de su participación en la sociedad, y obligándolos a la firma de contratos para el trabajo en las plantaciones a las que habían pertenecido como esclavos. Y en caso de que los "negros libres" se negaran a firmar esos contratos, los blancos del sur habían promulgado también leyes contra la vagancia, con la que podrían detener y llevar preso a todo afroamericano que simplemente ejerciera su libertad de buscar trabajo en cualquier otro lado.

Para agravar aún más la situación a los ojos del norte, muchos de los sureños electos para ocupar un asiento en el Congreso eran dirigentes exconfederados que habían sido electos como representantes, lo que era considerado una afrenta directa a los miles de caídos en la guerra. Friedrich Engels, que observaba el desarrollo político posterior a la guerra, le escribía a Karl Marx, que también observaba la vida política de la Unión:

> Cada vez me gusta menos la política del señor Johnson. Su odio hacia los negros le sale cada vez más violentamente, mientras que contra los viejos señores del sur deja que todo el poder que tiene se le escape de las manos. Si las cosas siguen como van, en seis meses todos los viejos villanos de la secesión estarán sentados en el Congreso de Washington. Sin el voto a la gente de color nada se podrá hacer ahí, y eso se lo deja Johnson a los vencidos, a los antiguos dueños de esclavos para ser decidido. Es demasiado absurdo.[4]

Al término de la elección intermedia en diciembre de 1866, en donde los republicanos radicales obtuvieron por sí solos las dos terceras partes de la Cámara de Representantes, el Congreso se negó a permitir el ingreso de los representantes electos en el sur como miembros de la legislatura y estableció un comité que elaborara la legislación necesaria para la Reconstrucción del sur. Al norte le indignaba amargamente la falta de arrepentimiento de los líderes confederados, como la de su vicepresidente Stephens, que llegaba felizmente a ocupar un puesto en el Congreso mientras las heridas de la guerra aún se encontraban frescas en la sociedad. El norte veía también que las leyes contra los negros promulgadas en el sur (*black codes*) apenas los situaban por encima de una condición de esclavos. Los republicanos temían que la reconstrucción del sur, como estaba siendo manejada por Johnson, llevaría en poco tiempo a los traidores a ocupar nuevamente el poder en el país. Sin embargo, la pobreza y la explotación de los negros en el sur galvanizaría la oposición en contra de Johnson.

---

[4] Karl Marx y Friedrich Engels, *The Civil War in the U.S.*, International Publishers, Nueva York, 1969, pp. 276-277.

Los gobiernos del sur, que todavía no habían sido reincorporados a la Unión, promulgaron leyes contra los afroamericanos liberados. Estos *black codes* eran un intento por regresar a los negros, hasta donde les fuera posible, a la condición de sometimiento, dominación y subordinación en la que habían vivido por siglos. "Virtualmente desde el momento en que la Guerra Civil terminó, comenzó la búsqueda de los medios legales para subordinar a la volátil población negra, que consideraba la independencia económica como un corolario de su libertad y la vieja disciplina en el trabajo como un signo de la esclavitud".[5] Entre otras cosas, estas leyes procuraban restringir los movimientos de los negros, forzándolos a permanecer en el mismo sitio para firmar contratos anuales de trabajo con sus antiguos dueños o con nuevos patrones. También se les prohibía poseer armas de fuego y se les impedía demandar judicialmente a alguien o testificar en cualquier corte. Parecía como si Johnson y los exconfederados nunca hubieran sabido de qué se había tratado la guerra y quién la había ganado.

Para contrarrestar el trato que recibían de la sociedad del sur, y antes de que se pusieran de acuerdo en las condiciones bajo las cuales los estados de la ex-Confederación serían readmitidos a la Unión, el Congreso decidió constituir la Oficina para los Liberados. El organismo federal fue denominado oficialmente Oficina para los Refugiados, Liberados y Tierras Abandonadas (Bureau of Refugees, Freedmen and Abandoned Lands). Tenía la finalidad de proporcionar ayuda a los exesclavos para conseguir comida, casa, educación, salud y empleo. La ley para su creación había sido firmada por Lincoln poco antes de su asesinato, pero para 1866 necesitaba modificaciones que le permitieran un mejor funcionamiento. La sociedad sureña veía la actividad de la Oficina para los Liberados con un enorme desdén y consideraban que el dinero gastado en los negros era dinero de los contribuyentes mal gastado. Los blancos consideraban que

---

[5] Eric Foner, *op. cit.*, p. 198.

proporcionar alimentación y vivienda a los negros los haría más flojos de lo que ya eran y se acostumbrarían a vivir de lo que el gobierno les diera. La oposición de los sureños a la política social del Congreso hacia los afroamericanos era compartida por el presidente Johnson. Cuando la nueva ley sobre la Oficina para los Liberados llegó a su escritorio para ser firmada el 8 de febrero de 1866, Johnson la vetó.

Dos semanas después, el 13 de marzo, la Cámara de Representantes aprobó la Ley de los Derechos Civiles de 1866 (Civil Rights Act of 1866) con una votación de 111 a favor, 38 en contra y 34 abstenciones. El Senado ya había aprobado la ley el 2 de febrero. Se trataba de la primera ley en la que se definía lo que significaba la ciudadanía para los norteamericanos y afirmaba que "todos los ciudadanos tendrían la misma protección bajo la ley". A pesar del avance que significaba la reglamentación de la situación de los recién liberados esclavos, la ley era extraordinariamente tímida y apenas mantenía el impedimento para no discriminar en la asignación de contratos de trabajo.

El senador por Illinois que presentó la ley ante el Congreso, Lyman Trumbull, trataba de disipar los miedos que inspiraba en la sociedad norteamericana la igualdad con los negros y argumentaba: "La ley establece la igualdad de los ciudadanos de Estados Unidos en el disfrute de los derechos civiles y las inmunidades".[6] ¿Qué significan estos términos? ¿Quieren decir que en todas las cuestiones civiles, sociales, políticas, todos los ciudadanos, sin distinción de raza o color, son iguales? De ninguna manera pueden ser concebidos así. ¿Quieren decir que todos los ciudadanos tendrán derecho al voto en los distintos estados? No; porque el sufragio es un derecho político que se ha dejado bajo el control de los diversos estados, con sujeción a la acción del Congreso solo cuando sea necesario para hacer cumplir la garantía de una forma republicana de gobierno (protección contra la monarquía). Tampoco significa que todos

---

[6] *Civil Rights Act 1866*

los ciudadanos podrán sentarse como jurados, o que sus hijos asistirán a las mismas escuelas.

La definición dada al término "derechos civiles", en el Diccionario de Derecho de Bouvier, es muy concisa, y es apoyada por la mejor autoridad. La definición es la siguiente: "Los derechos civiles son los que no tienen ninguna relación con la creación, el apoyo o la gestión de gobierno". Aunque los moderados en el Congreso urgieron fuertemente al presidente para que firmara la ley, Johnson la vetó de nuevo el 27 de marzo. En el razonamiento de su veto, Johnson argumentó que, al momento de conferir la ciudadanía a los afroamericanos, 11 estados se encontraban sin representación en el Congreso, y que eso hacía que se discriminara a favor de los negros y en contra de los blancos.

Dos semanas después de emitido, el veto de Johnson fue anulado por el Congreso al reunir las dos terceras partes de los votos para lograrlo, y la medida fue convertida en ley. El 9 de abril de 1866 fue la primera vez en la historia de Estados Unidos que el Congreso había sido capaz de reunir los votos necesarios para anular un veto presidencial, en el Senado la votación no fue tan cerrada, 33 a 15, y en la Cámara de Representantes 122 a 41. Con la aprobación de la ley surgieron los primeros problemas. Algunos congresistas comenzaron a dudar de que el Congreso en verdad tuviera el poder constitucional para convertir esas medidas en ley, temían que la ley pudiera ser desechada por la Suprema Corte y pensaban que habría que buscar una mejor manera de asegurarla. Se necesitaría de una garantía constitucional que hiciera imposible su modificación por una mayoría simple, en la eventualidad de que los demócratas regresaran al poder.

El veto a la Ley de los Derechos Civiles de 1866 fue visto como un enorme error político del presidente. Los moderados se convencieron de que no había ninguna esperanza para trabajar el asunto con Johnson. Eric Foner lo considera como "el error de cálculo más desastroso de toda su carrera política". Este veto marcó lo que sería la relación del presidente con el Congreso de ahí en adelante, un enfrentamiento político que prevaleció por el resto de su presidencia y que fue ganado ampliamente por los legisladores, impidiéndole a Johnson la reelección por la que había empezado a trabajar desde muy al principio de su mandato.

Estimulados por la victoria sobre el presidente Johnson, los republicanos aprovecharon el control que tenían sobre el Congreso para asegurar, ante cualquier vaivén electoral, el triunfo obtenido y se apresuraron a redactar la 14ª Enmienda a la Constitución. Para que una enmienda pueda ser aprobada y tenga valor constitucional, tendrá que ser propuesta y aprobada por las dos terceras partes de los congresistas de ambas cámaras, y por las tres cuartas partes de las legislaturas de los estados de la Unión. En el proceso de modificación constitucional el presidente no tiene que firmar la nueva enmienda; al terminar la aprobación por parte de las legislaturas, si fuere el caso, el Congreso turna la enmienda al organismo encargado de su registro y publicación para que surta efectos.

El 13 de junio, la Cámara de Representantes secundó el voto realizado en el Senado el 8 de junio y se aprobó la 14ª Enmienda a la Constitución. La enmienda establecía la ciudadanía para los afroamericanos y les garantizaba como ciudadanos la protección de su derecho "a la vida, a la propiedad y a la libertad". La enmienda también establecía que en los estados en donde los negros no pudieran votar, tampoco podrían ser contados como parte de la población a ser representada en el Congreso, disminuyendo con esto la fuerza legislativa de los estados que no otorgaran el voto a los afroamericanos. La enmienda también regulaba el pago de indemnizaciones de guerra, excluyendo a aquellos que hubieran apoyado el levantamiento en armas contra la Unión.

A pesar del triunfo, en el bando republicano había un mal sabor de boca. Si bien la enmienda aseguraba que no pudiera ser echado abajo el reconocimiento de la ciudadanía para los afroamericanos, no garantizaba el derecho al voto. A pesar de los avances que significaba la 14ª Enmienda, abolicionistas como Wendell Phillips la calificaron como "una fatal y total rendición". La enmienda fue finalmente publicada y se convirtió en la 14ª Enmienda a la Constitución el 9 de julio de 1868. La primera sección de la enmienda, que garantiza a los ciudadanos igual protección ante la ley, ha sido una de las partes más litigadas de la Constitución a lo largo de los años.

La "cláusula de protección", que exige a los estados proveer igual protección bajo la ley a toda la gente que vive bajo su jurisdicción, fue la base para litigar el famoso caso de *Brown v. Board of Education* en 1954, mediante el cual la Suprema Corte ordenó el desmantelamiento de cualquier forma de segregación racial en las escuelas públicas, y la supresión de una gran cantidad de pequeñas medidas racialmente discriminatorias. Si la 14ª Enmienda no hubiera sido aprobada, habría resultado relativamente sencillo para las legislaturas de los estados el haber habilitado legislación discriminatoria o negatoria de los derechos para los afroamericanos, que hubiera sido imposible de combatir legalmente.

La batalla para la aprobación de la 14ª Enmienda había dejado alineados a los contendientes en el tablero de la política nacional. Por un lado se encontraba el presidente, a quien apoyaba la mayoría de los demócratas del norte y del sur, muchos exhacendados y exterratenientes, así como la mayoría de los exconfederados. Del otro lado estaba la mayoría del Congreso, la mayoría de los blancos en el norte, los abolicionistas y los negros emancipados, que consideraban a políticos republicanos como Charles Sumner y Thaddeus Stevens "como *sus* políticos". Contra el sur había mucho enojo en el país todavía, pero más que venganza, los republicanos radicales perseguían un ideal utópico en el que la nación se veía como lugar de igualdad en donde todos los ciudadanos tuvieran protegidos sus derechos políticos y civiles sin exclusión de nadie. "Creo en la igualdad entre los ciudadanos, igualdad en el más amplio y más exhaustivo y democrático sentido", declaraba el senador Henry Wilson de Massachusetts.

Para dar una idea del estado que guardaba la opinión del país sobre otorgar el voto a los afroamericanos, cabe mencionar que en diciembre de 1865 se realizó un referéndum en Washington, D. C., para medir la opinión de la ciudadanía al respecto. "En contra de otorgar el sufragio universal a los afroamericanos votaron 6 951 electores, a favor, 35".[7] No había en Estados Unidos "una sola milla cuadrada" en donde por apoyar el voto a los ciudadanos negros no le costara votos blancos al Partido Republicano. Sin embargo, los radicales entendían bien que si el partido abandonaba la lucha para defender el voto de los negros, no tendría mucho sentido ya defender al partido mismo. John Sherman, senador moderado de Ohio, declaraba que si la reconstrucción quedaba corta en garantizar el voto a los negros causaría un continuo conflicto político que duraría hasta que por fin fuera obtenido el sufragio universal. Se presentaba un complicado escenario en el que no se veía cómo pudiera aprobarse el voto para los afroamericanos sin levantar una protesta blanca en oposición a él. Para los republicanos radicales la igualdad ante la ley era una doctrina expansiva que terminaría por abarcar inevitablemente todos los ámbitos de la vida social y política del país. De tal suerte que no se podría ahora abandonar la lucha por el sufragio de los afroamericanos, pues este regresaría intermitentemente al escenario público de una forma u otra.

Mientras el Congreso deliberaba en aquellos cruciales meses de 1866 sobre el asunto, Wendell Phillips declaraba que los norteamericanos, a diferencia de otras naciones, tienen todavía que responder a la pregunta de ¿qué hace o qué constituye a un ciudadano? Al entrar en receso en julio, el Congreso todavía no contestaba a una de las cuestiones políticamente más complicadas del momento: ¿qué tendrían específicamente que hacer los estados del sur para ser readmitidos en la Unión? Conforme pasaba el tiempo y se enredaban y crecían las confrontaciones políticas entre el Congreso y el presidente, la situación en el sur comenzaba a volverse tensa y violenta. En Memphis se habían desatado disturbios dejando 50 muertos; en Nueva Orleans, pocas semanas después, había

---

[7] *Ibid.*, p. 240.

12 muertos en otro desorden callejero. En los dos casos los blancos locales habían sido los agresores y los negros los agredidos, y en los dos casos también, la policía, en lugar de preservar el orden, se había unido a los blancos en su asalto a los afroamericanos.

Con la mayoría obtenida en las elecciones legislativas de 1866, el 2 de marzo de 1867 las Leyes de la Reconstrucción (Reconstruction Acts) fueron aprobadas por el Congreso, se trataba de legislación dedicada a proveer un más eficiente gobierno a los estados que se habían rebelado contra la Unión.

En su forma final, la Ley para la Reconstrucción de 1867 dividía los 11 estados confederados, a excepción de Tennessee, que ya había sido readmitido en la Unión al ratificar la 14ª Enmienda de la Constitución, en cinco distritos militares cuyos comandantes disponían del ejército para hacer cumplir sus órdenes, que eran las de proteger la vida y la propiedad del pueblo. Sin reemplazar inmediatamente a los regímenes que había instituido Johnson, la ley señalaba los requisitos bajo los cuales se tendrían que formar los nuevos gobiernos estatales para ser reconocidos por el Congreso y readmitidos en la Unión, esencialmente se trataba de la redacción de una nueva Constitución garantizando el voto, y que fuera aprobada por la mayoría de los electores, así como de la ratificación de la 14ª Enmienda.[8]

En la mayoría de los estados del sur que buscaban su readmisión a la Unión, los negros pudieron votar por primera vez para elegir a sus autoridades. Hubo varios mecanismos para prevenir su participación, las pruebas de alfabetización fueron uno de los más socorridos.

El que se otorgara el voto a los negros desató disturbios y protestas por parte de los blancos, pero aun así la mayoría de los negros adultos

---

[8] *Ibid.*, p. 276.

y en edad de votar lo pudieron hacer. La ley no contenía ningún mecanismo para iniciar el proceso de cambio de gobierno, para supervisarlo, o para corregir alguna medida. Daba a los comandantes militares absoluta libertad para el registro de electores en la realización de las elecciones y para conformar los cuerpos legislativos y ejecutivos de los estados. La asombrosa rapidez con la que se desarrollaron los acontecimientos a partir de ese momento y que culminarían con la aprobación por parte del Congreso de la 15ª Enmienda en febrero de 1869, que impedía la discriminación del voto por haber sido esclavo, por razones de raza o color de la piel, se debió a la necia obstinación del presiente Johnson en combatir al Congreso y a la firmeza y determinación de los republicanos radicales, de los blancos leales a la Unión en el sur y de los negros, en no aceptar nada menos que la completa garantía del voto para los afroamericanos.

La idea del trabajo libre en contraposición con el trabajo esclavo inspiró los esfuerzos para garantizar también la igualdad civil y política de los negros, atributos esenciales de ciudadanía en una sociedad libre, e inhibió los esfuerzos por limitar su libertad sobre la base de su sustento económico. Una vez establecidos claramente los derechos de todos los ciudadanos, se pensaba que los afroamericanos tratados en igualdad de circunstancias que los blancos irían encontrando poco a poco su lugar en la sociedad como individuos. La Reconstrucción, guiada por el Congreso durante los siguientes dos años, resultó "un punto de partida radical, maravilloso en el experimento sin precedentes del establecimiento de una democracia interracial".[9]

En ese extraño año de 1867, *annus mirabilis* para muchos, la inminente desaparición de la autoridad civil en el sur abrió la puerta para la más grande movilización social que hubiera habido jamás en el "Black Belt".[10]

---

[9] *Ibid.*, p. 278.

[10] Cinturón Negro. La expresión se usa para determinar una región de Estados Unidos en donde la tierra tiene un fuerte color negro y que es coincidente con la parte en donde se establecieron muchas de las haciendas algodoneras en el sur profundo (Deep South) trabajadas por esclavos negros.

El administrador de una hacienda en Misisipi resumía así la situación: "Usted nunca ha visto antes gente más emocionada por el tema de la política que a estos negros del sur. Están perfectamente desenfrenados".[11] En muchas ciudades del sur se formaron Asociaciones de la Unión (Union Leagues) para apoyar la tarea de Reconstrucción impulsada por el Congreso, en muchas de esas asociaciones la participación estaba formada por una mezcla racial y política compuesta de esclavos recién liberados, blancos leales a la Unión y desertores del Ejército Confederado. El sur vivía una efervescencia política y social que no se había registrado nunca en ninguna parte de Estados Unidos. El miedo se apoderó de los viejos hacendados esclavistas y de sus aliados políticos que trataron de descarrilar, de todas las formas posibles, incluida muy especialmente la violenta, toda participación de los negros en la rehabilitación política del sur ante la Unión. En las reuniones y convivencias organizadas por las Union Leagues, durante 1867 y 1868, los negros comenzaron a tener conciencia de lo que significaba la ciudadanía y la pertenencia a una república. Comenzaron a aprender y a entender la ley sobre la base de la justicia. Como le dijera un negro texano a un abolicionista del sur: "Tú me podrás enseñar la ley, pero no me puedes enseñar lo que es la justicia, eso yo ya lo sabía".

A los blancos que vinieron del norte, que fueron muchos, para participar y apoyar el proceso de ciudadanización de los negros del sur, los supremacistas blancos los llamaron despectivamente *carpetbaggers* (aventureros). A los blancos del sur que apoyaron ese mismo proceso los llamaron *scalawags* (canallas). Los enemigos de los hacendados esclavistas del sur eran pues los *carpetbaggers* y los *scalawags*. Los *carpetbaggers* generalmente apoyaban medidas para la democratización y modernización del sur, apoyaban la legislación para los derechos civiles y la ayuda para el desarrollo económico, el establecimiento de un sistema de educación

---

[11] Eric Foner, *op. cit.*, p. 283.

pública, y muchos apoyaban la lucha de los negros por la tierra. "La movilización política barrió a todo el *black belt*, los líderes tradicionales del sur se encontraban pasmados. La sociedad parecía estar al revés, como un cono que se encuentra parado sobre su punta", escribía el congresista Francis W. Pickens, "que con el menor empujón es probable que derrumbe a toda la estructura".[12]

De los 11 estados de la vieja Confederación que estaban por ser readmitidos a la Unión, solo en Carolina del Sur, Misisipi y Luisiana la mayoría de la población era negra, los afroamericanos constituían un cuarto de la población en Texas, Tennessee y Arkansas, 40% en Virginia y en Carolina del Norte y un poco menos de la mitad en Alabama, Florida y Georgia. El año 1867 fue de movilización política y de expansión de horizontes ideológicos en las pequeñas comunidades de las zonas rurales del sur de Estados Unidos. Los negros, aunque muchos se opusieran y los combatieran, eran ya ciudadanos norteamericanos.

Aunque la sociedad norteamericana era más radical al actuar contra la secesión que a favor de los negros, durante esos años muchos blancos del interior del país se afiliaron políticamente al lado del elemento negro subrayando el grado de profundidad que alcanzó aquella revolución en el sur durante 1867. Poco a poco desde la firma de la paz en Appomattox el curso de los acontecimientos movía el consenso nacional en favor del establecimiento de los derechos civiles y políticos plenos para los negros en el sur. Con la mayoría de los mandos políticos y militares de los confederados barridos de la escena pública, y los negros junto con sus aliados los *carpetbaggers* y *scalawags* representando a las plantaciones en las Convenciones Constitucionales de 1867-1869, se podía reflejar la poderosa revolución que había tenido lugar en Estados Unidos.

En la celebración de las Convenciones Constitucionales para rehabilitar a los gobiernos del sur, redactar nuevas constituciones y elegir

---

[12] *Ibid.*, p. 291.

legislaturas, había una actividad que entusiasmaba especialmente a los afroamericanos, esta era la del establecimiento de un sistema de educación pública centralizado y supervisado por un oficial electo por la gente. La sed por alfabetizarse y educarse recorrió como un escalofrío por todos los esclavos recién liberados. El 95% de los negros liberados no sabían leer ni escribir, y querían dejar atrás aquella máxima esclavista que decía: un buen libro hace un mal esclavo. Tres años después de muerta la Confederación, los republicanos llegaron al poder en todos los estados del sur. "Estas constituciones y gobiernos —publicaba un periódico demócrata— durarán lo que duren las bayonetas que las pusieron y las sostienen ahí, ni un solo día más".

Durante 1867 y 1868 los esclavos negros recién liberados, y los negros en general, pudieron votar por primera vez en la historia de Estados Unidos al acudir a las urnas para elegir a sus representantes ante las Convenciones Constitucionales de sus estados y a oficiales de sus gobiernos. Por primera vez estados del norte, como Iowa y Minnesota, aprobaban modificaciones a sus constituciones estatales para establecer el voto a los afroamericanos. El asunto no fue suave. En muchas ciudades del sur, blancos armados bloquearon a los negros para impedirles llegar a las urnas y emitir su voto.

En su origen (1865), el Ku Klux Klan (KKK o Klan) es la expresión violenta de la fuerza de los pequeños caciques locales, de la naciente burguesía, de los comerciantes y nacientes capitalistas, de los hacendados exdueños de esclavos, de los jefes de policía y de los bandidos blancos. Se trata de la mezquindad blanca expresada como superioridad racial y organizada clandestinamente para aterrorizar a la población negra. El Klan fue formado inmediatamente después de la liberación de los esclavos, como la respuesta para "proteger" a los ciudadanos blancos de los negros ahora libres. Antes de la Guerra Civil, antes de la llegada de Abraham Lincoln a la presidencia, los enemigos de los negros no necesitaban antifaz, eran quienes detentaban el gobierno; Jackson, Polk, Buchanan, son exponentes sin rival en la explotación de los negros y en la destrucción de los indios. Los grotescos encapuchados del Klan son los herederos directos de quienes despojaron a indios y mexicanos de sus tierras cuando no era necesario usar un disfraz. El Ku Klux Klan, recién formado, comenzó a aterrorizar a los negros y a los líderes republicanos impidiéndoles en muchos casos acercarse a las urnas para poder votar. Los blancos del sur combatieron, hasta donde sus recursos políticos y militares les permitieron, toda iniciativa para aceptar a los negros como parte del pueblo.

Cuando comenzaron a instalarse en el sur las nuevas legislaturas y los gobiernos electos por todos los ciudadanos, se encontraron en los estados con una gran cantidad de problemas y con las tesorerías vacías. Solo con un gran entusiasmo y esperanza se podía comenzar a trabajar en esos estados devastados por la guerra y hostigados por los enemigos del pueblo.

A pesar del patrón general de control político existente, el hecho de que más de 600 negros hubieran sido electos como legisladores, la gran mayoría, exceptuando a Luisiana y a Virginia, exesclavos, representaba un impresionante punto de partida para la vida política norteamericana. […] El espectáculo de exesclavos representando a los pobladores del reino del arroz o al dominio de los ricos comerciantes de algodón de Natchez era el epítome de la revolución social que había forjado la Reconstrucción.[13]

No sorprendía a nadie en aquel entonces que muchos de los negros electos como legisladores u oficiales del gobierno no supieran leer ni escribir y fueran completamente iletrados. Se hacían acompañar de otros negros o blancos que sí estuvieran alfabetizados para que les ayudaran en su tarea. No toda la energía social se derramó como violencia contra los cambios, la mayor cantidad se utilizó por la sociedad para mejorar las condiciones de vida de los exesclavos.

---

[13] *Ibid.*, p. 355.

Durante la Reconstrucción se establecieron por primera vez en muchos lugares escuelas públicas, hospitales, penitenciarías y asilos para huérfanos y enfermos mentales, se arreglaron caminos o se introdujeron por primera vez a las localidades más alejadas.

Un gobierno birracial democrático, algo desconocido en la historia estadounidense, estaba funcionando efectivamente en muchas partes del sur. Hombres apenas liberados de la esclavitud emitían su voto y eran electos para fungir como jurados, y, en el sur profundo, disfrutaban de una creciente parte de la autoridad a nivel estatal, mientras que la oligarquía conservadora que había dominado a los gobiernos del sur desde los tiempos coloniales hasta 1867, se encontró a sí misma en gran medida excluida del poder. […] En suma, declaró un abogado blanco de Carolina del Sur, hemos atravesado por uno de los cambios más notables en las relaciones de unos con otros que se hubiera conocido, tal vez, en la historia del mundo.[14]

Los republicanos tanto del norte como del sur se encontraban frente al problema de preservar y asegurar para el futuro el voto para los negros, que ya había sido ejercido por primera vez en la historia de Norteamérica durante el proceso de reingreso de los estados del sur a la Unión. La medida era política. Ahora tenían la mayoría del Congreso y podían condicionar el reingreso de los estados de la ex-Confederación a la Unión al hecho de aceptar la no discriminación del voto por razones de raza, y creían que deberían de aprovechar esa mayoría. Era evidente para muchos republicanos que en cuanto las oligarquías sureñas retomaran el control político de sus estados, que eventualmente recuperarían cuando el ejército de la Unión se retirara y fueran admitidos de regreso, el sufragio garantizado por una ley estatal no sería garantía alguna contra

---

[14] *Ibid.*, p. 410.

congresos locales adversos a la medida, y que la suprimirían en cuanto se les presentara la oportunidad. La idea desde un principio era garantizar el voto sin discriminación para los negros desde la Constitución, de manera que fuera mucho más difícil deshacerse de él para los estados del sur que no estuvieran de acuerdo en sostenerlo. El momento ideal para presentar la enmienda constitucional era antes de que tomara posesión el nuevo gobierno en marzo de 1869, y todavía no se disolviera el 40º Congreso de la Unión.

El 26 de febrero de 1869 el Senado aprobó el texto de la 15ª Enmienda solo un día después de que hubiera sido aprobado por la Cámara de Representantes. El texto de la enmienda dice a la letra: "*Sección 1*: El derecho de los ciudadanos de Estados Unidos a votar no será negado ni limitado por Estados Unidos o por estado alguno por razón de raza, color o previa condición de servidumbre. *Sección 2*: El Congreso estará facultado para hacer cumplir este artículo mediante las leyes apropiadas". Este fue el texto de la enmienda que se logró aprobar,[15] y aunque protegía el voto de los afroamericanos prohibiendo la discriminación por color de la piel o raza, no evitaba todo otro tipo de discriminaciones posibles para evitar el voto de los afroamericanos, como eran las pruebas para demostrar que se estaba alfabetizado (*literacy test*) y los impuestos para votar (*poll tax*). Uno de los dirigentes de los republicanos radicales más importante en el Congreso, el senador por Massachusetts Charles Sumner, se abstuvo de aprobar la enmienda porque preveía lo que en realidad terminó sucediendo con ella. Una vez aprobada, en el sur se establecieron leyes estatales que cobraban un impuesto por votar o calificaban a los votantes por su nivel de conocimientos para autorizarles el voto, lo que

---

[15] La lucha política en el Congreso, previa a la promulgación de la Enmienda, le había quitado su parte más significativa, la que decía que todo "ciudadano tiene derecho a votar y a ser votado". En la versión final de la Enmienda ya no se incluyó el "ser votado". Esto dejó a todos los estados sin ninguna prohibición constitucional para establecer leyes que impidieran a los negros ocupar cargos de elección popular, como fue el caso posteriormente.

en la práctica se tradujo rápidamente en la exclusión de la gran mayoría afroamericana de las urnas.

La 15ª Enmienda recorrió todo el camino de su aprobación hasta recibir el apoyo de las tres cuartas partes de las legislaturas de los estados. Fue promulgada y entró en vigor el 30 de marzo de 1870. Su aplicación resultó como lo expresara W. E. B. Du Bois: "El esclavo salió libre; se detuvo por un breve momento bajo el sol; luego se trasladó de nuevo hacia la esclavitud".[16] Quizá lo más extraordinario acerca del periodo de la Reconstrucción no es que hubiera a lo mejor fallado o que no se hubiera conseguido todo lo que se deseó, sino el hecho de que siquiera se hubiera intentado y que hubiera sobrevivido durante todo el tiempo que sobrevivió. Los estados de la ex-Confederación que se habían levantado en armas contra la Unión fueron readmitidos poco a poco como parte de Estados Unidos. Los estados de Arkansas, Florida, Carolina del Norte, Carolina del Sur, Luisiana y Alabama fueron readmitidos a la Unión entre junio y julio de 1868, Virginia, Misisipi, Texas y Georgia entre enero y julio de 1870.

---

[16] Eric Foner, *op. cit.*, p. 602.

8

Inicio de la segregación racial *de jure* y eliminación del voto negro (1886-1888)

Durante el último tercio del siglo XIX surgió en Estados Unidos un conjunto de leyes estatales para mantener al negro alejado de la sociedad, acompañadas por un reblandecimiento de la postura republicana que las combatía. A este largo periodo, que va de la aprobación de la 15ª Enmienda en 1870 hasta la sentencia de la Suprema Corte en *Brown v. Board of Education* a mediados del siglo XX, se le conoce como periodo de leyes *Jim Crow*. El uso de la expresión *Jim Crow* hace referencia al sistema estadounidense de represión, discriminación y segregación racial. *Jim Crow* era un personaje creado por los blancos en el siglo XIX para burlarse de los negros. Se trataba de un blanco con la cara pintada de negro, que hacía una sátira del comportamiento social de los negros como forma de entretenimiento para los blancos.

Se conocen como leyes *Jim Crow* aquellas que establecieron los blancos después de la Guerra Civil en Estados Unidos, y que estaban dedicadas a excluir a los negros de su participación en la sociedad. En un sentido más amplio, la expresión *Jim Crow* hace referencia a la forma en la que los blancos se burlan de los negros. Así, las leyes *Jim Crow* no eran más que una burla a la legalidad, a los afroamericanos y a la justicia. Tan pronto como el fragor de la Guerra Civil comenzaba a pasar, pero cuando

145

todavía no comenzaban a cerrar sus heridas, el sur se puso manos a la obra para desandar el camino que se pudiera, en relación con el avance que significaron la 13ª, 14ª y 15ª Enmiendas a la Constitución. La "raza inferior" debería de permanecer en estado subordinado, para lo que se deberían de cancelar los derechos consagrados en esas enmiendas constitucionales o por lo menos limitarlos.

La aprobación por parte del Congreso de la Ley de los Derechos Civiles de 1875, que la Suprema Corte encontró inconstitucional en 1883, marca el fin del periodo de la Reconstrucción después de la Guerra Civil y el inicio de la segregación racial *de jure* en Estados Unidos. En su fallo de 1883, la Corte señalaba que la cláusula de protección de la igualdad de derechos contenida en la 14ª Enmienda prohibía la discriminación por parte del Estado, pero no le daba al gobierno federal el poder para prohibir la discriminación por parte de los particulares. La Corte estableció también que la 13ª Enmienda terminaba con la esclavitud, pero no prohibía la discriminación racial en instalaciones públicas. La Ley de los Derechos Civiles de 1875 fue la última ley sobre esos derechos que emitió el Congreso hasta la promulgación de la Ley de los Derechos Civiles de 1964.

Poco menos de 100 años duró el reinado de *Jim Crow*. La expresión con la que se justificó durante todo ese tiempo la separación de los negros de la sociedad fue: *separate but equal*. En donde se ofrecerían los mismos servicios a los blancos que a los negros pero separados, "separados pero iguales". Lo que resultó fue que los servicios a los negros estuvieron siempre separados pero nunca fueron iguales a los de los blancos. A la esclavitud en los estados del sur se le reemplazó con la segregación racial. La oligarquía sureña parecía decir: o los negros son de nuestra propiedad, o no los queremos en nuestra sociedad. Los afroamericanos pasaron de la exclusión que significaba la esclavitud a la invisibilidad que significaba la segregación racial.

Además de la segregación racial en los servicios públicos, los afroamericanos se enfrentaban con el problema electoral, esto era que estaban siendo desincorporados para poder votar.[1] Con la legislación que reforzaba la 15ª Enmienda en los primeros años de los setenta, los republicanos habían subrayado el derecho de los negros al voto, pero después de 1877, cuando los demócratas obtuvieron de nuevo el control en los estados en el sur, los negros fueron sistemáticamente excluidos de la política y de su derecho a votar.

El tamaño de la representación de cada estado en la Cámara de Representantes y en el Colegio Electoral está dado por el tamaño de su población, la privación del derecho al voto para los afroamericanos tendía a inflar desproporcionadamente el valor de los votos blancos en algunos estados del sur.

La votación total emitida en las elecciones de 1888 en Luisiana, Misisipi y Carolina del Sur fue de 311 674 votos, y esos tres estados combinados tenían un total de 26 votos electorales. La inequidad se mostraba claramente cuando se les comparaba con el voto en varios estados del norte. En Illinois, por ejemplo, hubo 747 813 votos, pero el estado solo contaba con 22 votos electorales, en Ohio se emitieron 839 357 votos para 23 votos electorales. Más aún, en Iowa, Kansas, Massachusetts, Michigan y Wisconsin, cada estado emitió más votos que los tres estados del sur combinados y tenía cada uno menos votos electorales que esos estados del sur.[2]

El partido que defendía el voto negro era el Partido Republicano, no era casual que, en las elecciones por venir, los republicanos no recibieran en el sur ni un solo voto electoral. Desde 1876 no hubo ni un solo estado

---

[1] El término en inglés es *disenfranchised*, "privado de sus derechos". El problema de fondo es que la 15ª Enmienda no puede garantizar el voto de los afroamericanos, este solo puede ser garantizado por cada uno de los estados, lo que hace la enmienda es prevenir que a los negros se les niegue el voto por el color de su piel o por su raza.

[2] Charles W. Calhoun, *Minority Victory, Gilded Age Politics and the Front Porch Campaign of 1888*, University Press of Kansas, Estados Unidos, 2008, pp. 179-180.

de la vieja Confederación en darle un voto electoral al Partido Republicano hasta 1920.

Las elecciones presidenciales de 1876 generaron una intensa disputa sobre el resultado que dio paso a lo que se conoció como el Compromiso de 1877. Este fue un pacto no escrito entre republicanos y demócratas que consistió en que los demócratas aceptarían el triunfo del candidato republicano a la presidencia, Rutheford Hayes, sobre el demócrata Samuel J. Tilden, a cambio de que Hayes terminara con la ocupación militar en el sur del país, vigente desde el fin de la guerra. Hayes cumplió su parte del trato y para 1878 el ejército norteamericano se retiró a sus cuarteles y dejó el campo libre a los demócratas en los estados de la ex-Confederación, quienes de inmediato iniciaron su regreso político en la región. El presidente Rutheford Hayes consideraba en privado que la falla del sur en obedecer fielmente la 15ª Enmienda era la causa de la falla de todos los esfuerzos de pacificación. Viendo los resultados de la segregación racial, la marginación y el racismo que se desataron en el país a partir de su gestión, Hayes escribiría en su diario sobre la Guerra Civil con cierta nostalgia: "Por lo que peleamos fue para hacernos un solo pueblo", y en efecto esa ha sido la lucha desde el principio y lo es actualmente, negros y blancos: un solo pueblo.

Después de la presidencia de Hayes, entre las filas republicanas comenzaba a reinar un desánimo más o menos histórico. Lo obtenido con la guerra parecía no valer lo suficiente y los afroamericanos comenzaban a ser arrinconados en el sur por la oligarquía blanca que regresaba por sus fueros, presentándose como sus redentores. Con la realización del Compromiso de 1877, las tropas federales abandonaron la ocupación de los estados del sur y los redentores (*redeemers*) demócratas ocupaban el vacío político que dejaban los militares. Con el respaldo militar en el sur eliminado, los republicanos comenzarían en la región un largo invierno político, cuyo centro de gravitación sería irremediablemente la "relación entre las razas". Sin embargo, no todos los republicanos estaban de acuerdo en abandonar la ocupación militar en el sur, el Compromiso de 1877 había sido muy controversial y algunos pensaban que no habría que descartar la fuerza como un elemento más en la consecución de la completa emancipación de los negros. Quien sería después el secretario de Estado de Hayes, William Evarts, consideraba que "la boleta libre es la suprema cuestión en nuestra política. Si la boleta del hombre negro en el sur no puede ser recaudada de otra forma, excepto que, a punta de bayoneta, y no puede ser depositada en la urna de cualquier otra forma, yo estoy a favor de emplear también la bayoneta para ese propósito".

La elección de 1880 puso en la Casa Blanca a otro republicano, James A. Garfield, para quien la tarea en relación con el "asunto de los negros", hasta donde era humanamente posible, estaba concluida y habría que esperar que el tiempo realizara su trabajo. Más que un espíritu de reconciliación nacional de Garfield, parecía una claudicación del espíritu de reconciliación. Frederick Douglas era menos optimista que el presidente al considerar lo que se había logrado hasta entonces en la relación entre las razas y el Estado. "¿Qué más le da a un ciudadano de color que el Estado no lo insulte o lo atropelle, si un ciudadano de ese Estado lo puede hacer? El efecto sobre él es el mismo".[3] John Sherman, secretario del Tesoro con la administración Hayes y hermano del general William Tecumseh Sherman, era partidario de una actitud más beligerante en la defensa de los derechos de los afroamericanos. "La desigualdad por ley es tiranía y debe de ser resistida por una oposición y agitación constante".

Para la elección de 1884 un simpatizante del demócrata Grover Cleveland le escribía a John Sherman amenazante: "La cuestión de los derechos civiles tendrá que ser peleada de nuevo".[4] En el sur los afroamericanos estaban siendo objeto de una gran ofensiva para mantenerlos al

---

[3] Charles W. Calhoun, *Conceiving a New Republic, The Republican Party and the Southern Question 1869-1900*, University Press of Kansas, Estados Unidos, 2006, p. 195.

[4] *Ibid.*, p. 200.

margen de la sociedad, y solo si se reiniciaba la lucha por la defensa de sus derechos el Partido Republicano podría ganar la elección presidencial. Pero la estrategia política de los republicanos en el sur no resultaba clara. James Blaine se encontraba como favorito para ocupar la candidatura republicana de 1884 y consideraba que la mejor estrategia a seguir sería "enfatizar los temas económicos que no solo le interesaban a la gente del norte sino que tenían el potencial de dividir a los del sur".[5]

El comité de resoluciones de la Convención Republicana, bajo el liderazgo de Blaine, produjo una plataforma para el partido en la que se dedicaban seis párrafos al asunto del arancel y solo dos a los asuntos del voto negro. En su carta de aceptación como candidato a la nominación republicana a la presidencia, Blaine establecía que el tema fundamental para el sur era el económico y le dedicaba a ese asunto la mayoría del texto de su carta de aceptación. Blaine disminuyó la importancia de los "temas seccionales" (segregación y eliminación del voto negro) y enfatizó el mutuo destino económico que unía irremediablemente al norte con el sur. El candidato rechazaba la idea de unir a la nación a través de asuntos relacionados con la guerra, recordar la guerra como argumento político era considerado por los sureños como "agitar la camisa ensangrentada", y comenzaba a verse, cada vez más, como un recurso demagógico.

Mientras el norte más enfatizaba el tema de los derechos civiles de los negros, más se unía el sur, y más compacto e impenetrable resultaba para los republicanos. Si pretendían ganar la elección presidencial, los republicanos tendrían que ganar uno o dos estados en el sur e impedir que los demócratas ganaran en el norte, sobre todo en Nueva York. La estrategia de Blaine para el sur era la de dividir el voto sureño a lo largo de temas económicos más que raciales.

El voto de los negros se convirtió en el "hueso en disputa" de una contienda electoral que se revolvía alrededor del tema del "arancel", de

---

[5] *Ibid.*, p. 202.

la situación económica y de los intereses de clase de los blancos. Los demócratas en los distritos negros del sur comenzaron la desincorporación del voto de los afroamericanos para defender sus intereses y privar a sus competidores políticos de la ventaja que significaba el voto negro en la región. Un republicano de Massachusetts le reclamaba al senador John Sherman la estrategia seguida: "En los días de la esclavitud se agitaba con el tema del arancel para llamar la atención sobre la 'cuestión de los negros'. Ahora se alza la cuestión del arancel para desviar la atención de la 'cuestión de los negros'. El derecho al voto es el derecho que preserva los otros derechos, y a menos que tengamos un voto libre y respetado la república habrá fallado".[6] La derrota de Blaine frente a Cleveland por la presidencia en 1884 fue tan estrecha, que pudo deberse casi a cualquier cosa, aunque definitivamente Cleveland no habría ganado la presidencia si el voto negro no hubiera sido reprimido. Muchos republicanos se mantenían convencidos de que la cultura de la intimidación política practicada por los demócratas en el sur había frustrado el legítimo derecho de los republicanos para aspirar a la presidencia de la Unión.

Con el triunfo de Cleveland llega a la presidencia el primer demócrata electo (Andrew Johnson era demócrata, pero no había sido electo como presidente) desde la elección de James Buchanan en 1856. Después de casi 30 años de no ganar una elección presidencial, los demócratas regresaban a la Casa Blanca y tenían mucho que hacer. Sus opositores denunciaban que "Mr. Cleveland es ahora presidente de Estados Unidos por virtud de los crímenes contra el derecho al voto, incluido el asesinato, la provocación de incendios, el relleno de urnas, la falsificación y la mentira".[7] Cleveland devolvió a los estados del sur las banderas del Ejército Confederado conquistadas por los ejércitos de la Unión durante los combates en la Guerra Civil, que se encontraban en posesión del

---

[6] *Ibíd.*, p. 205.

[7] *Ibíd.*, p. 213.

Departamento de Guerra de Estados Unidos. Un hecho simbólico que hablaba mucho de lo que sería su presidencia, la intensificación de la segregación racial legal en Estados Unidos.

Blaine había equivocado la estrategia de campaña, y por no querer ser acusado de "agitar la camisa ensangrentada", había abandonado a los negros a su suerte política, y el resultado electoral para los republicanos en el sur había sido desastroso. Por su parte, los demócratas se atrincheraban negándoles el voto a los negros. La supresión de votos en el sur violaba los principios republicanos de igualdad entre los ciudadanos. Al evaluar la derrota republicana en la elección de 1884 John Sherman da en el centro del problema:

El gran tema que nos presiona hoy envuelve los principios básicos de nuestro gobierno; las elecciones deben de ser libres, abiertas y justas; y a cada votante honesto se le debe permitir emitir su voto, y cada voto emitido con honestidad debe de ser contado, y no otros. Si este principio es desechado, el gobierno republicano llegará a su fin, la guerra entre las facciones comenzará y los conflictos civiles y las revueltas darán fin a todo tipo de elecciones. Toda violación de la pureza de las elecciones es un gran crimen contra la república.[8]

La cuestión del sufragio negro se encontraba en la base de cualquier otro asunto, se trataba de un tema central.

En el sur a los negros se les engañaba fácilmente a la hora de votar. La gran mayoría habían sido conservados como analfabetas por sus dueños, de tal suerte que no podían distinguir el nombre de cada una de las urnas electorales (dependía del tipo de elección el número de urnas instaladas, pero algunas veces había hasta ocho urnas para una votación), y si depositaban su voto en la urna equivocada, este podía ser anulado o pasar a la

____

[8] *Ibid.*, p. 209.

contabilidad del candidato opuesto por el que se había votado. Para que los negros no se dijeran unos a otros el orden en el que se encontraban las urnas dentro de la casilla, a la que solo se podía entrar de uno en uno, los blancos encargados de la votación cambiaban de lugar las urnas de tal forma que muchos votos se anulaban o pasaban al candidato contrario. La fidelidad de los afroamericanos del sur para con el Partido Republicano estaba a prueba de dudas. "Si el Partido Republicano pudiera arreglar algún plan para tener elecciones justas, nosotros los negros de Carolina del Sur haríamos vencedor al Republicano por una gran mayoría. Nuestra gente tiene corazones leales. No venden su voto por ron. El hecho es que no son libres. ¿Por cuánto tiempo más estaremos oprimidos? ¿Por cuánto tiempo más se nos negará el derecho de tener el voto libre y justamente contado?".[9]

La promulgación de leyes de segregación racial por parte de algunos estados de la Unión era un fenómeno relativamente reciente en la historia de las relaciones raciales en Estados Unidos. Por supuesto que había numerosas prácticas de segregación racial y algunas leyes que la sancionaban a lo largo del tiempo, mas no fue sino hasta el último cuarto del siglo XIX que los estados comenzaron a desarrollar un programa sistemático para separar jurídicamente a los negros de los blancos en todas las áreas de actividad dentro de la sociedad. Son estas leyes las que se convirtieron en un aparato importante para mantener al negro "en su lugar". Estas leyes fueron aceptadas en general por la sociedad, debido a que recibían su inspiración de una suposición persistente y tenaz sobre la inferioridad innata de los negros que encontraba sus raíces profundamente arraigadas durante todo el periodo de formación de Estados Unidos antes de la Guerra Civil.

Para los blancos, los negros no eran más que los más ignorantes, viciosos, empobrecidos y degradados pobladores de este país. Las leyes

---

[9] *Ibid.*, p. 218.

promulgadas durante este tiempo, por cada uno de los estados de la ex-Confederación y algunos nuevos estados como Kentucky, Misuri y Oklahoma que se les unieron, mantuvieron segregados a los negros en parques, escuelas, restaurantes, centros de diversiones, transporte, vivienda, conciertos, centros nocturnos, centros comerciales, guarderías, exposiciones culturales, teatro, cine, cafés y fuentes de sodas, trabajo, la vida política y gremial, centros de salud, y en cualquier otro lugar que se les pudiera ocurrir a los blancos.

A partir de 1888, lo que se había realizado en los estados del sur de forma aislada, con intensidades y frecuencias diversas, se generaliza, y en ese año comienza la desincorporación masiva del voto y la segregación de servicios para los afroamericanos que vivían en los estados de la ex-Confederación. Para 1890, prácticamente todos los servicios públicos en el sur se encontraban racialmente segregados. "En 1888 la comisión de los ferrocarriles de Misisipi fue autorizada para designar salas de espera separadas para blancos y negros".[10] Los tranvías circulando en las calles de las ciudades habían sido el último reducto de igualdad y fueron paulatinamente segregados en todo el sur a partir de 1886. Para 1886 en Montgomery se inició el servicio de tranvías de vapor en donde el carro delantero estaba reservado para los blancos y el carro trasero para los negros, dos años más tarde hubo las primeras indicaciones de transporte urbano segregado en Atlanta, cuando en septiembre de 1888 la Compañía Metropolitana de Trenes Urbanos (Metropolitan Street Railway Company) iniciaba sus servicios de transporte público segregado utilizando un tranvía con dos carros. El amarillo lo usaban los blancos y el rojo los negros. Durante los siguientes años, los reportes de prensa consignan el hecho de que por todas las ciudades del sur se expandía la separación de los servicios de tranvías para negros y blancos.

---

[10]John Hope Franklin, "History of Racial Segregation in the United States", *Annals of the American Academy of Political and Social Science*, vol. 304 (marzo de 1956), p. 7.

Es la ley de Misisipi del 2 de marzo de 1888 la que "requiere que los ferrocarriles de pasajeros en ese estado provean alojamiento separado, pero igual para blancos y negros". La Suprema Corte sostuvo la legislación en tanto las disposiciones legales se mantuvieran vigentes solo dentro del estado. Se trató del caso *Louisville, New Orleans & Texas Ry. Co. v. Mississippi 133 U.S. 587*, que la Corte escuchó y juzgó en marzo de 1890. Aunque el origen de *separate but equal* es posiblemente anterior a 1888, en este caso la Suprema Corte sostuvo la segregación racial en los ferrocarriles en tanto los alojamientos fueran "iguales". Las decisiones de la Corte dejaron al país con "permiso para odiar", permitido y apoyado por la cúspide de la pirámide social y política y escrito en sus leyes.

El hombre negro era un ser humano de segunda clase. Académicos famosos han testificado que así es. Muy pocos políticos, del norte o del sur, los han desafiado. La Suprema Corte ha dicho que no puede hacer nada al respecto. Y la mejor gente en cualquier lado vio poca virtud en oponerse a una marea hinchada de racismo. Así que en lugar de esfuerzos por mejorar el destino de los negros y hacerlos miembros más valiosos de la comunidad nacional, el impulso fue para condenarlos a un ostracismo intensificado.[11]

Las elecciones presidenciales de 1888 marcan un punto de quiebre en el conflicto racial norteamericano. Mientras que los demócratas no están dispuestos a ceder en cuanto a la exclusión de los negros de la sociedad, los republicanos se encuentran divididos sobre el asunto, pero son quienes ganan la elección. Entre sus dirigentes había la intención de poner a descansar su activismo a favor de los derechos de los afroamericanos y dejar que el tiempo se hiciera cargo de suavizar el tema sanando las heridas. Los republicanos habían ganado la elección, pero habían perdido

---

[11] Richard Kluger, *Simple Justice, The History of Brown v. Board of Education and Black America's Struggle for Equality*, Random House, Nueva York, 2004, p. 86.

su alma, como diría Frederick Douglass. "Al final, la mayoría de los líderes del partido [Republicano] encontraron la forma de acomodarse intelectual y moralmente ante la derrota de sus ideales, sin embargo, para otros, la pérdida de la república había forjado una profunda sensación de fracaso".[12] James Blaine opinaba que "toda la cuestión electoral en el sur se reduce al punto de la violencia en la casilla, el que la boleta electoral no pueda ser protegida en paz y legalmente".[13]

Ante el aumento de la supresión del voto y de la violencia contra los negros en el sur, los demócratas se justificaban diciendo que "primero habría que determinar si los negros van a gobernar y si van a ser la autoridad del hombre blanco, o si ha de ser el hombre blanco quien gobierne y sea la autoridad para el hombre negro". Los republicanos contestaban que "la Constitución señala que tenemos una forma de gobierno republicana, no un gobierno de una raza o de una casta". Cuando los demócratas afirmaban que en Luisiana el hombre negro no debe gobernar en realidad decían que la mayoría no debería de gobernar.

El candidato demócrata para la elección de 1888 era el presidente Grover Cleveland, quien pretendía la reelección y consiguió sin muchos problemas la nominación del Partido Demócrata. Por parte de los republicanos fue nominado como candidato a la presidencia Benjamin Harrison, senador por Indiana y nieto del presidente William Henry Harrison. La convención que eligió a Harrison, quien ganó esa elección presidencial, se reunió de nuevo en Chicago en junio de 1888, y fue paradójico que en la misma convención en la que el Partido Republicano decidió abandonar la defensa frontal de la 15ª Enmienda, un delegado propusiera a Frederick Douglass para presidente de la Unión, con lo que el exesclavo se convertía en el primer afroamericano en recibir un voto en una convención presidencial de cualquiera de los partidos grandes en Estados Unidos.

---

[12] Charles W. Calhoun, *Conceiving a New Republic…*, *op. cit.*, p. 5.
[13] *Ibid.*, p. 171.

La postura de muchos republicanos no estaba a favor de silenciar la campaña en defensa de los negros en el sur, o de cambiar el tema de la conversación nacional, como lo hizo su candidato presidencial al centrar su campaña en la discusión sobre el arancel. Muchos consideraban que el asunto de los derechos civiles de los afroamericanos debería de haber estado al frente de los temas tratados por la campaña de Harrison. El excongresista de Misisipi, John R. Lynch, un importante dirigente negro, le imploraba a Harrison que tratara a la supresión de la boleta para los negros en el sur como "uno de los asuntos más fundamentales del día, frente al que todos los demás temas serían secundarios y subordinados".[14] La estrategia republicana no había sido fruto solamente de un pragmatismo electoral, en verdad los políticos republicanos querían cambiar de tema, querían dejar de hablar de los problemas de los negros y centrar la discusión pública lo más lejos posible de ahí. Pensaban que si alguna vez volvían a ganar en el sur sería precisamente cuando se dejara de confrontar a los habitantes blancos de *Dixie* con las atrocidades que se cometían contra los negros.

Finalmente, con la elección de Benjamin Harrison en 1888, los republicanos volvían a controlar la presidencia de la Unión, así como la mayoría en ambas cámaras en el Congreso. Sin embargo, el espíritu libertario de Lincoln había ya desaparecido del partido. Para finales de los años ochenta comenzaba a establecerse la política de *separate but equal* con la que se pretendía evitar la "agitación de la camisa ensangrentada" como fórmula para el tratamiento de las diferencias raciales en el sur. Para lidiar con el asunto del voto afroamericano, una de las primeras medidas que tomó la administración de Harrison fue presentar una nueva ley al Congreso, The Lodge Bill (la ley Lodge), escrita por el aristocrático representante de Massachusetts Henry Cabot Lodge, que pretendía reglamentar el derecho al voto de los negros garantizado por la

---

[14] Charles W. Calhoun, *Minority Victory…*, *op. cit.*, p. 152.

15ª Enmienda. La ley tenía las posibilidades de rehacer el paisaje político en el sur y por consiguiente de afectar el conjunto de la política nacional, por esa razón los demócratas se opusieron al máximo y consiguieron un puñado de senadores republicanos de los estados del oeste para derrotar la ley por un pequeñísimo margen. A finales de los años ochenta del siglo XIX, la ley Lodge fue el último intento serio por emitir una legislación de los derechos civiles antes de los años sesenta del siglo XX. "La implacable y creciente intransigencia de los blancos en el sur, así como la indiferencia de la población del norte sobre los derechos de los afroamericanos, hicieron al Partido Republicano abstenerse de cualquier intento por proteger los derechos de los negros".[15]

La ley Lodge pretendía dejar zanjado lo que parecía que había dejado establecido la 15ª Enmienda: el derecho al voto de los exesclavos negros. La disposición más odiada por el sur, contenida en la ley, era una referente a la supervisión judicial que la federación podría realizar en los estados para certificar la legalidad de sus elecciones. Los demócratas calificaban a la legislación de ser de nuevo la "regla de la bayoneta", el gobierno federal inmiscuyéndose en los asuntos internos de los estados. El centro de la ley contenía una serie de disposiciones que les impedirían a los gobiernos del sur, como lo habían venido haciendo desde finales de la década de los setenta, eliminar el voto de los afroamericanos por la vía de que la validez de la elección sería calificada por un juez federal y no por los gobernadores de los estados, como se hacía en la mayoría de los estados de la Unión. "Era esta característica de la ley la que más temían y odiaban, y la que más amargamente combatieron los demócratas en el sur".[16]

Los blancos no se someterían otra vez (como durante el periodo de la Reconstrucción después de la Guerra Civil) al desplazamiento y a la

---

¹⁵ *Ibid.*, pp. 179-187.

¹⁶ Charles W. Calhoun, *Conceiving a New Republic…, op. cit.*, p. 240.

humillación "por una raza a la que Dios nunca pretendió que nos gobernara". Cabot Lodge comenzó su discurso para la presentación de la ley en el Senado dejando en claro que era gracias a la "supresión del voto de los negros y de otros republicanos en el sur que el Partido Demócrata había acumulado una desproporcionada influencia en el Congreso y en el Colegio Electoral". Cabot Lodge presentó gráficas y tablas estadísticas que demostraban cómo el número de los congresistas del sur en la Cámara de Representantes representaban muchos menos habitantes que los demás representantes del resto de los estados de la Unión, desequilibrando la representación nacional y dándoles una fuerza en el Congreso que realmente no tenían. Esta fuerza se expresaba en el control de la presidencia de la Cámara y de algunas de sus comisiones clave. Mientras que Iowa necesitaba 36 000 habitantes para poder mandar un representante a la Cámara, Alabama podía mandar al mismo representante con solo 12 000 o 13 000 habitantes. Para Cabot Lodge, "el gobierno que había convertido en ciudadano de Estados Unidos al hombre negro estaba obligado a protegerlo a él y a sus derechos ciudadanos y sería un gobierno de cobardes si no lo hacía".

Con la derrota de la ley Lodge en el Congreso, el estado de Misisipi convocó en 1890 a una Convención Constitucional que marcó el camino a todos los demás estados del sur para la desincorporación del voto afroamericano con "estricto apego a la ley". De esa convención salieron el establecimiento de medidas como la de un impuesto de dos dólares para poder votar o la exclusión de los votantes que alguna vez hubiesen sido acusados de soborno, robo o bigamia. Además, se le prohibía votar a todo aquel que no pudiera leer una sección de la Constitución estatal, o que al leérsele una parte de esta no pudiera dar una interpretación razonablemente aceptable.

Este último refinamiento interpretativo era una nueva medida para la desincorporación del voto afroamericano, ya que la calificación de lo bien o mal que se interpretaba y/o se leía estaba a cargo de algún oficial del gobierno del estado. Luisiana añadió a estas medidas la "cláusula del abuelo", que daba registro permanente como elector a todo aquel cuyo padre y abuelo hubieran sido calificados aptos para votar antes del 1 de enero de 1867, justo antes de que la primera Ley de la Reconstrucción otorgara el voto a los afroamericanos. Los negros que quisieran votar tendrían que enfrentar requisitos prohibitivos en términos educativos y de propiedad. El efecto de esta epidemia de desincorporación de los afroamericanos para votar en el sur del país fue rápido y evidente. De los "130 344 negros que se habían registrado en Luisiana para votar antes de la aprobación de las nuevas medidas electorales, solo 5 320 seguían registrados, dos años después de la entrada en vigor de la nueva Constitución estatal".[17] Lo que quedaba claro en el sur era que la esclavitud ahora sería política, no corporal.

A partir de 1890 el país sufrió de un aumento constante de linchamientos de negros por parte de la población blanca en todo el sur. El resultado del rechazo a la ley Lodge había dejado con las manos libres a los supremacistas blancos en toda la ex-Confederación, el Ku Klux Klan actuaría prácticamente sin restricciones, incendiando escuelas, iglesias y viviendas de afroamericanos por todo el *Black Belt*. Hernando D. Money, futuro gobernador de Misisipi, declaraba que ya estaba cansado de tener que soportar "la ofensiva teoría de la regla de la mayoría" y de estar situado en "el permanente predicamento de que mi cabeza sea puesta contra el pie de un salvaje barnizado". El senador William B. Tate, de Tennessee, señaló: "El hombre negro no puede gobernar al hombre blanco, y no puede asimilarse a la condición social y política de la raza blanca en términos de igualdad. Por lo tanto, la única solución era reconocer que este era el país del hombre blanco, y que Dios en toda su sabiduría lo había destinado a mantenerse como el país del hombre blanco".[18]

---

[17] Richard Kluger, *op. cit.*, p. 67.

[18] Michael Perman, *Struggle for Mastery, Disfranchisement in the South 1888-1908*, The University of North Carolina Press, Estados Unidos, 2001, p. 23.

Los blancos llegaron a la conclusión de que los negros eran un riesgo para la democracia misma, ya que si no se les restringía el derecho a votar, muy pronto, "por su ignorancia", serían el factor decisivo en cualquier elección, pues serían manipulados por los enemigos de la sociedad. El *Charleston News and Courier* destacaba en un editorial, cuando se discutía en una convención del Partido Demócrata la desincorporación del voto de los negros en Charleston, Carolina del Sur, que: "La presente Convención ha sido llamada para conseguir derrumbar el voto de los negros. Nadie trata de esconderlo, nadie busca disculparse por eso". Aunque en términos prácticos el voto de los negros se había reducido al mínimo en casi todos los estados del sur, el miedo seguía presente ante la posibilidad de que alguna vez los blancos se dividieran y el voto negro pasara a ser el fiel de la balanza entre las facciones rivales. Una vez que una situación así se presentara, los blancos tendrían que apelar al voto de los negros para zanjar sus diferencias. Ben Tillman, gobernador de Carolina del Sur, mantenía un miedo obsesivo sobre este asunto. Imaginaba al voto negro como una serpiente que acechaba en la oscuridad, que se mantenía escondida y lista para atacar en el mejor momento para estropear la felicidad del hombre blanco. Las facciones blancas en búsqueda de votos podrían provocar a la serpiente de tal forma que esta terminaría engulléndose al resto de la sociedad.

La muralla de la segregación se convirtió en algo formidable e impenetrable, se requirieron varias décadas completas para hacerle una cuarteadura. La segregación había creado dos mundos, tan separados entre sí que comunicarse entre ellos era ya casi imposible. La separación creó la sospecha y el odio de raza, fomentó los rumores y los malentendidos, y generó las condiciones que hacían extremadamente difícil tomar alguna medida para su reducción. La segregación legal era tan completa que un ministro religioso blanco del sur llegó a declarar que "han hecho de nuestra comida y bebida, de nuestro comprar y vender, de nuestro trabajo y de la vivienda que ocupamos, de nuestras rentas, de nuestros ferrocarriles, de nuestros orfanatos y prisiones, de nuestros parques y centros de recreación, de nuestras propias instituciones de religión, un problema de la raza, así como un problema para su mantenimiento".[19]

____

[19]John Hope Franklin, *op. cit.*, p. 8.

9

Disturbios en Springfield, Illinois, y la formación de la NAACP (1907-1908)

Los disturbios raciales de 1908 en Springfield, Illinois, se produjeron cuando dos prisioneros afroamericanos fueron transferidos fuera de la cárcel de la ciudad por el alguacil del condado. Todavía no habían sido juzgados, pero se encontraban presos por ser sospechosos de haber cometido crímenes contra ciudadanos blancos. Al poco tiempo de encontrarse detenidos, una multitud enardecida de blancos llegó hasta la cárcel para lincharlos. El alguacil impidió a la turba realizar justicia por su propia mano y trasladó a los prisioneros a una prisión estatal fuera de la ciudad. Al no encontrarlos ya en la cárcel, la multitud comenzó a destruir viviendas y comercios en los vecindarios negros de la ciudad y agredir a todo ciudadano afroamericano que se encontraron. Para el segundo día de los disturbios, fueron enviados por el gobierno estatal miles de efectivos de las milicias del estado para restaurar el orden. Por lo menos siete personas murieron y las pérdidas materiales fueron de cientos de miles de dólares, la mayoría de los destrozos sucedieron en los vecindarios negros de la ciudad. Los disturbios fueron un catalizador muy importante para la formación de la National Association for the Advancement of Colored People (NAACP, Asociación Nacional para el Mejoramiento de la Gente de Color), dedicada a trabajar para restaurar los derechos civiles de los afroamericanos y educar a todo el pueblo para el mejoramiento de las relaciones entre blancos y negros.

William Edward Burghardt Du Bois, mejor conocido como W. E. B. Du Bois, fue uno de los intelectuales afroamericanos más importantes de Estados Unidos. Nacido en Great Barrington, Massachusetts, acudió a la Universidad de Harvard y fue el primer negro en obtener el grado de doctor en Estados Unidos. Du Bois fue también un activista que luchó a favor de los derechos civiles para los negros y participó en la fundación del Niagara Movement (Movimiento Niágara), que perseguía la igualdad de derechos para los afroamericanos. También participó en el inicio de la NAACP.

William English Walling, mejor conocido como English, fue un socialista republicano nacido en una de las familias más ricas de Louisville, Kentucky. Fue fundador de la National Women's Trade Union League (Liga Nacional de la Unión de Sindicatos de Mujeres) en 1903 y fundador con otros más en 1909 de la NAACP. Walling fue uno de los fundadores blancos de la NAACP y fue el primer presidente de su Comité Ejecutivo en 1910-1911. Posteriormente se desempeñaría como activista y directivo de la American Federation of Labor (AFL, Federación Americana del Trabajo). Walling jugaría un papel muy importante para convencer a Du Bois en dejar su cátedra de la Universidad de Atlanta y trasladarse a Nueva York para participar con el equipo central de la NAACP. En una visión retrospectiva, 20 años después de fundada la NAACP, Walling llegó a decir que la organización realmente despegó cuando fueron capaces de atraer a una figura intelectual tan importante como Du Bois a trabajar con ellos. "Haber obtenido el apoyo y la colaboración de un líder de la suficiente estatura fue esencial para que la organización pudiera presentarse a sí misma como un ejemplo exitoso de colaboración entre razas".[1] La colaboración entre Walling, blanco del sur, y Du Bois, negro del norte, probaría ser la mezcla adecuada para echar a andar una de las organizaciones sociales más

---

[1] Jack Stuart, "A Note on William English Walling and His 'Cousin,' W. E. B. Du Bois", *The Journal of Negro History*, vol. 82, núm. 2 (primavera de 1997), p. 273.

poderosas e influyentes que han existido en Estados Unidos en la lucha contra la segregación y discriminación racial.

Tanto Du Bois como Walling y sus seguidores se oponían al Compromiso de Atlanta impulsado por otro afroamericano y exesclavo, Booker T. Washington, que consistía en un compromiso político mediante el cual los negros del sur se comprometían a trabajar mansamente y a someterse obedientemente al dictado político de los blancos, mientras a cambio recibirían educación básica y un debido proceso cuando estuvieran frente a la ley. Los negros no agitarían por igualdad, integración o justicia. Los blancos, a cambio, financiarían con caridad fondos para la educación de los afroamericanos. El Compromiso de Atlanta perseguía la obtención gradual de los derechos ciudadanos para los negros a cambio de su desmovilización, se trataba de un reformismo descafeinado que los blancos del sur veían con muy buenos ojos.

El Niagara Movement, fundado en 1905 en el lado canadiense de las Cataratas del Niágara, no debe su nombre solo al lugar de su fundación, sino a la "poderosa corriente" de cambios que se proponía impulsar para terminar con la segregación racial y con la privación de derechos que sufrían en todo Estados Unidos los negros. Du Bois y Booker representaban las dos posiciones políticas de los negros ante la dominación racista que enfrentaban a principios del siglo XX: los moderados y conciliadores de Booker, que pretendían la adquisición gradual de derechos para los afroamericanos, y los radicales de Walling y Du Bois, que exigían plenos derechos para los afroamericanos sin dilación y fin a la discriminación.

La división política e ideológica de los negros ha sido una tarea que los supremacistas blancos del sur nunca han desestimado y que tiene sus raíces en la división que se hacía de ellos durante la esclavitud. Entonces, había "negros de la casa" (*house nigger*) y "negros del campo" (*field nigger*), los primeros eran preferidos por los amos, llevaban una vida más tranquila, con mejor vestido y comida y con menos gritos y golpes. Los "negros del campo" eran tratados con mayor severidad y el trabajo era mucho más agotador. Los blancos usaron esta división para enfrentar a los negros entre sí. La división entre los negros durante la segregación era instigada por gente como Booker, "negro de la casa" al que los blancos consentían.

Las tensiones sociales entre la población negra de segunda clase y los ciudadanos blancos de primera se mantuvieron vivas después de la Reconstrucción y durante las siguientes décadas en todos los estados del sur. Eventualmente, esa subordinación de los negros a una sociedad blanca, que siguió a la esclavitud, liberaba la energía social que producía en forma de disturbios raciales en las ciudades. La violencia racial compensaba la marginación racista y liberaba la energía contenida en la segregación racial de los afroamericanos.

La población afroamericana en el sur se encontraba segregada de toda participación social. Separada de servicios y oportunidades. La población negra creció separada de la sociedad blanca por líneas invisibles pero que se respetaban socialmente. Además de esta separación física en la que vivían los negros en las ciudades, experimentaban también una segregación institucional, esto es, en las unidades del ejército norteamericano hasta 1950, por ejemplo, las unidades de soldados negros se encontraban separadas de las unidades de soldados blancos pero comandadas por oficiales blancos. Los matrimonios interraciales fueron permitidos en Estados Unidos hasta 1967. La Suprema Corte rigió que no eran constitucionales las leyes antimestizaje y las transfusiones de sangre, que cruzaban la regla de raza y fueron permitidas hasta la misma fecha. De *apartheid americano* fue calificada muchos años después esta "separación de las razas". Separación para viajar, para comer, para divertirse, para ir a la escuela; hasta los bebederos públicos de agua estaban separados racialmente. En la actualidad existe una línea invisible que separa los barrios blancos y negros a lo largo de todo Estados Unidos.

Generalmente se asume que la violencia contra los afroamericanos era un problema del sur de Estados Unidos, consecuencia de la "inferioridad moral" de sus ciudadanos. Los disturbios de Springfield, Illinois, situado en el norte del país, muestran que esto no era así. Al anochecer del 14 de agosto de 1908 una multitud de blancos enardecidos se reunió en el centro de la ciudad frente a la cárcel del condado de Sangamon, en Springfield. La multitud era de aproximadamente 5000 personas y demandaban del sheriff, Charles Werner, que les entregara a dos detenidos negros para lincharlos. La policía acababa de ingresar, ese mismo día, a un hombre negro acusado de violar a una mujer blanca, y mantenía detenido a otro afroamericano que esperaba juicio por el asesinato de un ingeniero, también blanco, en julio pasado. Cuando el sheriff informó a la multitud que los detenidos no se encontraban ahí, los líderes, incrédulos, fueron invitados por el oficial a recorrer la cárcel para asegurarse de que era cierto lo que se les decía. La frustración por no poder infligir justicia sumaria incendió los ánimos de la turba que se dirigió furiosa hacia los barrios en donde vivía la comunidad negra. "Lo que había comenzado como un linchamiento rápidamente se transformó en una guerra racial hecha y derecha".[2]

El 4 de julio Blanche Ballard, de 16 años e hija del ingeniero Clergy Ballard, disfrutó con su familia de las festividades por el aniversario de la Independencia en el centro de la ciudad antes de regresar a su casa pasadas las 10 de la noche. En la madrugada, Blanche fue despertada por alguien que se encontraba sentado al borde de su cama, en la oscuridad no pudo identificarlo y asustada comenzó a gritar, con lo que despertó a todos en la casa. El intruso huyó precipitadamente, el padre de Blanche lo alcanzó, pero solo para ser mortalmente herido con un cuchillo por el intruso. La muerte del ingeniero Ballard estuvo en la primera plana de los periódicos locales durante varios días, se trataba de un residente blanco muy conocido, que vivía en uno de los mejores barrios de la ciudad.

---

[2] Roberta Senechal, *In Lincoln Shadow, the 1908 Race Riot in Springfield, Illinois*, Southern Illinois University Press, 2008, p. 1.

Pocos días después la policía detuvo a un sospechoso, Joe James, en uno de los barrios bajos, en donde se encontraba la mayoría de las cantinas, burdeles y salas de juego de Springfield. La mitología urbana les asignaba a esos barrios, en donde vivían principalmente afroamericanos, toda suerte de responsabilidades en el agravamiento del crimen e inquietud que por aquellos días afligían a los ciudadanos de la capital de Illinois. Les asignaban a los negros que vivían ahí la responsabilidad por el "decaimiento moral y la corrupción" en que se encontraba la ciudad.

Los periódicos locales del viernes 14, día en el que comenzaron los disturbios, traían en sus páginas la confirmación de lo que de boca en boca se había sabido desde días antes, que otra mujer de Springfield, Mabel Hallam, la esposa de William Earl Hallam, un chofer de taxi que trabajaba el turno nocturno, había sido asaltada sexualmente por un hombre negro en el interior de su casa días atrás. En su declaración a la prensa la señora Hallam recordaba que el ataque había sido exactamente a las 11:20 de la noche, antes de que su marido hubiera llegado a la casa. Ese mismo día la señora Hallam había identificado a George Richardson como el asaltante, elegido por ella "sin ninguna duda" de una fila de sospechosos que le presentó la policía.

Dos mujeres jóvenes e indefensas atacadas durante la noche en sus recámaras por sendas bestias negras poseedoras de una lujuria insaciable, para nadie había duda de que eso debería de haber sido cierto y exacto. La historia no tenía misterio y coincidía punto por punto con la representación que la sociedad blanca se hacía de la actitud de los negros hacia ella. Los hechos demostraron después que ninguna de las dos presuntas agresiones sexuales había sucedido, Joe James, borracho, había entrado a robar cuando fue sorprendido en casa del ingeniero Ballard y la esposa de William E. Hallam se había inventado la agresión con la finalidad de cubrir un amorío. La prensa propagaba el estereotipo de que los negros estaban, de alguna manera, naturalmente inclinados a cometer actos criminales y lascivos. "La reiteración de ese estereotipo también reforzaba la idea de que los negros no eran aptos para vivir en el norte, y apenas se disimulaba el deseo de que pudieran desaparecer de la región, o incluso de toda la nación. En breve, para algunos blancos del norte el asunto de los negros era el de su aislamiento social, cuarentena o incluso el de su expulsión".[3] Este estereotipo del hombre negro como una "bestia incapaz de controlar sus impulsos sexuales" ha permeado la cultura popular blanca junto con la suposición de que el principal objeto sexual de esta lujuria negra es la mujer blanca.

William Hallam fue uno de los alborotadores que entraron a revisar la cárcel, "dos veces", con el sheriff Werner para comprobar que los detenidos ya no se encontraban ahí. Al salir informó a la multitud que no había violadores que linchar y se dirigió lleno de rabia hacia los vecindarios negros de la ciudad. Cuando la multitud enardecida y sin control se dirigía hacia los vecindarios en donde vivían los afroamericanos, alguien le informó a uno de los líderes que los dos negros habían sido transportados fuera de la ciudad en el automóvil de Loper, que también era dueño del mejor restaurante de Springfield. La multitud cambió su ruta, hacia los vecindarios negros, para hacer una escala frente al restaurante de Loper, Loper's Restaurant. Parados frente al inmueble que poseía unos "enormes y hermosos ventanales", los alborotadores comenzaron a desprender adoquines de la calle para atacar el establecimiento, pero nadie se animaba a tirar la primera piedra. De entre la multitud salió una mujer fuerte de mediana edad, un poco rechoncha, de nombre Kate Howard, que era propietaria de una casa de huéspedes cerca de ahí e increpó a la muchedumbre con una piedra en la mano: "¿De qué demonios tienen miedo? Las mujeres de la ciudad quieren protección y esta parece ser la única forma de conseguirla", y dirigió el ataque al elegante restaurante rompiendo la primera enorme ventana. En seguida miles de piedras volaron por los aires y todas las ventanas quedaron destruidas en segundos. La turba entró al inmueble, lo saqueó e incendió.

------

[3] *Ibid.*, p. 21.

Abraham Lincoln había vivido muchos años a muy pocas cuadras de donde se desarrollaba uno de los más violentos ataques raciales contra los negros en la historia de Estados Unidos. La multitud lo sabía, pues cuando se dirigía hacia los vecindarios negros gritaba: "¡Maldecimos el día en el que Lincoln liberó a los negros!", "¡Abe Lincoln los trajo a Springfield, pero nosotros los vamos a echar fuera!".[4] Avanzando metódicamente, destruyeron e incendiaron todas las casas y negocios de afroamericanos que encontraron a su paso. Cabe señalar que, en medio de una gran mayoría de negocios de afroamericanos, en el vecindario se encontraban algunos negocios de blancos, que fueron marcados con sábanas blancas para que la multitud no los destruyera. Se trataba de un ataque racial, violentamente instrumentado, pero respetuoso de la propiedad de los blancos.

A las 9:15 de la noche las autoridades de la ciudad se habían comunicado con el gobernador Charles Deneen para solicitarle que enviara a las tropas de la milicia estatal, pues los 40 policías con los que contaba la ciudad se encontraban en su totalidad protegiendo la comisaría. Los primeros refuerzos enviados por el gobierno del estado arribaron a la ciudad pasadas las dos de la madrugada del sábado. A esa hora la multitud seguía incendiando negocios y casas de afroamericanos, calle tras calle. "La destrucción se hacía completamente deliberada y sin ningún intento por ocultarse. Al llegar a algún establecimiento propiedad de negros, los líderes comenzaban a arrojar proyectiles contra la fachada para después con machetes y hachas destruirlo todo en su interior. Le seguía otro grupo que saqueaba lo que hubiera quedado servible y terminaba la tarea un pequeño ejército que incendiaba el lugar".[5] Hubo el caso de la vivienda de una mujer blanca que fue incendiada, "porque se decía que vivía con un negro". Cuando se trataba de un negocio como una tienda de abarrotes o

---

[4] *Ibid.*, p. 29.
[5] *Ibid.*, p. 33.

de ropa, se sacaba la mercancía a la calle y ahí se le prendía fuego. Cuando era una peluquería o una carpintería el mobiliario era incendiado en la calle. Con los primeros fuegos los bomberos hicieron su aparición, solo para retirarse poco tiempo después con todas sus mangueras cortadas. La turba les impidió sofocar el fuego, cortando las mangueras de agua usadas para apagarlo.

Desde la tarde del viernes los afroamericanos se habían dado cuenta de la enorme concentración de enardecidos blancos frente a la comisaría, y temiendo un desarrollo como el que ahora sucedía, habían comenzado a buscar refugio fuera de la ciudad. Algunos se fueron con parientes o amigos fuera de Springfield hacia los pueblos vecinos, muchos otros simplemente se salieron al campo sin tener muy claro hacia dónde dirigirse. El caso es que la gran mayoría no se encontraba en sus casas para cuando la destrucción había iniciado, los que decidieron quedarse fueron golpeados y vejados, como el paralítico William Smith, quien no pudiendo huir hacia ningún lado, fue dejado inconsciente por los golpes que le propinaron cuando la turba lo encontró. Los que le hicieron frente a la multitud fueron asesinados y colgados de un árbol. Fue el caso de Scott Burton y William Donnegan. El sábado en la madrugada la turba llegó frente a la casa de Scott, quien armado con una escopeta pensó que la gente lo respetaría. No fue así, disparó sobre los primeros que se le aproximaron, alcanzó a herirlos, pero no le dio tiempo de recargar y la multitud se apoderó de él. Lo golpearon y le cortaron con navajas todo el cuerpo, para después colgarlo de un árbol. Ahí quedó su cuerpo golpeado y mutilado, balanceándose del árbol para escarnio de todo el vecindario.

Finalmente, ya muy tarde en la madrugada del domingo, la tropa llegada a la ciudad para reforzar a la policía entró en acción y, disparando bajo sobre la multitud e hiriendo a muchos en las piernas, logró dispersar a los rijosos. La mayor parte del domingo Springfield se mantuvo en calma. Por la tarde arribaron 500 milicianos más para patrullar la ciudad,

171

y para las 11 de la noche ya habían arribado a la ciudad 1 400 soldados y venían más en camino. El domingo aparecieron los primeros periódicos con sus reseñas sobre lo ocurrido, "uno sospechaba de cierto candor (*wishful thinking*) en su cobertura de los sucesos; la prensa expresaba la esperanza de muchos blancos de que la huida de los residentes negros pudiera llegar a ser permanente".[6] La opinión prevaleciente en la prensa blanca de Springfield sostenía que los disturbios habían sido inevitables, y que a los negros, no a los blancos, habría que responsabilizar por el comportamiento violento. Muchos opinaban que los disturbios habían sido un efectivo y justificable remedio para mitigar el mal comportamiento de los negros. "No era el hecho de que los blancos odiaran a los negros, sino el propio mal comportamiento de los negros, su inferioridad general o su incapacidad para vivir en instituciones libres a quien habría que culpar".[7] No hubo una sola línea en ningún periódico blanco que ofreciera una disculpa o condolencia para los negros que cumplían con la ley y se comportaban como buenos ciudadanos, que eran la gran mayoría.

Hacia las siete de la noche del domingo la turba volvió a concentrarse en el centro de la ciudad, amenazando de nuevo la estación de policía, hacia donde el mayor general Edward C. Young envió refuerzos. Cuando la multitud lograba reunirse era dispersada con disparos, y así esta se movía hacia las siguientes calles. Mientras esto sucedía a manera de distracción en el centro, en uno de los barrios blancos una multitud se reunía frente a la casa de William Donnegan. Había dos cosas que la multitud no estaba dispuesta a soportar de Donnegan, además del hecho de que viviera entre blancos: la primera era que había estado casado 20 años con una mujer blanca; el mestizaje era algo mal visto, pues invitaba a los negros a querer ser parte de la sociedad blanca, y la segunda era que fuera rico. Donnegan había logrado acumular una pequeña fortuna y eso

---

[6] *Ibid.*, p. 41.
[7] *Ibid.*, p. 42.

irritaba profundamente a los blancos pobres. Al llegar la multitud a su casa, Donnegan los recibió en la puerta de entrada tratando de calmarlos, pero desde ahí fue arrastrado a la calle, golpeado, cortado de la garganta y amarrado del cuello con una cuerda para colgarlo. Apenas estaba la turba terminando la operación cuando una columna de milicianos los dispersó y llevó deprisa a Donnegan al hospital, en donde murió al día siguiente por las heridas recibidas.

Para el lunes, a excepción de algunos incidentes menores, los disturbios habían terminado. Continuaría por varias semanas más la concentración por la tarde de blancos en algunas esquinas, pero había los suficientes soldados para hacerles frente si decidían volver a destruir algún barrio de la ciudad. Por la mañana había en Springfield 3700 soldados de las milicias estatales. Springfield era la capital del estado de Illinois y contaba con una población blanca de poco más de 45000 habitantes y una población negra de poco menos de 3000. Había en ese momento en la ciudad más de un soldado por cada negro. Los disturbios habían dejado varios muertos y cientos de heridos, la propiedad dañada o robada era calculada en más de 200000 dólares de aquel tiempo. Se habían quemado 40 viviendas y más de 20 negocios, casi todos propiedad de negros. La movilización de las milicias estatales había tenido un costo de 125000 dólares. La prensa sureña reivindicó la segregación en el sur.

Con los disturbios de Springfield quedaba claro que el norte también tenía un problema con los negros. Quizá desde los disturbios de Nueva York en 1863, por el reclutamiento forzoso para la guerra, no se veía una hostilidad así contra los afroamericanos. La ironía es que ahora se trataba de la ciudad en donde Abraham Lincoln había vivido la mayor parte de su vida. Toda la atención nacional recayó sobre la ciudad y cientos de personas se trasladaron hacia allá en cuanto la noticia se esparció. Uno de los primeros en llegar, interesado en investigar y documentar los disturbios, fue William English Walling y su esposa, Anna Strunsky, una judía rusa que ya había sido encarcelada en su país natal por actividades revolucionarias.

English arribó a Springfield en la mañana del domingo, poco después de que la turba linchara a William Donnegan; pasó horas caminando por la ciudad, entrevistando a los habitantes y conociendo de primera mano lo sucedido. Para los locales, English era finalmente otro blanco de-fuera-de-la-ciudad, que llegaba atraído por el alboroto, sin embargo, este logró detectar entre la población blanca una "simpatía pasiva con los disturbios". Escribió: "Parece existir el sentimiento, aun entre las mejores clases, que finalmente resurgirá el bien después de los destrozos", para rematar señalando que "Springfield no tiene vergüenza. Apoyó las acciones de la turba". Pareciera como si unos buenos ciudadanos hubieran aplicado un remedio que resultó ilegal para someter a los negros de la ciudad. English escribiría después un importante, influyente y muy leído artículo de su visita a Springfield que publicaría en *The Independent*, titulado "The Race War in the North" (La guerra de razas en el norte), y que se convertiría con los años en la referencia obligada para conocer lo sucedido. Fue también su experiencia de los disturbios que lo convenció de la necesidad de formar una organización que, operando desde la sociedad, se encargara de defender a los negros, pero sobre todo de abrir los espacios sociales necesarios para su participación. La pregunta que desde antes de la terminación de la esclavitud se hacían los norteamericanos era la de si la sociedad estadounidense sería capaz de asimilar a los negros o no. Esa pregunta lo contaminaba todo.

English pertenecía a una familia sureña que en el pasado había poseído esclavos, pero su sentido de la justicia lo hizo adoptar el partido de los negros. Durante su viaje a Springfield para investigar lo sucedido, Walling se encontraba menos preocupado por la falta de vergüenza de los pobladores tras su amplia participación en la persecución racial, que por el hecho de que los blancos seguían queriendo echar de la ciudad a los negros que no habían huido durante los disturbios. Los periódicos locales habían instigado una atmósfera de motín al ligar los crímenes con la raza de los sospechosos y ahora, después de la violencia desatada, el periódico *Illinois State Journal* calificaba al estallido como inevitable y responsabilizaba a los residentes negros por su "mala conducta, inferioridad general y su inadecuación para ser miembros de instituciones libres". Walling se dio cuenta de que si los hostigadores podían atacar en Springfield, Illinois, también podrían hacerlo en cualquier parte de Estados Unidos. "¿Quién se ha dado cuenta de la seriedad de la situación? ¿Cuántos ciudadanos están dispuestos a sumarse a la causa del negro?".[8]

Poco a poco se comenzó a saber la verdad y William English Walling fue un testigo extraordinario para esclarecerla. Después de una borrachera de dos noches de violencia que vivió Springfield, la cruda comenzaba a dejar claro que el buen nombre de la ciudad solo podría ser salvado si se culpaba de las agresiones y los destrozos a una bola de irresponsables que no fueran más que unos "maleantes y matones". Más tarde, al cubrir los arrestos y los juicios de los revoltosos, la prensa de Springfield dedicaría la mayor de su atención a un puñado de sospechosos que encajaban perfectamente bien con el estereotipo de un "alborotador de clase baja" que se había desviado del camino del bien. Culpar a la parte delincuente de la sociedad de los disturbios no era más que tratar de tapar el sol con un dedo.

En los juicios que siguieron a los acontecimientos nadie fue responsabilizado por ninguna de las muertes sucedidas. Una suerte de Fuenteovejuna al revés. English entrevistó a los blancos heridos en el hospital St. John, la mayoría de ellos habían participado en los disturbios; ahí se encontraba también Kate Howard, la mujer que había lanzado la primera piedra frente al restaurante Loper's y que había desatado todo. Howard, orgullosa, le dijo a English que "confiaba plenamente que sus

---

[8] Richard Kluger, *Simple Justice, The History of Brown v. Board of Education and Black America's Struggle for Equality*, Random House, Nueva York, 2004, p. 96.

conciudadanos la mantendrían sin castigo". Este, observó English, "era el sentimiento de los más de 50 blancos que se encontraban en el hospital".[9] Uno de los factores que contribuyeron al disturbio en Springfield fue el hecho de que los afroamericanos se "habían vuelto arrogantes, agresivos: los negros se estaban volviendo resistentes a la discriminación",[10] se estaban creyendo el cuento de que eran tan buenos como los blancos. Es decir, los negros exigían cada vez más ser parte de la sociedad en la que vivían, ese era el problema. Ante un problema de esa naturaleza y profundidad, ninguna autoridad podría hacer nada, nunca. Por eso los blancos más destacados consideraron a la primera noche de disturbios como una suerte de "reforma", pues habría que hacerles saber a los afroamericanos que se estaban pasando de la raya, y que no serían aceptados por esa sociedad.

La mayoría de los estadounidenses blancos de principios del siglo xx mantenían una serie de creencias acerca de los negros que los caracterizaban como "bufonescos e inclinados criminalmente, flojos, incompetentes e irresponsables, en pocas palabras, generalmente incapaces para poder vivir en una sociedad civilizada. Este consenso antinegro cruza diagonalmente las divisiones de clase".[11] Aunque parezca increíble, los disturbios en Springfield querían llevar a la práctica este consenso. "El objetivo último de los alborotadores parecía ser echar fuera de la ciudad a los negros, y de hecho tuvieron éxito en hacer huir a muchos por algunos días".[12] Otra forma de entender la violencia racial en Springfield puede ser a partir de que los afroamericanos ya no se comportaban de acuerdo con las creencias que sobre ellos se tenían. Frederick Douglas ya había hecho notar que los blancos podían aceptar a los negros "como bufones, como serviles o como sirvientes, pero se resistían y resentían su

---

[9] Roberta Senechal, *op. cit.*, p. 102.

[10] *Ibid.*, p. 83.

[11] *Ibid.*, p. 126.

[12] *Ibid.*, p. 135.

movilidad social hacia la parte de arriba de la escalera. La adquisición de riqueza, poder y propiedad invitaba a los blancos a reprimirlos. El éxito de los negros generaba peligro social".[13]

La primera sorpresa que los habitantes de Springfield se llevaron cuando empezaron en septiembre las investigaciones judiciales sobre los disturbios, fue que Mabel Hallam, que había acusado a George Richardson de violación, se retractó de la acusación, para confesar que tenía un amante blanco, que este la había contagiado con una enfermedad venérea y que no sabía cómo decírselo a su marido, que por eso se le ocurrió acusar a un negro de violación. Muy poco tiempo después de las declaraciones de la señora Hallam, Richardson fue puesto en libertad. El suceso no provocó ni un solo comentario de la prensa blanca, que pocos días atrás había publicado a ocho columnas, levantando la indignación general, la información sobre la violación de una respetable mujer blanca por un negro monstruoso y lascivo.

El fiscal encargado del caso presentó acusaciones a 80 personas por 107 cargos delictivos. Entre los acusados se encontraban también policías de Springfield que no solo habían fallado en proteger a la ciudad, pues no levantaron contra la multitud, ya no se diga una pistola, o un rifle, sino ni un solo grito; al contrario, muchos de ellos fueron vistos ayudando a los alborotadores en varias ocasiones. El jurado del juicio de Joe James, "violador" de la señorita Ballard y presunto asesino de su padre, lo sentenció a la horca sin evidencia concluyente, y según se supo después del juicio, ilegalmente, pues se trataba de un menor de edad (17 años) que no podía ser sentenciado a muerte bajo las leyes del estado de Illinois. La ejecución de Joe James, quien siempre se declaró inocente de las acusaciones en su contra, se llevó a cabo el 23 de octubre. Terminado el juicio a James, el fiscal Frank Hatch se apresuró al enjuiciamiento del resto de los responsables por los disturbios.

____

[13] *Ibid.*, p. 151.

Para septiembre, el fiscal no conseguía obtener testimonios de los blancos de la ciudad contra los alborotadores. Todos tenían miedo de declarar e incriminar a sus conciudadanos, todos sabían perfectamente bien quiénes habían sido los principales instigadores, pero nadie los acusaba. Las amenazas comenzaron a circular en forma de escritos anónimos, lo que hizo aún más difícil para el fiscal conseguir testigos que declararan acerca de lo que más de 5 000 personas habían presenciado durante tres días.

Abraham Raymer fue el asesino de William Donnegan, al que antes de colgar de un árbol le había cortado la garganta frente a miles de personas. Todo Springfield lo vio tirar piedras sobre el restaurante de Loper. Se le encontró en posesión de mercancía robada a los establecimientos comerciales atacados. Sin embargo, a pesar de las pruebas irrefutables y abundantes en su contra, la justicia blanca lo absolvió de todas las acusaciones. Muchos alborotadores se declararon culpables de cargos menores, con lo que lograron multas y evitaron ir a prisión.

Los disturbios de Springfield fueron difundidos ampliamente por todos los periódicos de Estados Unidos y conocidos por la mayoría de la opinión pública nacional. De lo sucedido, cada uno sacó sus conclusiones, una de las de mayor trascendencia fue la de English, quien comprendió que había que organizarse para poder evitar en el futuro injusticias como las cometidas en Springfield, en donde además de apaleados, a los negros se les hacía responsables por la golpiza que otros les habían propinado. Walling "convocó a revivir el espíritu de los abolicionistas para combatir la violencia contra los negros. Su reto encontró una rápida respuesta. A principios de 1909 se publicó un llamado a la realización de una conferencia sobre problemas raciales, organizada por Oswald Garrison Villard, firmado por varias docenas de educadores, escritores y reformadores. Después de dos conferencias, la Asociación Nacional para el Mejoramiento de la Gente de Color (NAACP) fue creada".[14] La

---

[14] *Ibid.*, p. 193.

organización tuvo como uno de sus principales objetivos exponer y hacer público el estado que guardaba la relación entre las razas dentro de la sociedad estadounidense. Durante sus primeros 40 años de vida, la NAACP le dio prioridad al combate de las agresiones contra los negros a través de modificaciones de leyes y por medio de la defensa legal de los acusados de color. Organizó conferencias y publicó todo tipo de material que ayudara a los blancos a darse cuenta del problema, y ha peleado desde entonces contra la indiferencia blanca ante la violencia y discriminación que sufren los negros en Estados Unidos. Con la formación de la NAACP, los afroamericanos en Estados Unidos construyeron una institución social, no dependiente del gobierno, que les permitió ensanchar el ámbito de la libertad de que disfrutan en la sociedad.

La NAACP fue creada el día del cumpleaños número 100 de Abraham Lincoln. Ese mismo día, en Springfield, se celebró el aniversario del centenario del nacimiento de Lincoln con una gran gala en el Arsenal de la ciudad decorado para la ocasión. Estuvieron presentes en el evento varios embajadores, miembros destacados del gobierno federal, el gobernador con todo su gabinete, legisladores federales y estatales, así como presidentes y ejecutivos de grandes corporaciones. En la celebración del centenario del nacimiento de Lincoln, organizado por la ciudad que lo vio crecer, no hubo ni un solo invitado de color negro.

10

Disturbios raciales, el caso de Tulsa: *Black Wall Street* (1917-1923)

El verano rojo

Entre 1917 y 1923 se presentó en diferentes ciudades de Estados Unidos un conjunto de disturbios raciales en los que se enfrentaron violentamente ciudadanos blancos con ciudadanos negros. Las explicaciones para dar cuenta de tal fenómeno se centraron en la influencia que tuvo la Primera Guerra Mundial sobre combatientes norteamericanos negros, que al regresar a su país portaban nuevas ideas sobre la igualdad racial y sobre la influencia que en el público general tuvo la revolución bolchevique de octubre en Rusia, según la cual la revolución socialista en Estados Unidos era algo inminente. "El presidente Woodrow Wilson dijo en un discurso durante una convención privada que el negro americano que regresa del extranjero es el mayor medio por el cual el bolchevismo es transportado hacia América".[1] Algunos autores añaden a la explicación presidencial la crisis económica y la consecuente competencia que esta trajo sobre los puestos de trabajo y la obtención de vivienda como dos condiciones más que elevaron la tensión racial en algunos estados de Estados Unidos.

---

[1] World Changing History, *Tulsa Race Massacre of 1921*, Melvin King, 2025, p. 46.

181

A los disturbios sucedidos durante esos años se les denominó "Red Summer of 1919" (Verano Rojo de 1919), y fueron, por su extensión y número, los peores disturbios raciales que el país hubiera conocido después de la Guerra Civil. Los blancos en general pensaban que los soldados negros que regresaban de la guerra contagiarían incluso hasta a algunos blancos con sus ideas comunistas. En abril de 1919 hubo disturbios raciales en la zona rural del estado de Georgia, en el condado Jenkins, donde seis personas murieron. En mayo los disturbios fueron en Charleston, Carolina del Sur, en donde hubo docenas de heridos y seis negros murieron. En julio los disturbios fueron en Longview, en el estado de Texas.

Disturbios similares se presentaron en Garfield Park, Indianápolis, en Indiana, y en Bisbee, Arizona, causando bajas en ambos bandos. El 19 de julio una turba, compuesta principalmente por militares blancos, algunos usando su uniforme, arrasó con ciudadanos negros y sus negocios en Washington, D. C. Solo 10 días después de los disturbios en Washington, D. C., surgieron nuevos enfrentamientos violentos en Chicago el 27 de julio y duraron una semana, hasta el 3 de agosto. El 28 y el 29 de septiembre una turba de unos 10 000 blancos atacó e incendió el edificio de la Corte en Omaha, Nebraska, para sacar de ahí a un negro que se encontraba detenido por la acusación de haber atacado a una mujer blanca. Se tuvo que mandar al ejército para restablecer el orden en la ciudad. El mayor disturbio de ese año sucedió en la zona rural de Elaine, en Arkansas, en donde se estima que más de 100 negros y cinco blancos perdieron la vida a manos del Ku Klux Klan. Todos estos disturbios raciales de 1919 son el antecedente inmediato de la masacre sucedida en 1921 en Tulsa, Oklahoma.

Black Wall Street

Al comienzo del siglo xx la relativamente pequeña ciudad de Tulsa, situada al norte del estado de Oklahoma, abrió su primer pozo petrolero y comenzó gradualmente a crecer. A solo 23 kilómetros del centro de la ciudad, en 1905 se descubrió un gran yacimiento petrolero (Glenn Pool Oil Reserve), y el número de pozos de extracción de petróleo comenzó a crecer exponencialmente. Esto hizo que muchos inversionistas, trabajadores y prestadores de servicios se mudaran a Tulsa, y su población creció hasta en 150 000 habitantes en las primeras dos décadas del siglo. Siendo la extracción de petróleo la actividad productiva principal, la ciudad desarrolló todo un conjunto de actividades económicas a su alrededor que la llevaron a tener un crecimiento y desarrollo muy importante para el estado de Oklahoma. Muy pronto Tulsa comenzó a ser conocida como la capital norteamericana del petróleo y obtuvo ganancias muy importantes incluso durante la Gran Depresión, que fue una época de gran prosperidad para la ciudad.

Aunque un buen número de negros había arribado al estado de Oklahoma, muchos como esclavos, cuando se puso en marcha la Ley de Remoción de Indios (Indian Removal Act) de 1830, la mayor migración se presentó entre 1889 y 1891, ante la posibilidad de conseguir tierra de cultivo. El flujo de negros continuó ya entrado el siglo xx. Oklahoma fue admitido como estado de la Unión el 16 de noviembre de 1907, cuando ya había en su territorio un importante número de afroamericanos. Con el aumento demográfico de negros, muchos de ellos comenzaron a sentir que en este estado se les abría la posibilidad para el éxito económico y para prevenirse de la introducción de leyes que los discriminaran y los segregaran racialmente, como sucedía en otros estados. Esto no sucedió así, pues tan pronto como el estado tuvo su primera legislatura se aprobaron leyes que segregaban y marginaban a los negros. Se aprobaron leyes que les impedían votar, que los segregaban en el transporte y en muchas actividades sociales. Aun así el rápido crecimiento de la ciudad ofrecía oportunidades que los negros no estaban dispuestos a desaprovechar. A principios del siglo xx la zona al norte del ferrocarril Frisco, que cruzaba la ciudad de Tulsa, se convirtió en asiento de muchos afroamericanos, en donde comenzó a florecer una de las más prósperas comunidades negras de Estados Unidos, a la que se conoció como *Little Africa* (Pequeña África) por parte de los blancos de Tulsa. Ese distrito, donde habitaban unos 10 000 afroamericanos en 1921, fue denominado Greenwood por la ciudad, los negros lo conocerían como *Black Wall Street*.

Con el crecimiento económico en Tulsa, el afroamericano O. W. Gurley decidió en 1906 moverse hacia la ciudad y compró en Greenwood un terreno de 40 acres para desarrollar diferentes negocios. Comenzó vendiendo terrenos y rentando viviendas solo a gente negra, convirtiendo la zona en un refugio para negocios de afroamericanos. Construyó posteriormente una casa de huéspedes y una brecha a lo largo de la vía del ferrocarril que eventualmente sería conocida como Greenwood Avenue. El sueño que Gurley tenía era el de levantar una ciudad "por gente negra para gente negra" y comenzó también a prestar dinero con muy bajo interés para emprendedores que llegaran con ideas de negocio y para establecerse ahí. La habilidad financiera de Gurley y su visión para los negocios convirtió a Greenwood en un lugar económicamente muy atractivo para quien quería alejarse de las zonas más opresivas para los negros, principalmente en el sur de Estados Unidos. Irónicamente, la segregación racial en el sur y las leyes racistas aprobadas en el estado de Oklahoma funcionaron como un catalizador para el rápido crecimiento de Greenwood, estimulando la inversión de afroamericanos en el distrito y produciendo una prosperidad que no se veía en otros distritos negros del sur. En Little Africa "la ausencia de cualquier relación entre las razas era interpretada como buenas relaciones entre las razas".[2]

---

[2] R. Halliburton Jr., "The Tulsa race war of 1921", *Journal of Black Studies*, marzo de 1972, p. 334.

Los créditos que otorgaba Gurley eran algo que ningún negro podía esperar obtener de un banco propiedad de blancos. En su aislamiento económico los habitantes de Greenwood podían confiar en ellos mismos y así sus negocios prosperaban con un mercado de poca competencia. "La comunidad de Greenwood estaba entre los más ricos vecindarios afroamericanos en el estado. Los residentes de Greenwood habían desarrollado exitosamente su propia infraestructura de negocios, y para el principio de los años 1920 el vecindario estaba rápidamente expandiéndose y floreciendo económicamente".[3] Con el tiempo, Gurley entró en contacto con otro empresario negro, J. B. Stradford, que contaba con un título de abogado y que, como él, también había sido hijo de esclavos. Stradford construyó un hotel de 54 habitaciones que llegó a ser el más grande de Estados Unidos propiedad de un negro. El hotel organizaba conciertos de famosas bandas de jazz y de todo tipo de música para los habitantes de Greenwood, contaba con salones para fiestas, restaurante y casino. Una estimación hecha por Forbes en la época consideraba que el valor del hotel era de unos 75 000 dólares, el equivalente de un millón de dólares actualmente.

Gurley por su lado contaba con una tienda a la que surtía con lo que producía en una granja de 80 acres cercana a la ciudad y era propietario de unos 100 negocios diferentes que operaban en Greenwood. Forbes estimaba que su riqueza ascendía a 150 000 dólares de la época, unos tres millones a dólares actuales.

Durante un tiempo fue el comisario de policía para el distrito, tenía una importante posición social y era respetado por todos en Tulsa. Entre los empresarios negros que se establecieron en el distrito también se encontraba A. J. Smitherman, un editor negro que fundó el periódico *Tulsa*

---

[3] Chris M. Messer, Thomas E. Shriver y Alison E. Adams, "The Destruction of Black Wall Street: Tulsa's 1921 Riot and the Eradication of Accumulated Wealth", *American Journal of Economics and Sociology*, vol. 77, núms. 3-4 (mayo-septiembre de 2018).

Star, que tuvo un impacto importante para formar la conciencia social de la comunidad negra. Greenwood tenía de todo, restaurantes, tiendas de lujo, cines, teatros, peluquerías y salones de belleza, salones para festejos, doctores, dentistas, oficina de correos, clubes nocturnos y bares, albercas públicas, salones de billar y tiendas de ropa. Tenía incluso un banco y una escuela. Cada penny que ganaban los negros que trabajaban en el distrito era gastado ahí, beneficiando a toda la comunidad e incrementando su riqueza. Una de las formas que asumió la lucha contra el racismo y la segregación fue económica. Comenzaban entonces por decir y decirse a sí mismos: "No compres en donde no te contratan para trabajar". Por esto se decía que "en Tulsa la segregación racial era la más completa de entre la mayoría de las ciudades americanas".[4]

Por toda esta prosperidad visible es que al distrito de Greenwood en Tulsa se le conocía como *Black Wall Street*.

Muchos residentes blancos de la ciudad resentían el estilo de vida opulento de la comunidad afroamericana de Greenwood; la gente los consideraba inherentemente inferiores e indignos de la vida lujosa que llevaban. Esto era particularmente más claro entre los residentes blancos que eran pobres y resentían el hecho de que muchos negros tenían casas grandes, ropa lujosa y muy buenos restaurantes a dónde salir a comer. Simplemente pensaban que los afroamericanos no merecían ese opulento estilo de vida.[5]

Durante todos los años que el distrito de Greenwood crecía y se desarrollaba, entre los blancos de Tulsa creció una idea expresada por mucho tiempo en muchos lugares de Estados Unidos: los negros son inferiores a nosotros y por eso no merecen esa prosperidad. "La comunidad de

---

[4]R. Halliburton Jr., *op. cit.*, p. 334.
[5]World Changing History, *op. cit.*, p. 11.

Greenwood era percibida como una amenaza para la hegemonía blanca. El resultado de los disturbios sirvió muy efectivamente para impedir una posterior prosperidad de los afroamericanos".[6]

En *The Birth of a Nation* (El nacimiento de una nación), que fue la primera película en exhibirse en la Casa Blanca, se narra la formación del primer Ku Klux Klan como la reacción justiciera de los blancos que protestan contra la liberación de los esclavos negros. La película muestra los dos grandes miedos que oscurecen la vida de los blancos del sur durante ese periodo. El primero es que los negros y sus aliados políticos del norte invertirán ahora la dominación, convirtiendo en esclavos a los esclavistas; y el segundo, que los negros se van a robar a las mujeres blancas, a sus hijas. La cinta todavía pertenece al cine mudo y conserva un tono de burla sin humor. Se critica la liberación de los negros de la esclavitud y los muestra como unos bárbaros que amenazan a la sociedad, de la que los blancos encapuchados resultan ser los salvadores. Muchos de los actores de la película no son realmente negros, están pintados de negro, en una ofensa que resulta grotesca y revela la profundidad del problema muchos años después de que había terminado la Guerra Civil.

La cinta se produce en 1915. La película sirvió muchos años como instrumento de propaganda y para el reclutamiento del Ku Kux Klan, y fue en muchas partes de Estados Unidos la primera película que mucha de la gente habría visto. El efecto indoctrinante de las imágenes estaba prácticamente virgen en aquel entonces. El sometimiento y la dominación de la minoría negra adquiere con el disfraz de los miembros del Klan el vehículo de su nueva hegemonía: el terror. Si ya no va a ser la ley la fuente de la legítima dominación blanca, lo será de ahora en adelante la violencia terrorista. La gente marchaba por las calles celebrando la llegada del filme a su ciudad, se vestía con sábanas blancas y disparaba armas de fuego al aire frente a los locales en donde esta se exhibía. Otros más extremos

---

[6] Chris M. Messer *et al.*, *op. cit.*

quemaban cruces y en algunas iglesias se anunciaba la presentación de la cinta. La película fue uno de los primeros entretenimientos masivos, las imágenes por primera vez en la historia exhibían y normalizaban el racismo de la gente que la película proponía. No puede separarse la presentación de la cinta en Estados Unidos del surgimiento de lo que se conoció como el Verano Rojo de 1919. En no pocos casos los disturbios comenzaron por los rumores y dichos de que una o varias mujeres blancas habían sido violadas o atacadas por hombres negros, precisamente el tema que se desarrolla en la película. La masacre de 1921 en el distrito de Greenwood en Tulsa no fue la excepción.

El incidente

Sarah Page era una chica blanca de 17 años. Era la operadora del elevador ubicado en el edificio Drexel en el centro de la ciudad de Tulsa. Dick Rowland era un muchacho negro de 19 años que lustraba calzado en un establecimiento a una cuadra del edificio Drexel y al que le iba bien con su trabajo. El sitio de lustrado de calzado ubicado en Main Street, donde Rowland trabajaba, no contaba con baño para negros, de tal suerte que tanto él como sus compañeros de trabajo tenían que ir al baño segregado que se encontraba en el último piso del edificio Drexel, en donde se permitía el acceso a los afroamericanos y al que debían acceder por el elevador. El 30 de mayo Rowland caminó la cuadra que separaba su trabajo del edificio Drexel para usar el inodoro y tomó el elevador operado ese día por Sarah Page. Al entrar al elevador tropezó y se detuvo de caer sujetándose del brazo de Page. Esta reaccionó con un grito que fue escuchado por un oficinista de la tienda de ropa Renberg's, que se encontraba en el primer piso del edificio y que acudió rápidamente en auxilio de lo que interpretó como un ataque de Rowland a Page, pues había visto al chico negro dirigirse hacia el elevador. Rowland sabía lo que implicaba para un negro ser acusado de asaltar a una mujer blanca, de tal forma que huyó inmediatamente del lugar. El oficinista llamó a la policía y denunció lo que él creía que era una agresión.

Al día siguiente por la mañana, 31 de mayo, Rowland fue arrestado por dos oficiales de policía. Ese día el periódico *Tulsa Tribune* publicaba: "… él entró en el elevador, dijo ella, y la atacó tocándola en las manos, en la cara y arrancándole la ropa. Sus gritos atrajeron a un oficinista de la tienda Renberg's que fue en su auxilio, y el negro huyó".[7] Los rumores se esparcieron como el fuego por la ciudad, lo que se decía en la calle era que Rowland había violado a Page en el elevador. El periódico también mencionaba que el linchamiento del negro era inminente, propiciando con esto la rabia y el coraje tanto en los blancos como en los negros.

El sheriff de Tulsa, William M. McCullough, preocupado por la posibilidad de un linchamiento del chico por parte de una multitud blanca, que con el alegato de que un negro violó a una mujer blanca era casi siempre el caso, lo movió al último piso del juzgado, que era un lugar más seguro para protegerlo, y colocó a seis de sus policías en la puerta. Con la amenaza de un linchamiento en el horizonte, la comunidad afroamericana de Greenwood no se quedó callada. Veinticinco negros bien armados, la mayoría soldados veteranos de la Primera Guerra Mundial, acudieron al juzgado para ayudar al sheriff a proteger al detenido. Sin embargo, esto solo empeoró las cosas, ya que rápidamente se reunieron frente al edificio del juzgado unos 1 500 blancos pidiendo que se les entregara al detenido para lincharlo. Algunos testigos coinciden en señalar que los blancos trataron de desarmar a los negros que protegían el juzgado, se hicieron disparos y se desató un caos. Los negros se retiraron hacia Greenwood seguidos por la multitud acompañada por la policía. Entre la tarde de ese 31 de mayo y la mañana del 1 de junio una multitud de blancos, que ya se contaban por miles, azuzados por la información

---

[7]World Changing History, *op. cit.*, p. 18.

publicada por el *Tulsa Tribune*, ocuparon la ciudad atacando a cualquier negro que estuviera a la vista y llegaron hasta Greenwood para comenzar a causar estragos.

Ya dentro del distrito de Greenwood la multitud blanca comenzó a saquearlo todo, incendiaron casas, escuelas, iglesias, establecimientos de negocios, el hospital y hasta una biblioteca. Los blancos armados eran muchos más que los negros que comenzaron a defender sus casas y sus negocios a tiros. Además, los atacantes llevaban ametralladoras, que en aquel tiempo no eran tan comunes, y le dispararon a todo aquel que pretendía defender su propiedad. Algunos negros sobrevivientes de la masacre señalaron que hubo varios atacantes que llegaron a Tulsa en aeroplanos privados y que desde el aire se ametrallaba a los negros y se lanzaban bombas incendiarias sobre los edificios.

Yo pude ver aviones dando vueltas por el cielo. Creciendo en número, ronroneando y lanzándose en picada muy bajo. Pude escuchar como si fuera granizo cayendo sobre el techo de mi edificio. Sobre la calle Archer yo vi el viejo hotel Mid-Way iniciar el fuego desde el techo y luego otro y otro y otro que comenzaron a arder desde el techo. [...] Por 48 horas completas, el fuego rugió furioso y quemó todo en su camino, no dejó nada más que cenizas.[8]

Hacia las 11 de la noche del 31 la policía comenzó a detener negros y a llevarlos a la estación de Policía. Mientras el saqueo de la multitud blanca continuaba sobre Greenwood, eran los negros los que iban detenidos. Hacia la media noche ya habían sido encarcelados 250 afroamericanos. La parte más furiosa y sanguinaria de los ataques ocurrió de la media noche al amanecer del 1 de junio. Fue cuando la belicosidad de las multitudes de blancos se dedicó sistemáticamente a saquear las casas,

---

[8] *Ibid.*, p. 27.

de donde se apropiaron de innumerables bienes, no pocas cajas fuertes con sus valores y a quemarlo todo. "Una de las aberraciones más flagrantes fue atar una cuerda alrededor del cuello de un cadáver negro, asegurarlo al parachoques trasero de un automóvil y arrastrar el cuerpo por el distrito comercial".[9] El mismo 1 de junio, se solicitó la intervención del gobernador Robertson, quien ordenó al general Barret sofocar los disturbios y "restablecer la paz a cualquier costo". El general declaró más tarde: "En toda mi experiencia, nunca había presenciado escenas como las que prevalecieron en esta ciudad cuando llegué en el punto álgido de los disturbios. Veinticinco mil blancos, armados hasta los dientes, recorrían la ciudad en un desafío total y despiadado a todo concepto de ley y justicia. Automóviles repletos de armas arrasaban la ciudad, con sus ocupantes disparando a discreción".[10]

Para cuando terminó el asalto sobre Greenwood todo había sido arrasado, se estima que entre 1 200 y 1 500 viviendas y todos los edificios habían quedado destruidos. Dentro de 35 manzanas completas no quedó nada más que escombros. Miles de personas quedaron sin hogar y tuvieron que huir de la ciudad. Las autoridades locales no hicieron nada para evitar la masacre, incluso habilitaron a los blancos con armas. Varios testigos afirmaron haber visto a oficiales de policía decirles a los blancos: "Agarra un arma y mata a un negro". La Guardia Nacional, que había arribado a Tulsa el 1 de junio por la tarde, no hizo nada para detener a la turba y se dedicó a custodiar las casas del sector blanco de la ciudad para que no sufrieran daños por parte de una turba de negros que nunca existió. De la media docena de estaciones contra incendios que había en Tulsa no salió ni un solo bombero para apagar los incendios que estuvieron ardiendo durante 48 horas. El jefe de bomberos de la ciudad dio la orden expresa de no responder a ninguna de las llamadas solicitando

---

[9] R. Halliburton Jr., *op. cit.*, p. 346.
[10] *Ibid.*, p. 347.

el auxilio de los bomberos. Algunos carros de bomberos que intentaron llegar hasta Greenwood fueron recibidos a tiros por la multitud blanca, impidiéndoles apagar el fuego. Sin embargo, la Guardia Nacional, por la mañana del 2 de junio, comenzó a arrestar a todos los residentes negros de Greenwood que pudo encontrar. "Greenwood tenía una población de alrededor de 10 000 afroamericanos en aquel momento, la mayoría de los cuales quedó sin casa al terminar la masacre. Más de 6 000 de ellos fueron ingresados en campos de detención por la Guardia Nacional y el gobierno local".[11]

Las bajas estimadas entre la población negra de Greenwood fueron alrededor de 3 000, entre muertos, heridos y desaparecidos. La cifra exacta es difícil de precisar hasta hoy en día debido al encubrimiento que ha habido por parte de las autoridades. Oficialmente se reconocieron 26 muertos. Se estima que la turba que incendió el distrito y atacó a los ciudadanos negros dispuso de los cadáveres en tumbas clandestinas. "En 2019, arqueólogos que trabajaban en Tulsa descubrieron un sitio en el que se cree que fueron sepultados los cadáveres de muchos de los asesinados en la masacre de Greenwood".[12] Posteriormente se usó un radar para determinar el sitio exacto en donde se podría encontrar esa fosa clandestina. "Clyde Snow [destacado antropólogo forense] dirigió a un grupo de arqueólogos del estado en la búsqueda de la tumba, y usando una técnica innovadora de radar, la encontraron. Desafortunadamente, la política se entrometió en el descubrimiento y nunca fue excavada".[13] La alcaldesa de la ciudad en ese momento, Susan Savage, declaró que no se podían realizar las excavaciones correspondientes para no "perturbar las tumbas de otras familias sepultadas ahí".[14]

---

[11] World Changing History, *op. cit.*, p. 24.
[12] *Ibid.*, p. 25.
[13] *Ibid.*, p. 29.
[14] *Idem.*

El estado de Oklahoma formó una comisión en 1997 para investigar el caso. Setenta y cinco años después de los acontecimientos la comisión entrevistó a los sobrevivientes, recopiló todos los documentos disponibles sobre el evento y acumuló toda la evidencia histórica que se pudo obtener. Al terminar sus investigaciones, la comisión recomendó al estado de Oklahoma pagar 33 millones de dólares como restitución por los daños causados durante la masacre y que una porción de ese dinero fuera directamente adjudicada a los sobrevivientes afroamericanos atacados durante los disturbios. La recomendación quedó en eso, el estado de Oklahoma no hizo nada al respecto. "Las pérdidas sufridas por el distrito de Greenwood contabilizaban millones de dólares de 1921. La comunidad local negra no vio ni un quinto…".[15] En 2002 un grupo de ministros de diferentes iglesias realizaron una colecta y a través de donaciones privadas juntaron 28 000 dólares. Cada uno de los sobrevivientes de la masacre recibió 200 dólares. Durante muchos años, desde 1921, estuvo a debate si lo acontecido en Greenwood había sido un disturbio o una masacre. Esto no era un asunto retórico, las compañías de seguros no pagarían nada si se trataba de un disturbio racial, en cambio tendrían que pagar los daños si se trataba de una masacre. El acontecimiento fue designado como: "Disturbios Raciales de Tulsa", de esta forma la comunidad afroamericana de residentes de Greenwood no recibió ninguna indemnización por parte de las compañías de seguros, con las que mantenían las pólizas de sus inmuebles.

El encubrimiento

"Quizá la cosa más escandalosa que sucedió después de la masacre fueron los esfuerzos, estratagemas y maquinaciones que se realizaron para

---

[15] *Ibid.*, p. 26.

encubrirla".[16] Inmediatamente después de la masacre se abrió una investigación oficial que se cerró rápidamente y cuyos documentos nunca han podido ser encontrados. Un Gran Jurado escuchó testimonios sobre los hechos por 12 días; solo comparecieron testigos blancos. Eventualmente el jurado concluyó que los disturbios habían sido iniciados por una multitud negra y no se realizó ninguna indagatoria posterior.

Los acontecimientos sucedidos entre el 31 de mayo y el 1 de junio de 1921 se convirtieron en tabú, la gente simplemente no hablaba de ellos. Las autoridades pretendieron tomar la actitud de que aquello nunca sucedió y la vida siguió como si nada. Y no fueron solo las autoridades locales las que se coludieron para enterrar la evidencia de lo ocurrido, el periódico *Tulsa Tribune*, que había publicado artículos con información falsa, no solo no rectificó, sino que desapareció los artículos relativos a la masacre que no fueron llevados al archivo en microfilme. Se extirpó la memoria de la masacre de los libros de historia y de los documentos escolares, lo que llevó a muchos a ignorar su existencia.

Nancy Feldman, una abogada de Illinois, trató de enseñar a sus alumnos en la Universidad de Tulsa en 1940 sobre la masacre; no le creyeron. Muchos jóvenes negros nacidos y criados en Tulsa durante los años treinta mencionaron no haber oído nada sobre la masacre hasta después de que habían cumplido 20 años. Ed Wheeler, un investigador de principios de los años setenta que trataba de documentar la historia de la masacre en Greenwood, encontró un mensaje en el parabrisas de su coche: "Deberías de mirar debajo del cofre de tu coche de ahora en adelante", haciendo alusión a la amenaza de una bomba en su vehículo.

Por décadas no hubo monumentos conmemorativos ni ceremonias públicas en relación con la masacre, no hubo el más mínimo intento de homenaje a las víctimas de aquellos trágicos acontecimientos. El primer reconocimiento público vino en 1996, a los 75 años de la masacre. Se

---

[16] *Ibid.*, p. 37.

realizó un servicio religioso en la Iglesia Bautista Monte Zion, que había sido reducida a escombros en 1921, y se erigió un monumento frente al Centro Cultural de Greenwood. En 2005 la Suprema Corte de Justicia de Estados Unidos desechó un recurso contra la ciudad de Tulsa, su Departamento de Policía y el estado de Oklahoma presentado por los sobrevivientes que exigían una compensación por la masacre de Greenwood. El encubrimiento no solo significó desaparecer la evidencia de lo ocurrido, sino que también se intentó culpar a los negros de la destrucción, negándoles cualquier indemnización posible.

El distrito de Greenwood existe en Tulsa hoy en día, pero nunca regresó su antigua gloria y esplendor. Lo que alguna vez se conoció como *Black Wall Street* se ha reconstruido con mucho esfuerzo y trabajo comunitario, pero resulta muy diferente de aquel floreciente y pujante vecindario afroamericano destruido durante la masacre de 1921. Después de lo sucedido, el Ku Klux Klan utilizó la tragedia como un faro para hacer crecer la causa de la supremacía blanca en Oklahoma, y le funcionó muy bien. Solo unos pocos meses después de la masacre de Tulsa, el brazo estatal del KKK en Oklahoma creció hasta convertirse en uno de los más grandes de Estados Unidos.

¿Quién es responsable?

No hubo ningún blanco detenido por los acontecimientos, nadie fue imputado con la responsabilidad por el incendio premeditado de 35 manzanas del distrito de Greenwood, nadie resultó responsable por las decenas de asesinatos. Ninguna autoridad fue imputada por su colaboración en los disturbios, la policía repartió armas, los bomberos no acudieron a sofocar las llamas de los incendios, desde aeroplanos se incendiaron los edificios del distrito, todos los blancos de la ciudad voltearon a ver a otro lado encubriendo lo sucedido. ¿Cómo fue esto posible? La publicación más erudita de Oklahoma, que se publicaba en la capital del estado, la ciudad de Oklahoma, el *Harlow's Weekly*, publicó un editorial en 1921 que da una pista sobre la respuesta, en él se afirmaba: "En Oklahoma, entre miles de personas, no se considera delito que una turba mate a un negro. En los últimos años se han producido numerosos linchamientos en Oklahoma. Aún no se ha registrado ningún caso en el que un individuo haya pagado una pena legal por participar en un asesinato como parte de una turba".[17] Había antecedentes, no solo en Oklahoma, sino por todo el sur de Estados Unidos, de que matar a un negro no constituía un delito, cuando más se reconocía como una falta administrativa. En Holdenville, Oklahoma, un hombre negro, acusado de atacar a una mujer blanca, fue linchado el 5 de diciembre de 1920, cuando "una turba de 50 personas blancas se llevó a la víctima del juzgado del condado de Hughes, la ahorcó de un poste de teléfono y acribilló el cuerpo a tiros",[18] esto solo seis meses antes de la masacre en Tulsa.

Días después de lo ocurrido el jefe de policía de Tulsa, John A. Gustafson; el sheriff, William M. McCullough; el alcalde, T. D. Evans, y otros ciudadanos respetables declararon que "Sarah Page no había sido abusada sexualmente ni se había intentado agredirla. Posteriormente, Victor F. Barnett, editor jefe del *Tulsa Tribune*, admitió que la declaración sobre los arañazos faciales y la ropa rasgada de la señora Page era falsa".[19] Menos de una hora después de que el artículo del *Tribune* saliera a la luz pública, se comenzó a hablar de linchamiento en la ciudad "para vengar la pureza de una mujer blanca". En su declaración ante la policía, Rowland mantuvo su reclamo de inocencia, aclarando que se había tropezado accidentalmente al entrar al elevador y que en ningún momento había atacado a la señorita Page, quien además nunca presentó cargos contra él.

---

[17] R. Halliburton Jr., *op. cit.*, p. 333.

[18] *Ibid.*, p. 334.

[19] *Ibid.*, p. 336.

Dick Rowland fue puesto discretamente en libertad y no volvió jamás a aparecer por la ciudad de Tulsa. De igual forma no se supo más de la señorita Page.

Ante el clima de linchamientos de negros que existía en aquella época y lugar, ¿consideraría un hombre negro agredir a una mujer blanca, en pleno día, dentro de un ascensor público y abierto en el tercer piso de un concurrido edificio comercial en la calle principal de una ciudad de 100 000 habitantes? Los paladines que hablan de linchamiento evidentemente nunca consideraron la pregunta. Un editor negro preguntó una vez: "¿Por qué linchan a los negros, después de todo? Con un juez blanco, un jurado blanco, una opinión pública blanca, agentes de la ley blancos, es tan imposible para un negro acusado de un delito, o incluso sospechoso de un delito, escapar de la venganza o la justicia del hombre blanco, como lo sería para un cervatillo escapar si se mete accidentalmente en una guarida de leones hambrientos. Entonces, ¿por qué no darle una apariencia de juicio?".[20] Porque para el racismo de aquel entonces los negros no valían ni el juicio que se les pudiera hacer, salía más barato "matarlos ahí mismo".

La comunidad negra de Greenwood siempre creyó que el ataque fue orquestado y planeado por los dirigentes blancos de la ciudad, que aprovecharon un incidente entre una mujer blanca y un hombre negro. Hay varios sucesos que no se entienden bien de otra manera. Primero, la publicación por el *Tulsa Tribune* de una información incendiaria y que después reconocieron como falsa. Segundo, la detención de Rowland sucede hasta el día siguiente del incidente en el elevador, cuando por la acusación de atacar a una mujer blanca se actuaba siempre de forma inmediata. Tercero, la señorita Page declaró que no había sido atacada por Rowland y este declaró su inocencia y fue puesto en libertad. Cuarto, llegaron varios aeroplanos desde los cuales se tiraron bombas

---

[20] *Ibid.*, p. 337.

incendiarias sobre los edificios de Greenwood, que comenzaron a arder de arriba hacia abajo. Quinto, la policía entregó armas a la multitud blanca y a algunos los comisionó como alguaciles. Sexto, las estaciones de bomberos recibieron la instrucción de no acudir a sofocar el fuego y dejaron que Greenwood fuera consumido hasta sus cenizas. Séptimo, la Guardia Nacional estuvo durante el momento pico de los disturbios patrullando vecindarios blancos de la ciudad que no sufrían ninguna amenaza y no intentó siquiera detener a los blancos que saqueaban, asesinaban e incendiaban el distrito de Greenwood.

Algunas explicaciones que en aquel momento se hicieron para justificar lo sucedido resultan sumamente irresponsables y exculpatorias de la actitud de los blancos. "El obispo E. D. Mouzon, predicando en la famosa Iglesia Metodista de la Avenida Boston, insinuó que W. E. B. Du Bois, quien había hablado en Tulsa en marzo, podría haber tenido una influencia siniestra en las actitudes. El obispo calificó a Du Bois como el negro más cruel de Estados Unidos".[21] La Alianza Ministerial de Tulsa, que agrupaba a varias iglesias de distintas denominaciones cristianas, "estipuló que la indiferencia generalizada hacia todos los códigos morales y penales, la prohibición de la Biblia en las escuelas públicas y las películas inmorales y sin censura eran las culpables", además culpó a "un grupo de agitadores blancos, rojos y bolcheviques que no respetaban la ley".[22] La policía de Tulsa afirmó que la Industrial Workers of the World (IWW), una central sindical anarcosindicalista, había estado promoviendo la animosidad entre negros y blancos durante meses.

En la ciudad de Oklahoma, el *Oklahoma City Times* advirtió a los negros que "solo hay una raza dominante en Estados Unidos",[23] y esta era obviamente la raza blanca. En el mismo sentido editorializó el *Daily*

---

[21] *Ibid.*, p. 349.
[22] *Ibid.*, p. 350.
[23] *Ibid.*, p. 351.

Oklahoman: "Es cierto que, en rigor, este es un país de blancos. Pero la ley garantiza protección para todos y todos deberían tenerla". La mayoría de los periódicos que se publicaban en aquel entonces en Oklahoma simpatizaron con la generalización que hizo el editor de Tulsa, Richard Lloyd Jones, "que culpaba a los 'malos negros', 'bestias' que bebían el 'whiskey más barato y vil', y que eran 'drogadictos' y 'matones y brutos'".[24] El presidente Grover Cleveland, quien fuera presidente norteamericano por dos periodos, el primero a finales del siglo XIX y el segundo a principios del XX, dijo: "Hay un problema en la vida estadounidense para el cual no preveo solución. Es el problema racial, la cuestión negra". La prosperidad de los negros simplemente no puede ser aceptada por los blancos, no solo se trata de envidia, es algo más dañino y más oscuro. Cuando un negro sobresale o prospera económicamente, la explicación que la supremacía blanca tiene sobre el mundo se colapsa. La prosperidad en Greenwood contradecía frontalmente la verdad que los blancos tenían sobre los negros.

El Monumento a Lincoln en Washington (Lincoln Memorial) fue inaugurado el 31 de mayo de 1922, solo un año después de la destrucción de *Black Wall Street*. En la ceremonia estaban presentes "los veteranos de la Unión, vestidos con sus uniformes azules, y junto a ellos estaban los uniformes grises de los veteranos del Ejército Confederado". El presidente Warren Harding mencionó en su discurso que Abraham Lincoln hubiera estado emocionado al saber que los "estados de la tierra del sur se reunían a honrarlo sinceramente". "El Congreso de Estados Unidos, con el completo apoyo de sus miembros sureños, construyó el Monumento a Lincoln para celebrar la reconciliación territorial, no racial".[25] Durante la inauguración del monumento,

---

[24] *Ibid.*, p. 351.

[25] Barry Schwartz, "Collective Memory and History: How Abraham Lincoln Became a Symbol of Racial Equality", *The Sociological Quarterly*, vol. 38, núm. 3 (verano de 1997), p. 469.

a la multitud de afroamericanos que se hicieron presentes "los ubicaron en una sección especial, lejos del presídium y del otro lado de la calle".[26]

---

[26] Richard Kluger, *Simple Justice, The History of Brown v. Board of Education and Black America's Struggle for Equality*, Random House, Nueva York, 2004, p. 116.

11

Asesinatos legales de negros, linchamientos: el "modo del sur" (1930–1932)

Para 1930, la Gran Depresión estaba haciendo estragos en la economía norteamericana. El principio de los años treinta fue un tiempo de escasez, el derroche y la relativa abundancia que caracterizó a los años veinte se transformaron durante los treinta en su opuesto: desabasto, desempleo y aumento de la pobreza. La gente se movía de ciudad en ciudad buscando empleo, se utilizaba el ferrocarril para viajar entre las ciudades del centro y el este del país, se viajaba sin pagar, montado en los vagones de carga. Se estima que, para 1931, en Estados Unidos "200 000 hombres, mujeres y niños tenían al ferrocarril como su casa".[1]

El 25 de marzo de 1931 un grupo de gente viajaba en los vagones vacíos de un tren de carga de la Southern Railroad Company que recorría la ruta entre Chattanooga y Memphis, en el estado de Tennessee, aunque durante una parte del trayecto el recorrido se hacía en la esquina norte del fronterizo estado de Alabama. Poco después de salir de la estación de Stevenson un grupo de muchachos blancos y negros se topó frente a frente en uno de los vagones de carga vacíos. Los blancos comenzaron una agresión contra los negros. En un principio estos no contestaron la

---

[1] Dan T. Carter, *Scottsboro a tragedy of the American South*, Louisiana State University Press, ed. rev. 2007, p. 3.

agresión, pero después de un rato de estar siendo fastidiados, los afroamericanos reaccionaron, y como eran más, tiraron a los blancos del tren. Los muchachos blancos, agraviados y golpeados, regresaron a pie hasta la estación de Stevenson a pedir ayuda. Los muchachos le explicaron al jefe de la estación que "un montón de negros" habían iniciado una pelea y los habían obligado a brincar del vagón con el tren en movimiento. Querían presentar cargos contra sus agresores.

El jefe de la estación se comunicó por teléfono con Scottsboro, Alabama, la siguiente estación en la línea, pero el tren acababa de pasar por ahí hacía apenas unos minutos. La siguiente parada sería Paint Rock, también en el estado de Alabama. El sheriff del condado de Jackson, M. L. Wann, le ordenó al sheriff de Paint Rock, Charlie Latham, que acudiera inmediatamente a la estación con los hombres armados que pudiera conseguir y bajara del tren a todos los negros que vinieran viajando en él. Poco antes de las dos de la tarde, la máquina del tren apareció al salir de una curva y se detuvo en la torre de agua de la estación. El sheriff subió inmediatamente con su pelotón a revisar todos los vagones del tren, eran 42 carros, entre góndolas, cisternas y carros para carga. Les tomó a los hombres de Latham poco tiempo la búsqueda por todos los carros. Encontraron, en total, nueve jóvenes negros, uno blanco y, para la sorpresa de todos, dos mujeres blancas vestidas como hombres.

Los nueve muchachos afroamericanos eran Charlie Weems, de 20 años, que era el mayor; Ozie Powell y Clarence Norris, de 18 y 19 años; Olen Montgomery y Willie Roberson, que tenía que utilizar un bastón para caminar. Los otros cuatro eran Haywood Patterson, que tenía 19 años, y al sheriff Latham no le había gustado lo hosco de sus respuestas; Eugene Williams, el más joven, "tenía solo 13 años y lo parecía", finalmente Andrew y Leroy Wright, quienes eran hermanos y procuraban mantenerse juntos; Andrew tenía 19 años y le dijo al sheriff que su hermano, quien estaba muerto de miedo y no podía hablar, tenía 13.

De entre todo el grupo solo estos últimos cuatro se conocían y viajaban juntos, los demás se habían conocido durante la pelea en el tren.

El muchacho blanco que venía también viajando fue puesto en libertad, se trataba de Oliver Gilley, un chico que había participado en la pelea, pero como el tren había tomado velocidad ya no fue obligado a saltar del vagón. Después de tomar sus generales, Latham amarró con una cuerda a los muchachos y los amontonó en la parte de atrás de un camión. Mientras el sheriff se hacía cargo de los negros, las dos muchachas blancas se habían puesto a platicar con algunos curiosos que rodeaban la estación para averiguar lo que sucedía. Cuando finalmente Latham estuvo disponible para las chicas, Ruby Bates y Victoria Price, estas le dijeron al sheriff que habían sido violadas por los recién detenidos. "Hubiera tomado solo un poco de liderazgo para que ahí mismo se linchara a los negros", comentó un testigo posteriormente. Pero los oficiales de policía lograron mantener la calma entre los presentes.

Bates, de 17 años, y Price, de 21, también estaban siendo llevadas a las vías del tren por necesidad. Habían trabajado como obreras textiles en Huntsville, Tennessee, pero para 1931 los salarios habían caído tanto que no les alcanzaba para vivir en la zona blanca de la ciudad, así que vivían en los barrios negros, en donde también habían tenido que intercambiar sexo por comida y ropa con hombres blancos y negros. Por un momento, al acusar de violación a unos muchachos negros, se podrían sentir blancas de nuevo. La respuesta de la población en su defensa les devolvió parte de su dignidad perdida en los arrabales negros de Huntsville. A sus 21 años Price ya había estado casada dos veces y había estado en la cárcel por adulterio y vagancia. Era una mujer endurecida por la vida a pesar de ser tan joven.

Los detenidos fueron llevados a Scottsboro, a donde correspondían judicialmente las acusaciones. Al llegar todos frente al sheriff Wann, este envió a los muchachos a la cárcel y a las chicas las hizo examinar por dos médicos locales, pero no le dio importancia a la confidencialidad de la acusación, y así, la noticia de que un grupo de negros viajando de *mosca* en el tren habían violado tumultuariamente a dos chicas blancas alcanzó los límites del estado en cuestión de horas. Cada persona que contaba la historia le añadía algún ingrediente más. Para el anochecer la gente del pueblo aseguraba con toda seriedad que esos "negros brutos" le habían mordido uno de los senos a Ruby Bates. Poco tiempo después comenzó a reunirse la gente de los alredededores de Scottsboro hasta formar una multitud de varios cientos que se congregó frente a la estación de policía en donde se encontraba también la cárcel. El sheriff logró que 12 ciudadanos armados reforzaran a sus nueve alguaciles y juntos se parapetaron frente a la cárcel para impedir que el gentío linchara a los jóvenes.

Conforme avanzaba la noche, la multitud disminuyó un poco en la cantidad de gente, pero a cambio se tornó más violenta. Amenazaban al sheriff con tomar la cárcel por la fuerza si este no entregaba a los negros para ser linchados. Algunos que hablaron frente a la manifestación argumentaban que solo querían ahorrarle al condado los gastos del juicio para nueve negros. Para las 8:30 de la noche el sheriff estaba convencido de que la muchedumbre intentaría sacar a los negros de la cárcel, así que organizó con sus alguaciles un intento para transportarlos a un lugar más seguro. Al tratar de encender los vehículos estacionados en la parte de atrás del edificio, se dieron cuenta de que los cables habían sido cortados y que no podrían ponerlos en marcha. Eso había sido suficiente para Wann, quien en ese momento llamó al gobernador Benjamin M. Miller para solicitarle refuerzos del más cercano destacamento de la Guardia Nacional, situado en el Arsenal de Guntersville. A las 11 de la noche llegó a Scottsboro el mayor Joseph Starnes con 25 hombres armados.

La multitud disminuyó y se calmó, en parte por las advertencias del sheriff de que dispararía sobre todo aquel que intentara entrar a la comisaría, y en parte debido a que ninguna de las dos muchachas era de la región, lo que restaba fuerza a la motivación para un linchamiento. Un reportero de Birmingham escribiría sobre el suceso: "No estaban siendo profanados los hogares de la gente del condado de Jackson. No había familiares de las niñas entre ellos para que hicieran crecer la demanda de venganza por la relación de sangre. La cuestión era un asunto de raza que se enfrió por no haber relaciones personales involucradas".[2]

En 48 años, entre 1882 y 1930, 1 200 negros fueron linchados por blancos en el sur profundo de Estados Unidos.[3] Estas cifras arrojan un promedio de poco más de un linchamiento cada 15 días en esa región del país durante ese periodo de tiempo. Aunque "Walter Chivers, el profesor de sociología de Martin Luther King en Morehouse College, estimaba que, en el sur, entre 1880 y 1922, se perpetraba un linchamiento cada dos días y medio".[4] Ese tipo de violencia contra los afroamericanos le dio forma al paisaje social de todo el sur estadounidense después del periodo de la Reconstrucción que siguió a la Guerra Civil. La sociedad del sur se oponía a cualquier intento de que sus linchamientos fueran castigados, esa era su propia forma de tratar a los negros, culpables o no. No es sino hasta 1946 que la Sección de los Derechos Civiles del Departamento de Justicia logra su primera convicción bajo leyes federales de un partici-pante en un linchamiento. Se trata de Tom Crews, que fue sentenciado a una multa de 1 000 dólares y un año en prisión por participar en el linchamiento y asesinato de un granjero negro en Georgia. El desprecio de los blancos por la ley, en cuanto tenía que ver con los negros, era "su forma de ser", era la "manera del sur".

La detención de los nueve jóvenes negros comenzó a conocerse por la prensa de todo el país y comenzaron a llegar a Scottsboro verdaderas hor-das de periodistas de todos los rincones de la Unión. El caso comenzaba a presentar un alto perfil por su contenido racial y sexual. Es en realidad

---

[2] *Ibid.*, p. 10.

[3] Katherine Stovel, "Local Sequential Patterns: The Structure of Lynching in the Deep South, 1882-1930", *Social Forces*, vol. 79, núm. 3 (marzo de 2001), p. 844. El llamado "sur profundo" lo forman los estados de Alabama, Georgia, Luisiana, Misisipi y Carolina del Sur.

[4] Steven Kasher, *The Civil Rights Movement*, Abbeville Press, Nueva York, 1996, p. 10.

en este momento, antes de que se inicie el juicio y de que los detenidos se encuentren a merced de la prensa, que comienza a labrarse la tragedia de Scottsboro. Oliver Gilley, el único hombre blanco que había quedado en el tren, creyó la versión de las muchachas y les siguió la corriente. Estando Gilley frente a la prensa y a los detenidos, insistió en que Roy Wright había abusado de una de las chicas. Roy comenzó a insistir en su inocencia, la de su hermano y la de sus dos acompañantes para librarse de la acusación. En un acalorado intercambio con Gilley, culpó a los otros cinco muchachos negros de haber realizado el ataque a las chicas. Todos quedaron de pronto en silencio y a los periodistas presentes les quedó la impresión de que algo había de verdad en la versión de la violación y así lo publicaron. El *Jackson County Sentinel* publicó en sus páginas del 26 de marzo de 1931: "Uno de los jóvenes negros había confesado todo el asunto, dijo que los otros lo habían hecho, no él. Al confrontarlo con los demás todos comenzaron a acusarse entre sí del crimen".[5]

El juez Alfred E. Hawkins anunció a los periodistas que intentaba supervisar que todos los procedimientos judiciales se cumplieran cabalmente para garantizar que los acusados tuvieran todas las garantías de la ley, entre ellas la de proporcionarles un abogado a los muchachos. El único abogado que aceptó la defensa de los chicos fue Milo C. Moody. A Moody le faltaban dos meses para cumplir 70 años, alguien que lo conocía lo describió como "individuo senil, chocho, muy poco fiable, que está perdiendo lo que fuera la habilidad que alguna vez tuvo". El abogado tenía alguna reputación de ser una persona que defendía ideas poco populares, pero la razón principal por la que había tomado el caso era que este "llevaba un pago", no importaba qué tan pequeño fuera, pues Moody estaba en la ruina.

A 120 kilómetros de distancia, en Chattanooga, un grupo de ciudadanos negros leía con creciente preocupación los cargos hechos en

---

[5] Dan T. Carter, *op. cit.*, p. 16.

Scottsboro contra los nueve chicos. El reverendo P. A. Stephens convocó a una reunión de la Alianza Interdenominacional de Ministros de Color, que agrupaba a varias iglesias episcopales, después de que se supo que la madre de dos de los chicos presos en Scottsboro, la señora Ada Wright, atendía a una de las iglesias de la Alianza. Para el anochecer los ministros reunidos habían sido capaces de juntar 50 dólares para el fondo de defensa de los muchachos. El doctor Stephens conocía a un abogado que posiblemente quisiera tomar el caso, se trataba de Stephen R. Roddy, un abogado de Chattanooga que había defendido negros con anterioridad y cuyo único problema era su relativa inhabilidad para mantenerse sobrio. Roddy aceptó el caso, cobraría 120 dólares como pago único. La mañana del 30 de marzo Roddy manejó hasta Scottsboro para las primeras audiencias del caso frente al Gran Jurado del condado de Jackson, les aseguró a los ministros que lo habían contratado que "su intención era ver que a esos negros se les diera un juicio justo".

Bajo las circunstancias que rodeaban el caso, un juicio justo ya no era posible. Los nueve muchachos negros ya habían sido juzgados, encontrados culpables y sentenciados a muerte por los medios de comunicación. Los periódicos de Huntsville, la ciudad en donde vivían las chicas, describían la violación como "el crimen más atroz que se recordara jamás en esta parte del país, perversión al mayoreo de la sociedad... tan horrible en sus detalles que todos los hechos no podrían ser impresos. Tenía sabor a jungla y a la más formidable corrupción africana", publicaba el *Huntsville Daily News*.[6] A los chicos la prensa comenzó a llamarlos "las nueve bestias" que cometieron un crimen "atroz e indecible". Ante el Gran Jurado los nueve chicos se declararon inocentes. Al día siguiente, el Gran Jurado presentó ante el juez Hawkins las acusaciones formales contra los muchachos y se fijó el lunes 6 de abril como la fecha para el juicio.

---

[6] *Ibid.*, p. 20.

Desde principios de siglo, los granjeros que vivían en las colinas alrededor de Scottsboro atendían con sus familias cada primer lunes de mes a los juicios de la Corte del condado. Era una forma de entretenimiento y distracción. El día que se fijó para el juicio de los chicos era uno de esos *días de feria*, de forma que la cantidad de gente que llegó ese día a la ciudad no había sido vista nunca en el lugar. Desde las siete de la mañana se encontraban en la plaza miles de personas queriendo un lugar en la Corte del condado para presenciar el inicio del "juicio de la década", como había sido bautizado el caso por la prensa local. Cientos de guardias nacionales vigilaban el evento, manteniendo a la multitud detrás de una línea, a 25 metros del edificio. Cuatro ametralladoras protegían las puertas del edificio y le daban a la escena la apariencia de un estado de sitio. Stephen Roddy había llegado a la Corte justo cuando el público en la plaza se encontraba de lo más poco amigable. Lo insultaron y maldijeron mientras se acercaba a la puerta de entrada del edificio. Afortunadamente, Roddy se había fortificado para la ocasión y había ingerido la suficiente cantidad de alcohol como para superar la contingencia, "aunque apenas pudiera caminar en línea recta".

Al inicio del juicio, Milo Moody se presentó ante Roddy como el abogado defensor de oficio y se puso bajo sus órdenes. Sin ninguna preparación previa para el juicio, habiendo visitado a sus defendidos solo durante 20 minutos, un abogado senil y otro borracho, comenzaban la defensa de los nueve jóvenes negros, a quienes todos en la ciudad querían ver acusados de violación y sentenciados a muerte en la silla eléctrica. Roddy abrió su defensa con una petición al juez para un cambio de sede. "Sostenía su petición en las inflamatorias historias de prensa publicadas por el *Jackson County Sentinel* y el *Scottsboro Progresive Age*, y por el hecho de que el sheriff Wann había tenido que llamar a la Guardia Nacional".[7] El juez Hawkins rechazó la petición de un cambio de sede. El

---

[7] *Ibid.*, p. 23.

fiscal Bailey solicitó al juez la celebración de juicios separados para los nueve acusados. La defensa se opuso, pero el juez aceptó la petición, y así, a las dos de la tarde comenzaba el juicio a Clarence Norris y a Charley Weems, los primeros dos acusados. Victoria Price subía al estrado como testigo de la fiscalía a las 2:30 de la tarde.

El testimonio de Price, una mentira tan grande como el ferrocarril en el que viajaba, fue sobre el que se sostuvo la acusación durante todo el juicio, la fiscalía no presentó ninguna evidencia, solo contaba con el testimonio de la muchacha. Price declaró que los negros las despojaron de sus ropas y mientras cuatro de ellos las detenían de pies y manos y las amagaban con una navaja en la garganta, otro las penetraba. Todos habían participado tomando turnos. La defensa, al interrogar a Price, terminó, a los ojos de la moral sureña, por insultarla. ¿Qué hacía una joven en un tren con tantos hombres? ¿No era cierto que se prostituía en Huntsville? ¿No había sido acusada por su marido de adulterio? Roddy interrogó a Price como si se tratara de una prostituta, lo que ofendió al jurado, porque los acusados eran negros. Si el jurado tenía que elegir entre una prostituta blanca y unos acusados negros, sin duda alguna condenaría a los negros. Esa mañana de primavera en Scottsboro los presentes estaban ante un caso insoluble, que literalmente llevaría años resolver.

En Alabama, una mujer blanca será creída en un juicio contra acusados negros, no importa lo que diga. Toda la evidencia disponible, ofrecida por la defensa, contradecía la versión de Price. La opinión de los médicos que inspeccionaron a las muchachas inmediatamente después de haber sido detenidas, y que luego fueron presentados como testigos, no confirmaba en nada la versión de la violación. Las muchachas habían sido encontradas en un vagón muy alejado de donde fueron encontrados los muchachos negros. Las chicas, sobre todo Bates, no podían testificar sobre quién había sido el primero en violarlas, y cuando ella lo hizo, primero señaló a Willie Roberson, que padecía sífilis, lo que le hubiera hecho imposible una penetración. Al terminar el testimonio de los doctores, ya era de noche en Scottsboro, por lo que el juez Hawkins levantó la sesión, para continuarla al día siguiente a las 8:30 de la mañana.

El siguiente día había menos gente en la plaza, pero aun así se trataba de una multitud nunca vista en Scottsboro. La fiscalía presentó a otro testigo, Luther Morris. La prensa publicaría después que Morris sería el mejor y más útil testigo para la condena de los muchachos. Luther declaró que, desde el techo de su granero, que se encontraba a 10 metros de las vías del tren, él "lo había visto todo". Había visto cómo habían sido tirados del tren los muchachos blancos y cómo los negros habían abusado de las chicas. Todo desde el techo de su granero. La defensa lo interrogó sobre lo que posiblemente habría podido ver, pues el episodio narrado por Price no hubiera dado tiempo de ser visto desde donde su granero se encontraba, Morris replicó con vehemencia: "Yo creo, señor, que vi lo suficiente". Morris resultó extraordinariamente útil a la fiscalía, pues era el único testimonio de alguien que no había sido parte de los acontecimientos. Según un reportero del *Chattanooga Daily Times*, la de Morris fue "la más dañina evidencia contra los negros". Cuando llegó el turno de los testigos de la defensa, Roddy y Moody no tuvieron más que sentar a los acusados como testigos. Fue un desastre. Los chicos llevaban dos semanas detenidos, hostigados, acosados y acusados. Se encontraban en un estado de desesperación en el que la única salida parecía ser culpar a los otros para salvarse a sí mismos.

Los muchachos de Scottsboro eran analfabetas o casi analfabetas. Al fiscal Bailey le tomó cinco minutos hacer decir a Clarence Norris que todos los negros habían violado a las chicas menos él. Todo se le cayó encima a Roddy, la única salida que vislumbró ante el testimonio de Norris fue cambiar una confesión de culpable por la de pena de muerte y llegar así a un compromiso de cadena perpetua. Bailey se negó, tenía el juicio en la bolsa y la gente quería ver a los negros ejecutados. Para Moody y Roddy el caso estaba perdido y pidieron al juez que les dispensara la argumentación final.

El siguiente en ser juzgado sería Haywood Patterson, los mismos testigos en su contra, los mismos testimonios, con la salvedad de que la memoria de Price había mejorado y ahora recordaba perfectamente que Haywood había sido uno de los que la había violado a ella. "Sus partes privadas penetraron mis partes privadas", declaró. En medio del juicio un alguacil del juzgado entró a la sala y se aproximó al juez para decirle que el jurado de Norris y Weems había llegado a un veredicto. El juez removió al jurado de Haywood al cuarto contiguo, para que no fueran influidos por el resultado, e hizo entrar a la sala al jurado de Norris y Weems, quienes le entregaron una nota al juez con el veredicto del caso. El juez hizo leer el veredicto al alguacil en voz alta: los acusados habían sido encontrados culpables de las acusaciones en su contra y se solicitaba como castigo la pena de muerte. La sala estalló en júbilo y comunicó a los de la plaza el veredicto, con lo que 1500 voces se unieron al alboroto. Los testigos de Haywood escucharon todo. Este hecho, completamente irregular en los procedimientos del debido proceso, serviría de base para la apelación que se realizaría ante la Suprema Corte de Justicia del estado años después.

A las 11 de la mañana del tercer día terminó el juicio a Patterson y se despachó al jurado a deliberar mientras se iniciaba el turno a Ozie Powell, Willie Roberson, Andrew Wright, Eugene Williams y Olen Montgomery. No habían transcurrido 20 minutos cuando el jurado de Haywood envió al juez su veredicto, que igualmente leyó el alguacil en voz alta, el acusado había sido encontrado culpable y era sentenciado a muerte en la silla eléctrica. Esta vez, las amenazas que el juez había realizado sobre la audiencia mantuvieron a todos callados después de haber escuchado el veredicto. Durante el juicio a Powell, Wright, Roberson, Williams y Montgomery, los testigos repitieron lo que ya habían dicho, pero se presentó el problema de que Andrew Wright era menor de edad y por tanto no podría ser juzgado por esa corte. Bailey entonces le propuso a Roddy que si Andrew Wright se declaraba culpable, se comprometía a solicitar para él cadena perpetua. Roddy no aceptó. Impediría a Wright la apelación por haber sido juzgado ante una corte que no tenía jurisdicción para hacerlo. De todas formas, el fiscal Bailey solicitó al jurado que a Wright no le dieran pena de muerte sino prisión de por vida, a cambio de que Roddy mantuviera breve su defensa. Los acusados fueron encontrados culpables como los demás y condenados a muerte. Aunque "a pesar de que la fiscalía había solicitado para Andrew Wright prisión de por vida, siete de los jurados insistieron en aplicar la pena de muerte a un muchacho de 13 años".[8]

El 9 de abril, después de leída la última sentencia en el último juicio en Scottsboro, el Partido Comunista de Estados Unidos emitía una declaración pública. "El caso de Scottsboro estaba destinado a ser el equivalente de la década de Sacco y Vanzetti, una prueba de la creciente fuerza de las masas contra los patrones capitalistas del sur y sus cohortes en todo Estados Unidos".[9] A todo lo ancho y lo largo del país, docenas de organizaciones y sindicatos se movilizaron en favor de la lucha de los negros en el sur de Estados Unidos. La intervención del Partido Comunista les daba a los juicios de Scottsboro dimensión internacional. La agitación en defensa de los negros acusados alcanzaría todas las latitudes del planeta. En Estados Unidos se levantó una gran ola de protesta, el juicio en Scottsboro fue expresión del racismo del sur, de represión y de injusticia. Que los comunistas defendieran a unos negros en Alabama acusados de violación, solo podía tener escrito para los afroamericanos "tragedia" todo alrededor.

Durante los meses que siguieron al primer juicio de los muchachos en Scottsboro, el Partido Comunista de Estados Unidos desarrolló una campaña internacional, muy efectiva, en la que dio a conocer a la opinión pública la forma en la que la sociedad del sur trataba a los negros

---

[8] *Ibid.*, p. 48.
[9] *Ibid.*, p. 49.

en Norteamérica. Hubo manifestaciones en apoyo a los muchachos en América Latina, Asia, Medio Oriente, África, Europa y Estados Unidos, en algunas partes del Imperio Británico y sus dominios, y en los colectivos agrícolas de Rusia, en un intento sin precedentes para crear simpatía por las víctimas de la injusticia racial. Solo la lucha contra la esclavitud del siglo XIX había gozado de tanta orquestación global y empatía. Personalidades de todo el mundo solicitaban la liberación de los detenidos, "Albert Einstein, Máximo Gorki, André Malraux [...] A una granja colectiva en la Unión Soviética se le bautizó con el nombre de *Scottsboro*".[10] La participación intensa del Partido Comunista de Estados Unidos dificultó la liberación de los chicos, pero impediría que pudieran ser linchados, pues había demasiada gente mirando hacia Alabama.

La NAACP se oponía a la participación de los comunistas en la defensa de los negros, consideraba que lo último que necesitaban los muchachos era que los jurados y jueces se asustaran con la presencia de los comunistas y los condenaran por miedo a los rojos. Surgió entonces una división importante entre ambos grupos interesados en la defensa de los acusados.

El *New York Daily Worker*, órgano oficial del Partido Comunista de Estados Unidos, había seguido paso a paso los eventos en Scottsboro informando sobre el juicio a sus lectores. Charles Dirba, un asistente de la International Labor Defense[11] (ILD, Defensa Laboral Internacional) al juicio en Alabama, telegrafiaba entusiasmado a Nueva York después de haber observado los procedimientos preliminares del juicio, señalando que este iba a convertirse en un caso de alto perfil. La oportunidad para la agitación política que ofrecía un caso así puso en movimiento a los comunistas del norte, quienes de inmediato comenzaron a ver la forma de participar en la defensa legal de los muchachos a través de la ILD.

---

[10] Hugh T. Murray, Jr., "Aspects of the Scottsboro Campaign", *Science & Society*, vol. 35, núm. 2 (verano de 1971), p. 179.

[11] La ILD era un organismo del Partido Comunista de los Estados Unidos que se dedicaba a prestar asistencia legal a los trabajadores.

El reverendo L. P. Whitten, un destacado ministro religioso en Chattanooga, difundió una declaración a la prensa en la que aseguraba: "Los predicadores negros del sur, y los negros en general, no tenemos ninguna simpatía por la intervención de la International Labor Defense en el caso de los muchachos de Scottsboro. Los radicales de Nueva York solo quieren ayudar a su organización, dijo, y no tienen ningún interés en ayudar a estos negros ahora condenados".[12] La NAACP, involucrada también en la defensa de los acusados, comenzó a pelear con los comunistas sobre la mejor estrategia para la defensa de los chicos. La Alianza de Ministros Afroamericanos y la NAACP pensaron que la ILD no podría sostenerse en el sur sin su apoyo, y que bastaría con enfrentarlos públicamente para que regresaran al norte por donde habían venido. Se equivocaron. La ILD tomó los ataques como una afrenta y redobló sus esfuerzos para mantenerse como parte de la defensa legal del caso. "Para los comunistas, la NAACP representaba a las fuerzas reformistas. La lucha iba mucho más allá de quién llevaría la defensa legal de los muchachos de Scottsboro. Se trataba de una lucha entre dos fuerzas de clase".[13]

Mientras que la NAACP había recabado y recibido la aprobación de los muchachos para ser su representante en el juicio, la ILD había ido a hablar con los padres de los acusados para recabar su consentimiento en nombrarlos a ellos como los representantes legales de los chicos. En algunos padres la experiencia con los comunistas produjo un extraño efecto estimulante. Por primera vez en su vida, unos hombres blancos no estaban diciéndoles qué hacer, sino pidiéndoles su apoyo sobre la base de una completa igualdad. La ILD llevó a Jamie Patterson, la madre de Haywood Patterson, a Nueva York para que hablara ante una manifestación a favor de los chicos de Scottsboro, era la primera vez que la señora Patterson

---

[12] Dan T. Carter, *op. cit.*, p. 57.

[13] James A. Miller, Susan D. Pennybacker y Eve Rosenhaft, "Mother Ada Wright and the International Campaign to Free the Scottsboro Boys, 1931-1934", *The American Historical Review*, vol. 106, núm. 2 (abril de 2001), p. 391.

salía de Alabama, el viaje a la ciudad más importante de Estados Unidos le cambió en muchos sentidos la visión sobre lo que debería de ser la defensa de su hijo. A su regreso se convirtió en una promotora más de la idea de que la ILD encabezara la defensa. En la retórica comunista, la NAACP no era más que un grupo de burgueses reformistas. La NAACP acusaba a los comunistas de oportunistas, que solo se involucraban en la defensa de los chicos de Scottsboro por la agitación que a partir de ahí se podría producir para el resto de su agenda política.

Los comunistas pensaban que "la desgracia de los negros era solo otra etapa de la economía capitalista para las clases explotadas, un problema que se solucionaría con la destrucción del actual orden económico".[14] No se daban cuenta que, ante la crisis económica, cuando había que correr gente del trabajo, los negros eran los primeros en ser despedidos, y cuando había que contratarla eran los últimos en ser contratados. Los comunistas reducían toda diferencia cultural o racial a la situación de clase de los involucrados.

Los comunistas no andaban ni cerca de entender el problema racial en Estados Unidos. La NAACP sabía que una gran cantidad de gente se comportaba como liberal para abordar los problemas que afectaban a los blancos, pero se comportaba mucho menos liberal cuando el mismo problema afectaba a los negros. Los negros también sabían que, si habrían de salir libres alguna vez los muchachos de Scottsboro, sería por la acción de las cortes, y no por la acción de las "masas en las calles". La NAACP creía que la defensa que los comunistas hacían del caso en verdad había puesto en peligro la vida de los chicos. Lo que la izquierda en Estados Unidos no había entendido es lo que John C. Calhoun de Carolina del Sur, vicepresidente, secretario de Estado, secretario de Guerra y senador estadounidense, comprendió antes de la publicación del manifiesto del Partido Comunista de Marx y Engels, y esto era que la gran división en la sociedad estadounidense no es entre pobres y ricos, sino entre blancos

---

[14] Dan T. Carter, *op. cit.*, p. 63.

y negros. Calhoun declaró en el salón de plenos del Senado en 1848 que "los pobres y los ricos pertenecen a la clase alta y son respetados y tratados como iguales";[15] eran los negros quienes pertenecían a la clase baja, y no eran respetados de ninguna forma.

La lucha entre dos organismos sociales, la NAACP y la ILD, dedicados a la defensa de los muchachos, resultaba desagradable para todos, pero sobre todo impedía unir las fuerzas que se tenían en favor de los acusados. Parte del problema residía en la fantasía comunista de que los trabajadores blancos se unieran con los trabajadores negros en la lucha por mejores condiciones para todos; así, una de las consignas que repetían los comunistas por aquel tiempo era: "Black and white united we fight" (negros y blancos unidos peleamos). Superada la crisis económica, y terminado el caso de Scottsboro, el Partido Comunista nunca creció en Estados Unidos porque no pudo juntar en el mismo techo partidario a negros y a blancos. Si se convertía en un partido de blancos dejaba de atender la demanda de justicia más clara en Estados Unidos: la segregación política y social de los negros, y si adoptaba a estos como sus defendidos, los blancos serían los que lo abandonarían. El Partido Comunista de Estados Unidos murió al no poder entender la dinámica racial del país, quedó atrapado en el dilema racial sin encontrar la salida, acusando de reformistas a todos aquellos que no propusieran la unidad de los negros con los blancos pobres. Durante una huelga en la empresa Gastonia, en donde se había intentado unir a blancos y a negros en la misma lucha, los patrones distribuyeron un volante anticomunista que preguntaba a los obreros blancos: "¿Quieres que tu hermana se case con un negro?".[16] Los blancos desertaron rápidamente de su unidad sindical con los negros.

Molestaba a todos los interesados en la justicia que los acusados cambiaran de defensores cada semana, de tal suerte que se organizó

---

[15] Ta-Nehisi Coates, "The Case for Reparations", *The Atlantic Monthly*, 21 de mayo de 2014.

[16] James A. Miller *et al.*, *op. cit.*, p. 410.

una reunión entre las partes para tratar de solucionar las diferencias. La NAACP se inclinaba por contratar a unos abogados del sur para defender a los chicos. Creían que solo así, mostrando respeto a las "formas del sur", serían capaces de evitar el "linchamiento legal" del que estaban siendo objeto los muchachos. La ILD pensaba lo contrario, había que traer al mejor abogado criminal del norte y darles una lección a estos sureños fanáticos, racistas y retrógrados. La reunión se celebró a finales de diciembre, participaron tres representantes de la NAACP y tres de la ILD, después de cinco horas de reunión en la que se dijeron ambas partes "de todo", no se pudo llegar a un acuerdo sólido sobre la defensa. La retórica comunista unía a los trabajadores pobres, ya fueran blancos o negros, bajo el mismo techo, cosa que molestaba a los afroamericanos de la NAACP, quienes argumentaban que había sido precisamente una turba de trabajadores pobres blancos la que había querido linchar a los muchachos en primer término. En el sur la unidad entre blancos y negros pobres no era posible, la NAACP lo entendía bien porque lo había vivido, los comunistas del norte teorizaban la unidad de los trabajadores sin distinción de raza. El 4 de enero de 1932 la NAACP emitió una comunicación firmada por su Junta Directiva en la que anunciaban su retiro formal del caso. La defensa de los chicos quedaba completamente en manos de los comunistas.

Si un negro era acusado de agredir a una mujer blanca, ese negro tendría que ser ejecutado. En 1900, muy probablemente los muchachos de Scottsboro hubieran sido removidos de la cárcel y sumariamente ejecutados por la multitud, no importaba qué tan firme hubiera protestado el sheriff encargado de su seguridad. Los chicos de Scottsboro tendrían que estar agradecidos con los blancos por el hecho de que no los hubieran ejecutado de inmediato. El respeto de la ley era una concesión no muy común en estos casos, que habría que reconocer y agradecer a los blancos. James Stockton, editor del *Scottsboro Progressive Age*, "felicitó a sus conciudadanos por la paciencia y la caballerosidad mostrada, al no linchar a los negros en cuanto los tuvieron presos". Como contraparte por no lincharlos, la sociedad esperaba un segundo juicio rápido y cuya sentencia fuera la muerte. Acertadamente, la ILD caracterizó al primer juicio en Scottsboro como un "linchamiento legal".

Al miedo sobre la raza y el sexo en la sociedad del sur habría que añadirle el odio al comunismo. Muchos en Alabama sostenían que más que el negro color de los defendidos, se trataba del rojo color de los defensores. Había casi unanimidad en el estado en la convicción de que los comunistas estaban en la defensa de los negros de Scottsboro no por la justicia, sino por la política. Temían que el único veredicto que aceptarían sería el de inocencia. La Legión Americana en Alabama llamó la atención del estado sobre la llegada de las hordas comunistas que "descendían sobre Alabama esparciendo una inundación de propaganda, oponiéndose a nuestra forma de gobierno, a nuestra forma de relación social, a nuestra relación entre razas y a todas las bases sobre las que descansa nuestra sociedad, defendiendo la igualdad racial, la destrucción de la ley y de la autoridad por medio de la violencia y de la fuerza. Nuestro sistema de segregación racial está siendo atacado perversamente por los comunistas".[17]

Mientras la agitación crecía en el sur al inicio de 1932, en el norte la ILD había conseguido de la Suprema Corte de Justicia de Estados Unidos las bases para la realización de un nuevo juicio a los muchachos de Scottsboro. En el caso de *Powell v. Alabama*, la Corte se había manifestado por la realización de un nuevo juicio, en casos de pena capital, cuando no se hubiera cumplido en el primer juicio con el debido proceso. Este era un golpe muy duro al método de los linchamientos legales del sur. Con este triunfo ante el máximo tribunal de la nación la ILD les había conseguido a ocho de los muchachos de Scottsboro una nueva oportunidad.[18]

---

[17] Dan T. Carter, *op. cit.*, p. 131.

[18] Tiempo antes de que se diera esta resolución de la Suprema Corte de Justicia de los Estados Unidos, la Suprema Corte del estado de Alabama le concedió a Eugene Williams un nuevo juicio por haber sido menor de edad al momento en el que había sido juzgado en Scottsboro. El nuevo juicio se celebraría el 24 de marzo de 1932.

El 7 de marzo el juez Hawkins de Scottsboro aceptaba la petición de la defensa para trasladar el juicio a otra ciudad. El juez eligió la ciudad de Decatur, a solo 70 kilómetros de Scottsboro, presidiría el juez James Edwin Horton Jr. y el juicio comenzaría el 27 de marzo. Al tiempo que se convenía el cambio de sede para el juicio, la Suprema Corte de Estados Unidos emitía un nuevo fallo, esta vez en referencia a la participación de jurados negros en los juicios, señalando que no podrían ser discriminados los afroamericanos para formar parte de los jurados, pues su exclusión violaba la 14ª Enmienda a la Constitución. Si se lograba probar que algún afroamericano, buen ciudadano, había sido excluido de las listas de jurados potenciales, los chicos de Scottsboro tendrían una tercera oportunidad en caso de que fueran condenados en el segundo juicio.

El nuevo juicio que empezaría en Decatur era considerado por los sureños como una afrenta del norte. El *Birmingham Post* comentaba sobre la decisión de un nuevo juicio a los chicos de Scottsboro: "No ha habido una censura más punzante a un tribunal estatal en años que la realizada por la Suprema Corte al ordenar un nuevo juicio para los negros de Scottsboro". La abrumadora mayoría de los residentes de Decatur consideraba a los negros culpables, más allá de cualquier atenuante, como podría haber sido el hecho, completamente hipotético, de que las mujeres fueran prostitutas y de que hubieran aceptado voluntariamente tener relaciones con los muchachos, para solo después de haber sido descubiertas mentir. Para el segundo juicio, la ILD se las había arreglado para involucrar en el caso a uno de los mejores abogados del país, Samuel Leibowitz, judío, originario y residente de Nueva York. Leibowitz había aceptado defender a los muchachos sin pago de honorarios, pero distanciándose claramente de los comunistas. Su reputación lo precedía, en Alabama lo vieron como una pieza más de la afrenta de la que estaba siendo objeto la sociedad del sur.

El primero en ser tratado en el segundo juicio en Decatur fue Haywood Patterson. Al cabo de dos días de juicio, Leibowitz comenzó a recibir amenazas por escrito, le comenzaron a decir *nigger lover*, insulto inconfundible en el sur para designar a los blancos que apoyan las causas de los afroamericanos. Comenzó a ser hostigado en el pueblo. El juez Horton tomó nota de las amenazas a Leibowitz y al comenzar el tercer día del juicio realizó una advertencia desde la tribuna de la Corte de Decatur: "No voy a tener ninguna paciencia con la actitud mafiosa de la turba [...] Toda la civilización que conocéis depende de que se aplique la ley de manera ordenada —continuó—, soy un hombre suave, no creo que pudiera hacerle daño a alguien por maldad, pero —añadió con énfasis— no habrá ninguna tolerancia para la acción de la turba violenta".[19] El juez había sido informado, además de las amenazas a Leibowitz, de que se había realizado una reunión en una granja vecina, con varios cientos de asistentes, para organizar la expulsión del abogado de Nueva York y el linchamiento de los muchachos. La tensión que se había vivido en Scottsboro se repetía en Decatur. Nadie lo decía, pero todos en el sur lo sabían, si los chicos eran absueltos habría un gran descontento que podría desencadenar las acciones de linchamiento que ya se planeaban.

Los juicios continuaron durante dos semanas, la solvencia jurídica y retórica de Leibowitz mostró al jurado, desde todos los ángulos, que Victoria Price mentía, que nunca había habido ninguna violación en el tren, más aún, que los chicos ni siquiera sabían que en ese tren viajaban dos mujeres. No conforme con haber desmontado pieza por pieza la infamia de Price, Leibowitz aún guardaba un as bajo la manga, Ruby Bates testificaría para la defensa desenmascarando a Price y al estado de Alabama. Como testigo, Bates contó con lujo de detalles la forma en la que Price urdió toda la historia por miedo a ser detenida por viajar en el tren de polizón y sin ningún acompañante masculino. Al principio le había seguido la corriente a Price, pero fuertes remordimientos después del juicio en Scottsboro la hicieron cambiar de opinión y decidió presentarse

---

[19] Dan T. Carter, *op. cit.*, p. 224.

como testigo en descargo de los acusados. La Corte quedó en absoluto silencio después del testimonio de Bates, Leibowitz pensó que su trabajo había terminado, ahora los chicos tendrían que ser liberados. En su intervención final ante el jurado, el procurador de Justicia de Alabama, Wade Wright, señaló: "Enséñenle a esta gente del norte que la justicia de Alabama no se puede comprar con dinero judío de Nueva York".

El jurado pasó dos días deliberando. Cuando le entregaron al juez Horton el veredicto, el expectante Haywood Patterson era el único negro en una sala para 500 personas que se encontraba repleta de gente. El alguacil del juzgado leyó: "Encontramos al acusado culpable de todos los cargos y lo sentenciamos a morir en la silla eléctrica". Haywood no se inmutó, Leibowitz y el resto de los abogados de la defensa no lo podían creer. Durante dos semanas continuaron los juicios a los demás acusados, todos fueron encontrados culpables con una montaña de evidencia que sugería lo contrario, impecablemente presentada por el equipo de la defensa. Leibowitz regresó a Nueva York en estado de incredulidad, lo recibió en la estación del tren una multitud extraordinaria que lo aclamó durante un largo rato.

Habría dos juicios más a lo largo de los siguientes años, vendrían nuevos jueces, en todos los juicios los jurados entregaron la sentencia que el fiscal había pedido en la acusación, mecánicamente los jurados cumplían lo que se les ordenaba. El estado de Alabama incluso falsificó registros de jurados para fingir que los negros no eran excluidos de ellos por su color; el lío llegó con el tiempo hasta la Suprema Corte de Justicia de la nación. Los chicos de Scottsboro poco a poco fueron logrando su libertad, al retirar el estado de Alabama los cargos contra ellos. El caso fue saliendo del ojo de la opinión pública para terminar después de la guerra en la liberación del último de los detenidos. El 21 de noviembre de 2013 la Junta de Indultos y Libertad Condicional del estado de Alabama otorgó perdones póstumos a todos los *Scottsboro Boys*.

Roy Wright, Olen Montgomery, Willie Roberson y Eugene Williams fueron liberados en 1937. Charlie Weems salió en libertad condicional en 1943 y Ozie Powell en 1946. Clarence Norris y Andrew Wright fueron liberados en 1944; Haywood Patterson escapó de la prisión Kilby en 1948. No fue sino hasta 1976, cuando Clarence Norris, el último de los *Scottsboro Boys*, fue oficialmente perdonado por haber violado su libertad condicional y liberado por el gobernador George Wallace de Alabama, que puede decirse que el caso llegó a su fin. Se extendió por más de cuatro décadas, y tomado en conjunto el tiempo que permanecieron presos los acusados, sumaron 130 años en prisión.[20]

La ILD fue muy criticada por haber llevado a un importante abogado judío de Nueva York a un juicio en un pequeño pueblito de Alabama. Leibowitz contaba con tres desventajas para los ojos de la sociedad del sur, era radical (apoyado por los comunistas), era judío y era del norte. En algún momento del juicio, Leibowitz le pidió al fiscal Knight, mientras interrogaba a Patterson, que por favor "se dirigiera a él como señor Patterson y no como chico (*boy*)". ¿Dirigirse a un negro como señor? Knight no lo podía creer. Esta actitud fue recordada posteriormente por muchos de los presentes en los juicios como una más de las afrentas a las "costumbres del sur", costumbres que fundamentalmente consistían en maltratar y en someter a los negros.

En el caso de los *Scottsboro Boys*, la sociedad del sur se opuso a la opinión de toda la nación, a la opinión pública internacional y a la Suprema Corte de Estados Unidos. Se opuso a toda razón, a toda lógica, a todo sentido común, a toda legislación, en suma, la sociedad del sur se opuso a toda autoridad existente, para hacer prevalecer sus maneras y sus modos sociales de ser. Los blancos han dominado el sur y lo siguen haciendo. Sobra decir que Alabama nunca ha tenido un gobernador negro, a pesar

---

[20] James A. Miller *et al.*, *op. cit.*, p. 392.

de que en algún momento la mitad de la población del estado fue negra. El primer negro que juró como gobernador de un estado de la Unión fue L. Douglas Wilder, por Virginia, en enero de 1990.

12

Fin de la segregación racial *de jure* en las escuelas públicas (1951-1953)

Cuando el sur se vio impedido por la 13ª Enmienda a la Constitución de usar el trabajo esclavo de los negros, apartó a estos lo más que pudo de toda actividad económica. Cuando se vio obligado por la 14ª Enmienda a darle trato de ciudadano al afroamericano, lo segregó de la sociedad orillándolo al uso de instalaciones y servicios de segunda clase. Cuando la 15ª Enmienda prohibía que se le negara el voto a cualquier ciudadano, los blancos del sur implementaron las más burdas prácticas de fraude electoral para excluir del voto y de la política a los negros. Salvo el breve periodo después de la Guerra Civil, llamado de la Reconstrucción, en el que los afroamericanos comenzaron a disfrutar de la vida en sociedad, libres de sus dueños, el destino de los negros en Norteamérica durante el último tercio del siglo XIX y la primera mitad del XX estuvo marcado por su exclusión de la sociedad, por su segregación.

La lucha contra la segregación racial en Estados Unidos logró uno de sus momentos más importantes durante 1953, cuando Thurgood Marshall argumentó frente a la Suprema Corte de Justicia el caso conocido como *Brown v. Board of Education of Topeka, Kansas*. En realidad, ese momento fue la culminación de un largo proceso iniciado desde poco después de la formación de la NAACP, durante el cual muchos afroamericanos y blancos pelearon ante las cortes norteamericanas contra la

225

desigualdad bárbara contenida en la formulación *separate but equal*. "Quizá nunca ha habido un caso que hubiera llegado hasta el más alto tribunal de la nación, que hubiera afectado directamente tanto la mente, el corazón y la vida diaria de tantos norteamericanos".[1] Cuando el caso contra la segregación racial en las escuelas públicas pudo ser presentado ante la Suprema Corte, la decisión que esta tomó "marcó el punto de quiebre de la voluntad norteamericana para darle la cara a las consecuencias de siglos de discriminación racial, una práctica que se había originado con el primer asentamiento del Nuevo Mundo".[2] A partir de *Brown v. Board of Education*, la sociedad norteamericana estuvo dispuesta a reconocer a los negros como parte del pueblo, y por lo tanto comenzó a eliminar las exclusiones legales a las que habían estado impuestos los afroamericanos en todo el ámbito de la vida social y política por casi dos siglos.

Thurgood Marshall nació en la ciudad de Baltimore el 2 de julio de 1908, era tataranieto de un esclavo que fue traído a Estados Unidos desde lo que ahora es la República Democrática del Congo. Su abuelo también había sido un esclavo, aunque su padre, William Marshall, fue ya un hombre libre que trabajó de portero en el ferrocarril, mientras su madre, Norma, era maestra de escuela. Thurgood era un excelente estudiante, pero al intentar ingresar a la carrera de leyes en su ciudad natal se topó con la segregación racial que dominaba la educación universitaria en Estados Unidos en aquellos años. Siendo negro no pudo asistir a la Escuela de Leyes de la Universidad de Maryland y se matriculó en la Escuela de Leyes de la Universidad Howard, en Washington, de donde se graduó en 1933 como el primero de su clase. Howard University es una institución de educación superior fundada después de la Guerra Civil y dedicada a la educación de la población afroamericana. Se trata de la

---

[1] Richard Kluger, *Simple Justice, The History of Brown v. Board of Education and Black America's Struggle for Equality*, Random House, Nueva York, 2004, p. xii.

[2] *Ibid.*, p. xii.

primera y más antigua institución de educación superior para negros en Estados Unidos, de entre sus filas salieron muchos de los más brillantes y activos defensores de los derechos civiles. Howard University fue un semillero a la vez que centro de reclutamiento y de operaciones para quienes participaron en las luchas por los derechos civiles en Estados Unidos de 1951 a 1964.

Al terminar su formación universitaria, Marshall se afilió a la NAACP. Uno de los primeros casos en los que participó fue durante 1936, en un caso de discriminación racial, precisamente de la Escuela de Leyes de la Universidad de Maryland, llamado *Murray v. Pearson*. A raíz de su participación en ese caso, Marshall pasó a formar parte permanente del equipo legal de la NAACP. En *Murray v. Pearson*, Marshall representó a Donald Gaines Murray, un estudiante negro de Amherts College, que a pesar de tener unas credenciales académicas impecables le fue negado el ingreso en la Universidad de Maryland debido a la política de segregación racial en el estado. La Corte de Apelaciones de Maryland falló contra la Universidad, señalando que "sin importar el sistema que se elija para organizar la educación, esta debe cumplir con la condición de igualdad para cualquier alumno de cualquier raza".

A Murray se le ofrecieron varias alternativas de educación en el estado, que resultaron completamente inaceptables, por no reflejar la igualdad expresada en *separate but equal*. Aunque Marshall ganó su primer caso, le quedó claro que el camino sería muy largo, no ya para pelear la "igualdad de la separación", cosa que haría durante los siguientes 20 años, sino para pelear contra la "separación" misma. El asunto no era que caso por caso se fueran combatiendo las miles de desigualdades que producía el sistema de *separate but equal*, sino desafiar al sistema de segregación mismo. Sin embargo, la lucha legal se centró durante varios años en la parte *equal* de la ecuación. Los afroamericanos comenzaron a exigir condiciones de igualdad, entonces completamente inexistentes en las instalaciones educativas.

Un primer triunfo se dio en 1938, en *Gaines v. Canada*, caso en donde se estableció que el estado que segregaba a los negros tendría que proveer para ellos instalaciones de igual calidad de las que proporcionaba a los blancos. En 1940 Marshall ganó un nuevo caso, *Chambers v. Florida*, en el que argumentó ante la Suprema Corte a favor de cuatro hombres negros acusados del asesinato de un hombre blanco en Pompano Beach, Florida. A partir de ese momento Marshall se convirtió en el director del Fondo para la Defensa Legal (Legal Defense Fund) de la NAACP, que se encargaría de seleccionar los casos, preparar su defensa y presentarla ante las cortes estatales y federales con la idea última de ir cercando la decisión de los tribunales para abolir la sentencia fijada en *Plessy v. Ferguson: separate but equal*. Peleando en los juzgados contra esa sentencia, Marshall adquirió una extraordinaria experiencia jurídica a lo largo del tiempo. Experiencia que muy pocos abogados afroamericanos compartían.

Thurgood Marshall era una persona del pueblo que sabía relacionarse igualmente y de forma efectiva tanto con la gente común como con los poderosos. Sobre la segregación racial, Marshall solía decir: "La razón por la que los blancos no quieren abrir la puerta de la escuela es porque dicen que llevaría directamente a la puerta de la alcoba".[3] Si blancos y negros fraternizaban en la escuela, eventualmente, pensaban los blancos, se formarían parejas interraciales que al mezclar a blancos con negros producirían una "degeneración racial" que, en algún punto, nunca determinado, terminaría con la sociedad misma. El racismo estadounidense siempre se ha caracterizado por considerar al miedo como una amenaza y a la amenaza como una realidad, de tal suerte que la idea del mestizaje los ha torturado durante siglos.

Marshall litigó todo tipo de casos en todo tipo de lugares cuando todavía había muy pocos abogados negros con verdadero talento y coraje para enfrentarse al racismo y llamarlo por su nombre. Peleó por la

---

[3] *Ibid.*, p. 221.

obtención de un salario igual para maestros negros en Little Rock lo mismo que defendía a negros acusados de asesinato en regiones de la Florida infestadas de Ku Klux Klan, o argumentaba en las cortes de Carolina del Sur contra la negación truculenta de los blancos para impedir el voto de los negros, sin considerar los riesgos que pudiera correr personalmente. Era una persona muy valiente, viajaba por las cortes del sur y la gente caminaba millas para verlo, algunos a lomo de caballo o de mula, llegaban a ver al "abogado negro" que se presentaba en las cortes de los blancos a defender a los negros.

Alguna vez estuvo a punto de ser asesinado por la policía en Columbia, Tennessee, en 1946, cuando defendía a 25 negros acusados de asalto para cometer asesinato. Después de haber logrado la exoneración de 23 de los 25 acusados, regresaba con dos abogados más a Nashville, en donde pasaban la noche, cuando fueron interceptados en tres ocasiones por varias patrullas de la policía estatal, alegando, primero, transporte de licor, lo que era falso, manejo con licencia vencida, lo que resultó falso también, hasta que en la tercera ocasión sí lo arrestaron por manejar en estado de ebriedad, lo que tampoco era verdad, y lo regresaron a Columbia, en donde los oficiales de policía que lo custodiaban pretendieron que caminara por una calle solo para poder dispararle por la espalda alegando que huía de la detención policial. Afortunadamente para él, conocía bien las prácticas de la policía del sur como para arriesgarse a caminar sin custodia policial mientras se encontraba detenido.

En sus recorridos por el sur, Marshall solía cruzar con frecuencia la línea Mason-Dixon, que dividía al norte del sur, y a la que él llamaba la línea "Smith & Wesson", por el nivel de violencia armada que padecían los afroamericanos en esa parte del país. Marshall tenía un carácter agradable y simpático, hacía reír a la gente y era bien recibido cuando contaba alguno de sus chistes, principalmente aquellos sobre negros que contaba a los blancos: "Un dueño de esclavos le reprocha a uno de sus negros el que este se hubiera comido a uno de sus guajolotes. '¡Oye, desgraciado, te comiste mi guajolote!'". "Sí, *Massa*, ahora tienes menos guajolote, pero más negro".

Entre los casos más relevantes que Marshall presentó ante la Suprema Corte se encuentra *Sweatt v. Painter*, para impugnar la "igualdad" de educación en Texas, cuando a Herman Marion Sweatt se le negó la inscripción en la Escuela de Leyes de la Universidad de Texas sin poder ofrecer el estado otra alternativa en donde Sweatt pudiera estudiar. En este caso el estado de Texas estaba dispuesto a construir una nueva universidad para negros con tal de evitar la desegregación de su educación superior. También en 1950, y justo antes de presentar y defender *Brown v. Board of Education*, Marshall llevó a la Corte el caso de *McLaurin v. Oklahoma State Regents*, en donde la Suprema Corte, por primera vez, revocaba el fallo de un juez inferior que defendía los esfuerzos de la Universidad de Oklahoma para proporcionar educación para negros sobre la base de la segregación de las escuelas que aún no tenían alumnos afroamericanos.

Al final, Marshall terminó presentando y defendiendo ante los jueces de la Suprema Corte 32 casos, de los cuales ganó 29. El triunfo en *Brown v. Board of Education* lo llevó a convertirse en el abogado afroamericano más famoso de todos los tiempos, colocándose a sí mismo como serio candidato para ocupar un puesto relevante en el sistema judicial de Estados Unidos. En 1961 Marshall fue nombrado por el presidente Kennedy como juez del Tribunal Federal de Apelaciones del Segundo Circuito, en 1965 fue nombrado por el presidente Johnson fiscal general de Estados Unidos y el 2 de octubre de 1967 fue propuesto por el mismo presidente Johnson miembro de la Suprema Corte de Justicia de Estados Unidos. En todos estos puestos, Thurgood Marshall fue el primer afroamericano en ocuparlos. Murió en 1993 a la edad de 84 años, después de haber servido como el primer juez afroamericano en el más alto tribunal norteamericano durante 24 años.

La mayor calamidad de *separate but equal* no era solo que fuera una completa mentira, sino que racionalizaba la injusticia. Hacía legal y razonable una escisión de la sociedad. En los estados en los que se practicó, probablemente nunca la *separación* fue *igualitaria*. Las diferencias en la cantidad y en la calidad de los servicios segregados fue casi siempre en detrimento de los afroamericanos. El epítome de la desigualdad en la separación era el hecho de que los negros tenían que viajar en la parte de atrás de los autobuses de pasajeros.

Para el caso de la educación pública las desigualdades eran abundantes y siempre en contra de los afroamericanos. "En el condado de Clarendon, Carolina del Sur, para el año escolar 1949-1950 se gastaron 179 dólares por cada niño blanco en las escuelas públicas, y por cada niño negro se gastaron 43 dólares".[4] En el mismo condado, "el valor total admitido por las autoridades educativas del estado, de las 61 escuelas negras en las que se atendían 6531 alumnos, era de 194575 dólares. El valor total de las escuelas blancas a las que asistían 2375 jóvenes era de 673850 dólares".[5]

Al término de la Guerra Civil, el sistema de educación pública era muy importante desde el punto de vista de la integración a la sociedad de los esclavos recién liberados. Los afroamericanos tenían ganas de superarse y dejar atrás la pesadilla de la esclavitud. "Se trataba de toda una raza tratando de ir a la escuela por primera vez". La segregación escolar resultaba doblemente inmoral, pues no solo separaba a la sociedad, sino que apagaba el entusiasmo y la iniciativa de los afroamericanos por aprender y superarse. Los negros tuvieron que aceptar las escuelas separadas en un primer momento, era eso o nada en muchos lugares.

La igualdad en las escuelas segregadas fue un mito desde su institución. En 1910, 11 estados del sur gastaron un promedio de 9.45 dólares por cada alumno blanco matriculado en las escuelas públicas; el promedio para los negros, en esos mismos estados, fue de 2.90 dólares por

---

[4] *Ibid.*, p. 7. Las cifras están dadas en dólares de la época.
[5] *Ibid.*, p. 8.

alumno. Con el tiempo, la disparidad solo creció, para 1916 el desembolso por alumno negro promedio bajó a 2.89 dólares, mientras que el de alumnos blancos subió a 10.32 por estudiante.[6] Entre más densamente poblado por afroamericanos estuviera un condado, mayores eran las diferencias en el gasto educativo en comparación con las escuelas para blancos. En 1935 "el gasto escolar promedio gastado en alumnos blancos era dos veces y media mayor que el empleado en la educación de chicos afroamericanos. A los maestros blancos se les pagaba hasta dos veces más que a los negros".[7]

Para 1950, el valor total (edificios, instalaciones y mobiliario) de dos escuelas blancas del Distrito Escolar No. 22 en Clarendon, Carolina del Sur, que atendían a 276 niños, era cuatro veces más alto que el valor total de las tres escuelas para negros que atendían a 808 niños. Las escuelas para blancos estaban construidas de ladrillo y cemento, y las escuelas para negros eran todas de madera. En las escuelas para blancos había un maestro por cada 28 alumnos, en tanto que las escuelas para negros tenían un maestro por cada 47 alumnos. Había casi tres veces más negros que blancos atendiendo a las escuelas del Distrito No. 22 en Clarendon, sin embargo, los gastos corrientes de las escuelas para blancos eran de 395 000 dólares, mientras que en las escuelas para negros eran de 282 000 dólares. Las desigualdades en las escuelas del Distrito No. 22 eran muy visibles. Lo mejor de la música norteamericana tiene su origen en la cultura musical de los afroamericanos, pero en las escuelas para negros no había clases de música.

Ahora nos ocupa la segregación en las escuelas públicas, pero en todos los ámbitos de la sociedad la vida se encontraba segregada para los negros. Basta señalar como ejemplo los hospitales, que en 1928 tenían "una cama de hospital disponible por cada 139 norteamericanos blancos y una por

---

[6] *Ibid.*, p. 88.

[7] *Ibid.*, p. 169.

cada 1 941 norteamericanos negros".[8] La segregación siempre ha sido iniciada por los blancos, sobre la base de que los negros son inferiores e indeseables. Si los negros son tratados así por la separación en las escuelas públicas, se les inflige un daño en la personalidad y en su habilidad social para relacionarse al ser puestos aparte. Esta discriminación llegaba también hasta los maestros de escuela. La lucha por la igualdad de pago a maestros negros y blancos llevó eventualmente a la lucha por mejores condiciones para las escuelas y el transporte escolar. "En ninguna parte de Estados Unidos maestros negros enseñaban a alumnos blancos".[9]

La segregación racial resultaba en la negación de la dignidad y el orgullo para los segregados, los negros. Al ser puesto aparte de la sociedad, el niño negro se sentía aplastado desde el inicio de su vida, que comienza con la escuela, además de que la segregación le recordaba diariamente todos los otros aspectos de su vida social, el cine, el transporte, los baños públicos, parques, etc. Los líderes afroamericanos se planteaban qué hacer. Una revolución o emigrar fuera del país estaba fuera de la cuestión, el único camino tendría que ser a través de las cortes, utilizar el sistema legal para defenderse. Lo que los afroamericanos estaban tratando de hacer era lograr la igualdad social, pero eran acusados por los blancos de pretender ¡abrir un camino para los matrimonios mixtos! Los blancos en Estados Unidos proyectan sobre los negros toda la represión sexual de su protestantismo intolerante. En Estados Unidos mestizo (*mongrel*) es una mala palabra.

En la vivienda, por ejemplo, al terminar la Segunda Guerra, la Administración Federal para la Vivienda (Federal Housing Administration) estableció que para que un vecindario obtuviera estabilidad, era necesario que las propiedades siguieran siendo ocupadas por las mismas clases sociales y la misma raza. La expresión inmobiliaria "iguales pero

---

[8] *Ibid.*, p. 117.
[9] *Ibid.*, p. 107.

separados" mostraba en 1944 a dónde se podía llegar con esa política. Mientras que en Detroit un desarrollo inmobiliario para blancos contaba con 800 viviendas disponibles después de que todas las demás habían sido ocupadas, existían 5 000 familias afroamericanas sin vivienda a las que no se les podían asignar las casas sobrantes por encontrarse en vecindarios blancos. Cerca de un cuarto de la población afroamericana era analfabeta en 1946. Lo que los abogados de la NAACP querían lograr era convertir las estadísticas de la desigualdad entre negros y blancos en mandatos judiciales que las corrigieran. Hasta los bancos de sangre se encontraban segregados. La Cruz Roja tenía la práctica de separar las donaciones de sangre realizadas por negros y blancos para que a ningún blanco se le fuera a realizar una transfusión con la sangre de un negro, lo que hacía aún más insoportable el hecho era que el método para preservar el plasma había sido desarrollado tiempo atrás por un afroamericano.

La segregación racial legal, precisamente porque era legal, porque era obvio para todos, daba el soporte para la idea de que los negros son, en cierta forma, diferentes e inferiores que el resto de la gente blanca. Soporta la idea de que las diferencias raciales son diferencias de inferioridad racial. Los blancos del sur repetían una y otra vez que los negros eran inferiores a ellos, para pensar eso se apoyaban en la experiencia del trato que tenían con los afroamericanos, los habían obligado a comportarse como inferiores durante siglos, para luego afirmar que era evidente que eran inferiores. George Bernard Shaw solía decir que "la altivez norteamericana obliga al negro a limpiarle las botas, solo para después demostrar la inferioridad moral y física de los negros por el hecho de que son limpiabotas".

No hay nadie en el ámbito de la ciencia que hubiera encontrado algún elemento biológico de diferencia fundamental entre blancos y negros. El discurso de la diferencia racial está guiado por intereses de dominación y no por el reconocimiento de diferencias biológicas fundamentales. La segregación es por sí misma inequitativa e injusta. Con el nacimiento de las pruebas de inteligencia (IQ test) se había "demostrado" que los negros eran intelectualmente inferiores a los blancos, pues todas las calificaciones de los negros del sur se encontraban por debajo de las de los blancos del sur. Cuando las pruebas de los negros del norte comenzaron a resultar iguales o mejores que las de los blancos del norte se dijo, "con pleno uso de la razón y de la lógica", que eso se debía a que en el norte se había producido una mezcla benéfica con la sangre blanca. "Los negros del norte eran la excepción que probaba la regla de que los negros son menos inteligentes que los blancos".

En ninguna otra elección en la historia de Estados Unidos un presidente ha recibido un mayor apoyo del electorado que en la primera reelección de Franklin D. Roosevelt en 1936. Obtuvo 523 votos electorales contra ocho de su oponente Alfred Landon. En el Senado los demócratas tenían 76 senadores contra 16 republicanos y 331 representantes contra 89 en la Cámara de Representantes. Era bien sabido el apoyo que la esposa del presidente, Eleanor Roosevelt, brindaba a la causa de los afroamericanos; con ella de aliada en la Casa Blanca el tiempo de la segregación racial en las escuelas públicas se veía por primera vez en riesgo de ser desmantelado. Eleanor pensaba igual que Marshall, la desegregación de las escuelas sería solo el principio, de ahí se podría seguir con la revocación de todas las leyes que excluían a los afroamericanos de una auténtica participación social.

Desde el Fondo para la Defensa Legal de la NAACP, Marshall se había trazado un plan de acción para combatir la segregación racial en las escuelas públicas. No se trataría de pelear en la corte por todas y cada una de las desigualdades que se pudieran encontrar, que eran muchas, en la aplicación de *separate but equal*. Marshall sabía que en algún momento tendrían que combatir la segregación misma y no solo las desigualdades que producía. No tenía todavía el caso que pudiera llevarlo hasta allá, pero se daba cuenta poco a poco de que la labor de la NAACP iba arrojando pequeñas victorias, si bien el cambio se movía todavía a una velocidad "geológica", era ya perceptible a la observación aguda que lo caracterizaba. Marshall y los abogados del Fondo para la Defensa Legal sabían que el caso que se usara para combatir la segregación tendría que ser impecable, contundente, inobjetable, mientras tanto seguían avanzando en combatir las desigualdades específicas producidas por *Plessy*...

En agosto de 1948, en *McLaurin v. Oklahoma State Regents of Higher Education*, se estableció que a los solicitantes negros que aplicaran para educación superior se les deberían de dar las mismas facilidades que a los blancos, pero en condiciones de segregación. Así que a George McLaurin, de 68 años, que quería estudiar una maestría en educación en la Universidad de Oklahoma, se le hizo sentarse solo en un salón de clases y se le asignó un escritorio especial para él en la biblioteca y en la cafetería, y se le proporcionó una mesa especial en la que debería de tomar sus alimentos a diferente hora que el resto de los alumnos. McLaurin fue aislado del resto de la comunidad universitaria por el solo hecho de ser negro. La Suprema Corte echó abajo la resolución de la Corte de Oklahoma en abril de 1950, lo que le permitió a McLaurin el uso de las instalaciones de la universidad; sin embargo, los lugares disponibles para él seguirían estando marcados por un cordón alrededor. Los estudiantes blancos en poco tiempo se deshicieron de los cordones, y aunque McLaurin seguía obligado a usar la misma mesa en la cafetería, aula y biblioteca, la comunidad universitaria, menos fanática que sus legisladores y jueces, eliminó al poco tiempo las cuerdas. Este era un pequeño triunfo de la igualdad.

La Corte había establecido en 1950 que *separate but equal* no podría seguir siendo solo un eslogan, tendría que ser real. Tendría que haber verdadera igualdad en todos los servicios que se consideraran separados, de otra forma la medida sería inconstitucional, pues violaría la 14ª Enmienda de la Constitución. "En Oklahoma era tan vehemente la oposición a la desegregación que la ley establecía multas de 100 a 500 dólares para cualquier escuela o institución educativa que enseñara a blancos y a negros al mismo tiempo, y una multa de 20 dólares diarios a cualquier alumno que atendiera a esos cursos".[10] Tiempo después el candidato demócrata a gobernador de Georgia, Marvin Griffin, declararía: "Así llegara el infierno o una gran inundación, las razas no serán mezcladas en el estado de Georgia mientras yo sea gobernador".[11] Para muchos jueces y abogados comenzaba a quedar claro que bajo *Plessy* los negros eran ciudadanos de segunda clase, y en el trato que se les daba en el acceso a la educación pública se violaba la 14ª Enmienda de la Constitución. Pocas costumbres en el sur de Estados Unidos se habían vuelto más resistentes a su erradicación que la separación *de las razas* en todo el ámbito de la vida social, económica y política.

La mayoría de la sociedad norteamericana estaba contra la segregación racial, sus defensores eran minoría, pero tenían el poder en los estados del sur que gobernaban. Había blancos que apoyaban la causa de la desegregación en las escuelas, por ejemplo en Merriam, Kansas, en donde Esther Brown, una hermosa mujer blanca de pelo castaño, apoyó a los negros contra la oposición de una parte de su comunidad que no aceptaba la desegregación escolar. Esther fue amenazada, insultada, le prendieron una cruz en su jardín, a su esposo lo corrieron de su trabajo, su suegro la llamaba "comunista" a sus espaldas.

El asunto de la desegregación no era fácil, pues existía también en muchos negros la idea de que esta no sería una buena idea. Los maestros negros temían que con la desegregación de las escuelas los blancos no les dejaran dar clases a sus hijos y perdieran su trabajo. Incluso aunque algunos maestros negros fueran conservados, tendrían que competir con maestros blancos que estaban mejor formados y educados que ellos. Eran estos miedos los que llevaron a una parte de los afroamericanos a no apoyar los esfuerzos por desegregar las escuelas públicas en un primer

---

[10] *Ibid.*, p. 257

[11] Brent J. Aucoin, "The Southern Manifesto and Southern Opposition to Desegregation", *The Arkansas Historical Quarterly*, vol. 55, núm. 2 (verano de 1996), p. 180.

momento. Una sociedad más integrada hacía temer a todos los profesionistas afroamericanos (doctores, abogados, contadores, etc.), que prosperaban relativamente entre clientelas negras, a la competencia que tendrían que enfrentar con los profesionistas blancos para conservar a sus clientes. Toda presión de la comunidad negra sobre los blancos producía hostilidad, presionar para desegregar produciría muchas más fricciones sociales de las que se tenían hasta ese momento

El mejoramiento de las escuelas poco a poco generó un problema para la estrategia de eliminar la segregación. La gente veía que se avanzaba en el mejoramiento de la calidad de los servicios separados para los negros y no quería iniciar el incierto camino de la desegregación, abandonando lo que ya se había logrado. Había una gran resistencia entre las diversas oficinas regionales de la NAACP, porque veían que había un progreso real en el mejoramiento, no solo de escuelas, sino de otros servicios como parques, bibliotecas y albercas. Tendrían que dejar a un lado esas mejoras, en algunos casos muy sustanciales, para dedicarse a luchar contra la segregación como único fin. No era fácil convencer a los negros que ya disfrutaban por primera vez en decenas de años de algunas ventajas de *separate but equal*. Finalmente, si la Suprema Corte no echaba abajo algo tan absurdo como la segregación racial, bien podrían regresar a las cortes a buscar la mejoría de las instalaciones segregadas como lo habían hecho hasta ahora. A Marshall no le parecía posible argumentar contra la segregación un día y, tras perder, regresar al día siguiente ante los mismos jueces para argumentar a su favor, pidiendo instalaciones separadas de mejor calidad para los negros.

En el sistema jurídico norteamericano el juez de distrito es el centro de la vida judicial federal, él decide cuál evidencia podrá ser presentada y cuál no, es el que crea los antecedentes en cada caso y mantiene la mayoría de los procedimientos judiciales; puede acelerar o desacelerar esos procedimientos, obligar la presentación o investigación de los hechos, ofrece la primera decisión conforme a la ley y propone remedios para el caso. Con todo esto, no tiene la última palabra, pues todas sus decisiones pueden ser automáticamente apeladas. Los jueces se arriesgan a nuevas interpretaciones cuando la evidencia no es suficiente o es de carácter dudoso, o los precedentes del caso son ambiguos. Los litigantes potenciales, por tanto, tienden a considerar la filosofía judicial, el carácter y la historia de un juez de distrito antes de presentar un caso ante él, porque si bien es cierto que las opiniones de una Corte de Distrito son normalmente revisadas y modificadas por la Corte de Apelaciones, el récord de un caso comienza ahí y puede ser fatalmente afectado por la hostilidad o simpatía que el juez tenga sobre el asunto.

El primer caso que Marshall presentó para combatir directamente la segregación racial y no solo sus consecuencias en desigualdad, lo hizo ante la Corte Federal de Distrito en Carolina del Sur y se llamó *Briggs v. Elliot*. La razón que Marshall tuvo para presentar ahí el caso se debía a que el juez de distrito que la presidía, Julius Waties Waring, era un sólido opositor a la segregación racial. Nacido en Charleston, Carolina del Sur, Waring perteneció a la clase dominante de su estado, por lo que su educación se realizó en uno de los ambientes más racialmente segregado de todo Estados Unidos. El divorcio de su primera esposa y su matrimonio con una *socialité* del norte conmocionó a la conservadora sociedad de Charleston, que se puso en su contra dándole la espalda, por lo que el juez experimentó en carne propia lo que significaba la exclusión de la sociedad. Mucho le hizo comprender ese rechazo como para aproximarse a la situación en la que se encontraban los afroamericanos en su estado. Waring pasó por un proceso de radicalización que llegó hasta el punto de condenar abiertamente la segregación racial. Hablando en una iglesia de Harlem proclamó: "El cáncer de la segregación racial nunca podrá ser curado por el sedante del gradualismo". Nada podría haber sido más estimulante para Marshall que escuchar a un juez federal de Estados Unidos diciendo que habría que acabar con la segregación racial de tajo, y no poco a poco.

Por esa misma época llegaron a la NAACP dos psicólogos que se encontraban realizando experimentos sobre el efecto que la segregación racial causaba en los niños afroamericanos. Kenneth B. Clark y Mamie P. Clark era un matrimonio de psicólogos afroamericanos que trabajaron sobre el impacto que la segregación racial en las escuelas públicas causaba sobre la vida afectiva y emocional de los niños negros. La pareja realizó múltiples experimentos con niños de primaria que ponían en evidencia el daño psíquico que la separación de negros y blancos en las escuelas públicas ocasionaba a los pequeños afroamericanos. Para su tesis de maestría en la Universidad Howard, Mamie desarrolló dos experimentos que terminaron jugando un papel determinante en la sentencia que emitió la Suprema Corte en el caso de *Brown v. Board of Education*. Los experimentos indicaban claramente que los niños afroamericanos rechazaban su color de piel o preferirían que este fuera más claro.

El primer experimento que Mamie y Kenneth desarrollaron interesó a Charlie Houston y a Marshall para presentarlo como evidencia en los juicios que se seguían para combatir la segregación. El experimento consistía en contrastar la autopercepción, relacionada con su raza, en niños afroamericanos (5-7 años) de una escuela segregada en Washington, D. C., contra una escuela no segregada en la ciudad de Nueva York. A cada niño que participó se le presentaron dos muñecas idénticas salvo por el color de su piel y por el color y forma de su pelo. Una muñeca era blanca con el pelo amarillo y la otra era café con el pelo negro. A los niños se les preguntó con cuál muñeca jugarían. ¿Cuál parecía la muñeca buena y cuál la muñeca mala? ¿Qué color era más bonito?, etc. Los primeros resultados mostraron una clara preferencia por la muñeca blanca en la mayoría de los niños que participaron. Los niños negros preferían ser blancos o tener la piel mucho más clara de lo que en realidad la tenían, o no tenían conciencia de ser negros. Los resultados demostraron que, por su propia naturaleza, la segregación perjudica a los niños y, por extensión, a la sociedad en general. La demostración se utilizó en varias batallas legales que llevaba a cabo Marshall contra la segregación. Los Clark testificaron como peritos en varios casos contra la separación escolar, el primero fue el de *Briggs v. Elliot*, proporcionando a los abogados de la NAACP un buen argumento científico contra la segregación frente jurados y jueces.

En *Briggs v. Elliot* la disputa se refería al transporte escolar; este no se encontraba disponible para los afroamericanos, solo los blancos podían utilizar el servicio. A pesar de contar con instalaciones de inferior calidad, con maestros mal pagados y con prácticamente ningún material didáctico que agilizara la enseñanza, los negros tenían que caminar para ir a la escuela. En la comunidad de Jordan, Carolina del Sur, algunos alumnos tenían que caminar varios kilómetros diarios para llegar a su escuela y otros tantos de regreso a su casa al finalizar la jornada escolar. Conociendo estos datos, Harry y Eliza Briggs, residentes de Summerton, se unieron con otras 21 familias para tratar de conseguir un autobús que transportara a sus hijos. Visitaron al superintendente de la escuela, R. M. Elliott, para solicitarle un vehículo, pero este rechazó su petición argumentando que no había transporte escolar para los negros, "porque estos pagaban muy pocos impuestos, y que cargarles la mano a los blancos con la compra de un autobús para los negros sería muy injusto". Para ese momento las escuelas del condado de Clarendon utilizaban 33 autobuses para el transporte escolar de alumnos blancos, ninguno transportaba alumnos negros, que eran los que vivían más lejos de las escuelas.

Cuando empezó el litigio en la Corte de Distrito de Charleston que presidía el juez Waring, mucha gente de color de toda la región se congregó en el edificio del juzgado para presenciar el juicio. "No habían sabido hasta entonces que alguien pudiera apoyarlos, y llegaron hasta ahí porque creían que la Corte de Distrito de Estados Unidos era una corte libre, y ellos creían en la libertad". A pesar de su simpatía por el caso, el juez Waring sabía que tenía que cumplir los procedimientos legales con extraordinario cuidado, pues si cometía un solo error, la segregación legal establecida en *Plessy* podría durar muchos años más.

Tanto Waring como Marshall sabían que el estado de Carolina del Sur reconocía las desigualdades de su sistema educativo y que solo pedía tiempo para corregirlas, tiempo para construir mejores escuelas para los negros, tiempo para poder adquirir transporte escolar, tiempo para equipar las aulas, etc. El estado estaba dispuesto a realizar todas las inversiones necesarias con tal de que la segregación racial en las escuelas públicas no terminara. Pero el camino que tomó el litigio desconcertó a los representantes del gobierno del estado. Marshall había llevado al juicio a varios especialistas que testificarían sobre el daño psíquico y emocional que los niños afroamericanos sufrían con la segregación. La segregación racial estaba afectando a los niños negros de manera brutal. "El 90% de los psicólogos, antropólogos y sociólogos a los que se les preguntó estuvieron de acuerdo en que la segregación racial tenía un efecto negativo en detrimento de las personalidades de aquellos individuos que eran sus víctimas, y el 82% estuvo de acuerdo en que la segregación también era negativa en el grupo que la practicaba, produciendo en ellos sentimientos de culpabilidad".[12]

El primer efecto que tuvo el juicio fue que tanto Harry como Eliza Briggs fueron despedidos de sus respectivos trabajos por haber firmado la petición de litigio que daba nombre al caso. A pesar de que la decisión del juez Waring fue la de no abolir la segregación, el caso fue turnado a la Suprema Corte y formó parte del paquete de juicios que esta seleccionó para revisar la constitucionalidad de *separate but equal* en *Brown v. Board of Education*.

Oliver Brown había decidido dejar de ser un ciudadano de segunda clase y participó en el grupo que demandaba, encabezado por el Fondo para la Defensa Legal de la NAACP al mando de Thurgood Marshall, la

---

[12] Richard Kluger, *op. cit.*, p. 354.

terminación de la segregación racial en las escuelas. Para todos quedaba claro que quien diera su nombre para encabezar una causa como esa tendría que prepararse hasta para morir por ella. Los blancos lo atacarían desde todos los ángulos y formas. La hija de Oliver, Linda, cursaba el tercer año de primaria y tenía que caminar seis cuadras hasta la parada del autobús que la llevaría, después de un kilómetro y medio más, a la escuela Monroe Elementary, donde estudiaba, cuando a solo siete cuadras de su casa había una escuela, Sumner Elementary, a la que podría asistir, pero esta solo admitía alumnos blancos. Cuando el caso fue presentado por los padres de familia que representaba Marshall ante la Corte Federal de Distrito en Kansas el 28 de febrero de 1951, se conoció el nombre que se usaría para identificarlo según las reglas de la propia Corte que tomaba el apellido del primer demandante en la lista, que en este caso era Brown, para así dar nombre al caso, de tal forma que el juicio sería universalmente conocido como *Brown v. Board of Education of Topeka, Kansas*. El juez fijó el 25 de junio del mismo año como la fecha en la que se iniciaría el juicio.

Para 1951, cuando la Suprema Corte revisó el caso de *Brown v. Board of Education*, en el estado de Texas no se permitían peleas de box entre negros y blancos. En Florida no se permitía que estudiantes blancos y negros usaran los mismos libros de texto. En Arkansas blancos y negros no podían entrar juntos a la casilla en donde se encontraba la urna para votar. En Alabama a las mujeres blancas se les prohibía atender como enfermeras a un negro en el hospital. En seis estados prisioneros blancos y negros no podían ser atados unos a otros. En siete estados los pacientes de tuberculosis eran separados por raza. Diez estados requerían salas de espera separadas para blancos y negros en estaciones de trenes y camiones. Once estados requerían que los pasajeros negros viajaran en la parte de atrás de autobuses y tranvías. Once estados operaban escuelas separadas para ciegos negros y blancos. Catorce estados segregaban a los viajeros de ferrocarril dentro de sus propias fronteras. Catorce estados segregaban los hospitales para enfermos mentales. En mayo de 1951, 17 estados requerían la segregación de las escuelas públicas. "El distrito escolar No. 22, en el Condado de Clarendon, en Carolina del Sur, era uno más de los 11 173 distritos escolares en Estados Unidos en donde se segregaba a los niños en la escuela. Lo que las cortes dijeran acerca de la legalidad de la segregación afectaría el destino de 11.5 millones de niños en edad escolar en los estados que segregaban racialmente a su población estudiantil. Afectaría también toda otra forma de segregación racial y el orgullo de 15 millones de negros en todo Estados Unidos".[13]

El primer presidente, antes o desde Lincoln, en arriesgar su futuro político por el apoyo a los afroamericanos fue Harry S. Truman. "Debemos de convertir al gobierno federal en amigo y defensor vigilante de la igualdad y los derechos de todos los americanos. Y otra vez quiero decir, de todos los americanos".[14] Truman nombró en 1949 a William H. Hastie, un abogado afroamericano, como juez de la Corte de Apelaciones de Estados Unidos del Tercer Circuito; había sido el cargo más alto que un negro hubiera obtenido en el sistema judicial de Estados Unidos hasta ese momento.[15] Hastie había sido maestro en Howard University y colaborador cercano de Marshall en el Fondo para la Defensa Legal de la NAACP. Con el nombramiento de Hastie como miembro del Tribunal de Apelaciones, Truman enviaba un poderoso mensaje a los jueces de la Suprema Corte: es tiempo de velar por los derechos de todos, y ese "todos" incluye a los negros.

Para 1951 era claro para Marshall que el sistema de segregación en las escuelas públicas estaba muerto, sin embargo, podría tardar varios años más en que la Suprema Corte revocara *separate but equal*. A todos

---

[13] *Ibid.*, p. 327.

[14] *Ibid.*, p. 250.

[15] Hastie había sido electo gobernador de las Islas Vírgenes en 1946, lo que lo convirtió en el primer gobernador afroamericano en la historia de Estados Unidos. Aunque los ciudadanos de las Islas Vírgenes no pueden votar por el presidente de los Estados Unidos.

los participantes y observadores sorprendió que esa revocación tan esperada de parte de la Corte de hecho sucediera, a pesar de que muchos la veían venir inevitablemente. Después del fallo de la Suprema Corte en *Sweatt*, Marshall escribiría: "… toda la estructura de segregación racial en la educación pública parece haber recibido un golpe demoledor".[16] Finalmente la decisión de la Suprema Corte al revisar *Brown v. Board of Education* no era más que la culminación de un trabajo legal de varias décadas por parte de la NACCP, acompañado de una movilización social de base vigorosa, que demandaba un trato justo para los afroamericanos.

Como era de esperarse, en Kansas la Corte de Distrito falló a favor de la Junta de Educación (Board of Education) del estado, mantuvo la legislación estatal que regulaba el *separate but equal*, y por lo tanto la segregación racial en las escuelas públicas. Aunque la Corte aceptó que la segregación racial afectaba el rendimiento escolar y emocional de los niños, mantuvo su fallo, dado que las escuelas de blancos y negros en Kansas eran bastante iguales en cuanto a la calidad de los edificios, el transporte escolar y la calificación educativa de los maestros.

Lo que se conoce como la sentencia de la Suprema Corte en *Brown v. Board of Education*, fue en realidad el nombre que se le asignó a la revisión por parte de la Corte de cinco casos relacionados con la segregación escolar en varios estados de la Unión. Los casos fueron: *Brown v. Board of Education of Topeka, Kansas* (presentada en Kansas y por ser el primero en la lista, da nombre al conjunto de casos revisados), *Briggs v. Elliot* (presentada en Carolina de Sur), *Davis v. County School Board of Prince Edward County* (presentada en Virginia), *Gebhart v. Belton* (presentada en Delaware) y *Bolling v. Sharpe* (presentada en Washington, D. C.). Todos los casos habían sido presentados ante un juez de distrito en sus

---

[16] Clayborne Carson, "The Fateful Turn toward Brown v. Board of Education", *Washington History*, vol. 16, núm. 2, Commemorating the 50th Anniversary of Brown and Bolling (otoño-invierno de 2004-2005), p. 9.

respectivos estados y en todos los casos se había denegado la petición de revocar la segregación. Los casos también habían pasado por la Corte de Apelaciones, que sostuvieron las sentencias de los jueces de distrito, por lo que eran entonces susceptibles de ser revisados por el máximo tribunal de la nación.

En una reunión a puerta cerrada de la Suprema Corte celebrada entre el 7 y el 9 de junio de 1952, los jueces votaron aceptar revisar la segregación racial en las escuelas públicas, pero esta resolución no se la comunicaron al público, esto era normal y parte de los procedimientos judiciales utilizados por la Corte. No fue sino hasta seis meses después, el 9 de diciembre de 1952, al final de la presidencia de Truman,

> cincuenta y seis años después de que la segregación fue adoptada en *Plessy v. Ferguson*, 90 años después de la Proclamación de la Emancipación, 163 años después de la ratificación de la Constitución, y 333 años después de que se supiera que el primer esclavo africano había sido comprado en las costas del Nuevo Mundo, que la Suprema Corte de Justicia convino en escuchar los argumentos para saber si la gente blanca de Estados Unidos podría continuar tratando a los negros como sus súbditos.[17]

La argumentación sobre los casos en la Suprema Corte inició durante la primavera de 1953, pero no le fue posible decidir sobre el asunto y fijó una nueva audiencia para el otoño de ese mismo año. Los estudiosos del caso opinaban que la Corte tenía en la primera audiencia asegurado un voto de 5-4 a favor de derogar *Plessy v. Ferguson* y dar paso a la desegregación escolar en todo el país, aboliendo *separate but equal*, pero el presidente de la Suprema Corte en ese momento, Fred M. Vinson, se oponía a derogar *Plessy*. El tema sobre el que se decidía era tan relevante en la vida social y política de los estadounidenses que los jueces de la Corte

---

[17] Richard Kluger, *op. cit.*, p. 542.

consideraron que sería mejor lograr una mayoría más holgada y decidieron posponer la discusión unos meses en beneficio de poder lograr esa mayoría. El punto sobre el que se centró la discusión era si la cláusula de protección igualitaria de la 14ª Enmienda de la Constitución podría prohibir o no la operación de escuelas separadas para negros y blancos. Los jueces que estaban a favor de terminar con la segregación racial en las escuelas públicas consideraban que habría que invertir el tiempo que fuera necesario para convencer a los jueces que dudaban, pues, aunque una decisión dividida de la Corte tenía el mismo valor que una decisión unánime, esta sería prácticamente inatacable, mientras que la dividida podría enviar la señal de que el fallo se podría revertir, proveyendo así el insumo fundamental para avivar la agitación política.

Nueve jueces blancos decidirían el destino de millones de negros en relación con su educación. Los jueces William O. Douglas, Hugo Black, Harold Burton y Sherman Minton estaban dispuestos a revocar *Plessy vs. Ferguson*. Fred M. Vinson, presidente de la Suprema Corte, se había cuidado de no hacer evidente su posición, pero era el que más dudas mostraba sobre el asunto. Stanley F. Reed estaba a favor de la segregación, señalaba que a los afroamericanos les funcionaba mejor la "separación de las razas". Tom C. Clark escribía: "Hemos hecho pensar a los estados que la segregación está bien, y creo que debiéramos dejarles a ellos la resolución del asunto". Robert H. Jackson y Felix Frankfurter se oponían a la separación de negros y blancos en las escuelas, pero temían que la Corte fuera acusada de activismo judicial (politización de la justicia) por los defensores de la segregación. Así estaban las cosas cuando la Corte pospuso la discusión del caso para el otoño.

El 8 de septiembre de 1953, inesperada y repentinamente, el presidente de la Suprema Corte de Justicia, Fred M. Vinson, murió de un ataque al corazón a las 3:15 de la madrugada en su casa de Washington, D. C., tenía 63 años. Su compañero de banca en la Suprema Corte, el juez Felix Frankfurter, sabía que el principal obstáculo que enfrentaba la Corte para lograr la desegregación racial en las escuelas públicas era precisamente la postura de su presidente. Al salir del servicio funerario en honor a Vinson en Louisa, Kentucky, al que asistieron todos los jueces del máximo tribunal, Frankfurter le comentó a un excolaborador: "Esta es la primera señal que tengo, en toda mi vida, de que Dios existe".[18]

El mayor opositor para derogar *separate but equal* dejaba el tribunal por una vía muy *igual*, en su lugar el presidente Dwight D. Eisenhower nombró al gobernador Earl Warren, quien había apoyado en California la integración de estudiantes mexicano-americanos a las escuelas públicas. Cuando Warren ocupó su lugar en la presidencia de la Corte después de haber sido ratificado por el Senado, argumentó que honestamente la única razón por la que alguien mantendría escuelas segregadas es porque cree que los negros son inferiores. Poco después Warren opinó que la Suprema Corte debería de revocar *Plessy* para mantener su legitimidad como una institución defensora de la libertad y que debería de hacerlo de manera unánime para evitar una posible resistencia masiva en el sur. Warren comenzó a construir el consenso para una decisión en ese sentido. Finalmente, la Corte dio un veredicto unánime derogando la segregación racial en las escuelas públicas el 17 de mayo de 1954.

En la opinión de la Corte escrita por Warren y firmada por todos los demás jueces puede leerse:

¿La segregación de los niños en las escuelas públicas únicamente con base en la raza, a pesar de que las instalaciones físicas y otros factores "tangibles" puedan ser iguales, priva a los niños del grupo minoritario de igualdad de oportunidades educativas? Creemos que así es [...] La segregación de los niños de raza blanca y de color en las escuelas públicas tiene un efecto perjudicial sobre los niños de color. El impacto es mayor cuando se tiene la sanción de la ley, ya que una política de separación de razas por

---

[18] *Ibid.*, p. 659.

lo general se interpreta como muestra de la inferioridad del grupo negro. El sentido de inferioridad afecta la motivación de un niño para aprender. La segregación con la sanción de la ley, por lo tanto, tiene una tendencia a retardar el desarrollo educativo y mental de los niños negros y de privarlos de algunos de los beneficios que recibirían en un sistema escolar racialmente integrado [...] Llegamos a la conclusión de que, en el campo de la educación pública, la doctrina de separados pero iguales no tiene cabida. Instalaciones educativas separadas son inherentemente desiguales. Por lo tanto, sostenemos que los demandantes y otros en situación similar para el que han sido presentadas las acciones son, en razón de la segregación de la que se quejaron, privados de la protección igual de las leyes garantizada por la 14ª Enmienda.[19]

En realidad, con el fallo de la Corte la lucha apenas comenzaba, Marshall lo había tenido claro todo el camino, la abolición de la segregación escolar era solo el principio, faltaba mucho más por cambiar para que los negros, ahora siendo parte de la sociedad, pasaran a formar parte del pueblo.

La sentencia de la Suprema Corte en *Brown v. Board of Education* significó el inicio de una larga década en la que la lucha por los derechos civiles de los afroamericanos marcaría al conjunto de acontecimientos sucedidos durante ella. Con el fallo de la Suprema Corte, la oligarquía sureña se sintió de nuevo amenazada, el norte se estaba metiendo otra vez con "sus negros" y eso resultaba inaceptable. Acusaron a la Suprema Corte de "activismo judicial", de traición a la Constitución, y de propiciar "el caos y la confusión" que dañaría irreparablemente las "amigables relaciones entre blancos y negros" que se habían logrado, "después de 90 años de esfuerzo de gente buena de las dos razas".

---

[19] Fallo de la Suprema Corte de Estados Unidos en el caso de *Brown v. Board of Education of Topeka, Kansas.*

Tratando de estructurar una protesta desde el poder, la oligarquía sureña lanzó una proclama en 1956 para combatir la decisión de la Suprema Corte de juzgar anticonstitucional la segregación racial, a la que denominaron pomposamente "El Manifiesto del Sur, Declaración de Principios Constitucionales"[20] (*The Southern Manifesto, The Declaration of Constitutiona Principles*), el cual firmaron todos los representantes demócratas en el Senado y en la Cámara de Representantes. Todos menos tres, Al Gore sr., Estes Kefauver y Lyndon B. Johnson. Adelante se desplegaría una década de lucha por los derechos civiles de los negros, que culminaría con la aprobación de la Ley de los Derechos Civiles de 1964.

---

[20] "Brent J. Aucoin, *op. cit.*, pp. 173-193.

13

Los derechos civiles de 1964 y la Ley
sobre el Derecho al Voto de 1965
(1963-1965)

En 1963 se cumplieron 100 años de la Proclamación de la Emancipación realizada por el presidente Abraham Lincoln el 1 de enero de 1863, con la que fueron liberados todos los esclavos negros que se ubicaban en el territorio de la Confederación durante la Guerra Civil. La lucha de los afroamericanos para formar parte de la sociedad había sido desde entonces en Estados Unidos verdaderamente cuesta arriba; la segregación y la discriminación son dos contradicciones para una nación fundada en el principio de que todos los hombres son creados iguales. A partir de la sentencia por parte de la Suprema Corte de *Brown v. Board of Education* en 1954, los esfuerzos para desegregar las escuelas públicas se habían topado con la más irracional y frenética resistencia de parte de los blancos. La desegregación iba muy lenta, y la inquietud social de los blancos y las movilizaciones de los afroamericanos iban en aumento. El gobierno federal se había visto incluso en la necesidad de enviar tropas hacia algunos estados del sur para garantizar la admisión de los afroamericanos en las universidades, a quienes se les impedía físicamente el paso. Utilizar la fuerza pública para obligar a negros y blancos a estudiar juntos resultaba en un ejercicio de lo más riesgoso para la sociedad; los gobiernos del sur se rehusaban a obedecer el mandato de la Suprema Corte. Al movimiento por los derechos civiles de finales de los años cincuenta y principios de los sesenta se le conoce entre algunos historiadores como la "Segunda Reconstrucción del Sur Norteamericano". Para ampliar esta analogía, se podría decir que la decisión de la Corte en *Brown*, que desegregaba las escuelas públicas del país, jugó un papel similar al que tuvo la elección de Abraham Lincoln a la presidencia en 1860, mediante ella se advertía a los sureños blancos que el gobierno federal pretendía alterar drásticamente el patrón establecido de las relaciones raciales en la región.

Entre el 1 y el 12 de marzo de 1956, con la firma del The Southern Manifesto, The Declaration of Constitutional Principles, con el que se denunciaba a la sentencia de la Suprema Corte en *Brown* como tiránica, y que fue firmado por senadores y representantes del sur repudiándola, parecía como si los estados rebeldes del sur hubieran disparado de nuevo sus armas hacia el Fuerte Sumter. "Parecía una paradoja que, aunque Estados Unidos había emprendido la celebración centenaria de la Guerra Civil, se encontraba algunas veces a la puerta de iniciarla de nuevo. De muchas formas, la América de Kennedy, como la América de Lincoln, eran dos países, norte y sur, negro y blanco, separados y desiguales".[1] El gobierno de Kennedy simpatizaba con la lucha de los negros por los derechos civiles, pero intentaba mantenerse distante para evitar el costo político que tendría ese apoyo entre la población mayoritaria de blancos. Pocos ejemplos resultan más ilustrativos de la ambivalencia de Kennedy ante el problema de los afroamericanos que su actitud en la ceremonia de conmemoración de los 100 años de la Proclamación de la Emancipación, el 1 de enero de 1963, a la que decidió no asistir al monumento a Lincoln durante el acto protocolario y se fue en cambio a Newport, Rhode Island, a presenciar la Copa América, una carrera de yates. Los años 1963

---

[1] Todd S. Purdum, *An Idea Whose Time Has Come, Two Presidents, Two Parties and the Battle for the Civic Rights Act of 1964*, Henry Holt & Company, Nueva York, 2014, p. 11.

y 1964, tomados juntos, marcaron un punto de quiebre histórico para el movimiento de los derechos civiles.

A finales de los años cincuenta a la oligarquía sureña le preocupaba, además de la educación desegregada, la agitación creciente por parte de los afroamericanos por el derecho al voto. Se calcula que entonces solo alrededor de 20% de los afroamericanos de todo el país se encontraban registrados para votar. Hubo intentos, que se diluyeron, para garantizar el voto negro, como la Ley de los Derechos Civiles de 1957, a la que el sur se opuso fuertemente, demostrando la urgente necesidad de una legislación más contundente.

Para 1957, Martin Luther King Jr. contaba con 28 años y se desarrollaba como líder del movimiento por los derechos civiles, desde donde denunció a los segregacionistas y supremacistas blancos que impidieron la confección de una verdadera ley de protección a los derechos políticos de los negros, como se consignaba en la 15ª Enmienda. Los racistas del sur quemaron las iglesias afroamericanas en las que se practicaba educación desegregada y se organizaba el registro de los electores negros. Físicamente atacaron a los activistas, incluidas mujeres que organizaban a la comunidad para votar. Impidieron, hasta donde pudieron, que los negros eligieran a sus representantes. King le envió una carta al presidente Eisenhower en la que le expresaba la "profunda decepción de millones de afroamericanos de buena voluntad, del norte y el sur, que formalmente buscaban su liderazgo y guía durante este periodo de inevitable cambio social". King trató de establecer una reunión con el presidente, pero este le pidió a su vicepresidente, Richard Nixon, que lo atendiera.

Las alarmas ya habían comenzado a sonar desde tiempo atrás en el tablero del gobierno. En 1955 había sido brutalmente asesinado el adolescente Emmett Till por saludar con un inocente piropo a una mujer blanca en una tienda en Money, Misisipi. Hacia finales del mismo año, de regreso de su trabajo, Rosa Parks se había sentado en la sección exclusiva para blancos de un autobús en Montgomery, Alabama, por lo que fue llevada a la cárcel y fichada, precipitando el boicot de los afroamericanos al transporte de la ciudad, que duraría más de un año, y que sería dirigido por el propio King, con el apoyo de la gran mayoría de los afroamericanos de Montgomery y el discreto apoyo del vicepresidente Richard Nixon. Rosa recordaría años después: "La gente siempre ha dicho que yo no quise dejar el asiento porque estaba cansada, pero eso no es cierto. No estaba cansada físicamente, o no más cansada de lo que por lo general estaba al final de un día de trabajo. Yo no era vieja; aunque algunas personas tienen una imagen de mí como de una viejita, tenía yo solo 42 años. No, de lo único que estaba cansada era de rendirme".

El 18 de febrero de 1861, con la Guerra Civil ya en curso, Jefferson Davis fue jurado como presidente de la Confederación de Estados Americanos en el Capitolio estatal de Alabama, en la ciudad de Montgomery. En su alocución como primer presidente del sur, Davis juró defender la esclavitud de los negros. En esa misma ciudad, el 5 de diciembre de 1955 nacía un poderoso movimiento formado por negros para establecer la desegregación del transporte público, que afectaría profunda y largamente a todo Estados Unidos. El movimiento de liberación surgía precisamente ahí, en donde se había fortalecido la dominación sobre los negros poco menos de 100 años atrás. King le explicaba a la gente en sus sermones como predicador: "Quiero que sepan que si Martin Luther King no hubiera nacido, este movimiento habría tenido lugar de todas maneras. Solo coincidió con que yo estaba aquí. Ustedes saben que llega un tiempo en el que el mismo tiempo está listo para el cambio. Ese tiempo ha llegado en Montgomery, y yo no he tenido nada que ver con eso".

King había sido nombrado pastor de la Iglesia Bautista de la avenida Dexter en Montgomery desde el año anterior, cuando solo tenía 25 años. Al iniciar el boicot contra el transporte público, los afroamericanos dirigidos por King organizaron un sistema de transporte mediante el cual 200 choferes voluntarios proporcionaban 20 000 viajes diarios en la ciudad. "La lucha es entre la luz y la oscuridad", solía repetir King, para rematar con su famosa frase: "El arco moral del universo es largo, pero se curva hacia la justicia". Muy pronto comenzaron los ataques sobre el pastor de la Iglesia Bautista de la avenida Dexter. Primero fue una amenaza de bomba en su casa, después, 34 amenazas de muerte en un solo día, finalmente una bomba explotó en la cocina de su vivienda a finales de enero de 1955. Poco tiempo después, la puerta de entrada fue volada de un escopetazo. Ante la desesperación, King recuerda haber escuchado claramente una voz en su interior: "Martin Luther King, levántate para defender la justicia, levántate para defender la verdad, Yo estaré contigo hasta el final del mundo".

El boicot al transporte se mantuvo durante 385 días, hasta que la Suprema Corte sostuvo la sentencia de una corte inferior que falló contra la segregación racial en el transporte público, designándola como ilegal. El boicot al transporte público segregado en Montgomery impactó la lucha por los derechos civiles en el país y convirtió a Martin Luther King en una figura pública, nacional e internacional. En 1959, King se mudó a la ciudad de Atlanta, en donde fundó, con otros pastores militantes de los derechos civiles, la Southern Christian Leadership Conference (SCLC, Conferencia de Liderazgo Cristiano del Sur) y se dedicó a luchar por los derechos civiles en todo el sur del país.

Un productor de Hollywood le preguntó alguna vez sobre la forma en la que pudiera terminar una película sobre su vida, y King le contestó: "Terminaría con mi asesinato". A King lo metieron preso en Alabama, Florida, Georgia, Misisipi y Virginia. Nunca dejó de compartir la suerte de su pueblo, morir asesinado le parecía lo más lógico, dado el clima de linchamiento que ha existido contra los negros desde siempre en Estados Unidos. King siempre se rehusó a considerar "lo que era correcto" a través de una encuesta pública, él creía que un dirigente no tendría que ser aquel que buscaba los consensos, sino aquel que los construía, pensaba que "el deber" no era algo que un dirigente debiera dejar a las encuestas, la audiencia no conoce de moral. En el verano de 1963, Martin Luther

King no solo conectó al pueblo norteamericano con su mejor tradición de lucha en favor de los débiles, sino que le restituyó su dimensión espiritual, aquella que establece a la justicia como el centro del amor.

Aunque en 1954, con la eliminación de *separate but equal*, la Suprema Corte había eliminado la posibilidad legal de que existiera segregación racial en las escuelas públicas, la plena desegregación tardaría muchos años en lograrse; la lucha fue larga y dura, los estados caminaron hacia la total desegregación de manera desigual, todavía en los ochenta se luchaba contra ella. En enero de 1963 George Wallace, después de haber ganado la elección para gobernador de Alabama con 96% de los votos, y que sería reelecto como gobernador cuatro veces más y buscaría la presidencia de Estados Unidos otras cuatro, amenazaba en su discurso inaugural como gobernador: "¡Segregación ahora, segregación mañana, segregación siempre!". Esto es casi 10 años después de que la Suprema Corte hubiera declarado anticonstitucional la segregación racial en las escuelas públicas. El discurso de Wallace en su toma de posesión mostraba que los blancos del sur no estaban dispuestos a ceder ni un milímetro en el reconocimiento de los derechos de los afroamericanos, y en respuesta, estos comenzaban en abril de ese año el crecimiento de las protestas con *sit-in's*[2] en restaurantes que no daban servicio a negros y con manifestaciones callejeras, dejando en claro que las movilizaciones continuarían hasta la eliminación de todo tipo de segregación racial en el país.

En muchos sentidos las vidas de Martin Luther King Jr., de los hermanos Kennedy y de Abraham Lincoln son paralelas, pero en un aspecto son iguales, los cuatro presenciaron una revolución y los cuatro fueron consumidos por ella. Su lucha contra la opresión de la segregación y

---

[2] Se trataba de una forma de protesta en la que afroamericanos, algunas veces acompañados de blancos, simplemente se sentaban en los lugares para blancos de un restaurante, en donde no se les daba servicio, hasta que la policía los evacuaba normalmente por la fuerza.

el racismo fue determinante en el resultado de los eventos en aquellos años. Ponerse en la línea de fuego era inevitable, como el mismo King reflexionaba: "… el opresor nunca da voluntariamente la libertad al oprimido. Tienes que trabajar por ella. La libertad nunca le es dada a nadie. Las clases privilegiadas nunca ceden a sus privilegios sin una fuerte resistencia".

El 28 de febrero de 1963 el presidente Kennedy envió la primera solicitud sobre derechos civiles que su administración hacía al Congreso, llamando al fortalecimiento de las disposiciones sobre el derecho al voto, abolición de las pruebas de alfabetización para votar, designación de árbitros electorales federales, nueva asistencia técnica y financiera para la desegregación de las escuelas y una extensión por cuatro años más de la Comisión Federal de Derechos Civiles que estaba a punto de expirar. Aunque la solicitud de Kennedy desafiaba a los demócratas sureños, pues tenía la profundidad y la fuerza que se requería, en el Congreso le dijeron al presidente que "esperara". Cuando King se enteró de la respuesta dijo: "¡Por años he escuchado la palabra 'espera'! Le resuena en el oído a cada negro con una punzante familiaridad. Este '¡espera!' casi siempre ha significado 'nunca'. King expresaba una decepción especial por los blancos moderados, quienes estaban más dedicados al orden que a la justicia; quienes preferían una paz negativa, que es la ausencia de tensión, a una paz positiva que significa la presencia de la justicia".[3]

Muchos adolescentes y niños afroamericanos participaron en las movilizaciones en Birmingham, Alabama, durante 1963, para eliminar todo tipo de segregación racial de la sociedad. "Queremos nuestros derechos, como todos los demás los tienen" (los "demás" eran los blancos), decían los adolescentes negros al ser entrevistados en la cárcel por la prensa. Cuando los niños negros preguntaban a sus padres por qué no se podían sentar a comer un sándwich o a tomar una limonada en el

---

[3] Todd S. Purdum, *op. cit.*, p. 30.

restaurante de una tienda departamental, los padres no tenían otra respuesta que decirles: porque somos negros. El daño moral y psicológico que un niño experimentaba al serle negado su ingreso a un restaurante por el color de su piel resulta brutal.

En la primavera de 1963 el pastor Fred Shuttlesworth, un combativo ministro religioso que pertenecía a la Iglesia Bautista de la Calle 16 en Birmingham, le solicitó a Martin Luther King Jr. y a la SCLC, que había ayudado a formar, que vinieran a la ciudad, en la que King había sido también pastor religioso, para ayudar en las movilizaciones multitudinarias que se empezaban a producir en demanda de la abolición definitiva de toda segregación racial. Para entonces Birmingham se estaba convirtiendo en la capital norteamericana de la protesta antisegregación, por lo que, ante el llamado, King y otros líderes religiosos afroamericanos se dirigieron a la ciudad para participar en lo que parecía ser un momento clave en la marea a favor de los derechos civiles: era la primavera de Birmingham. "A pesar de tener una tremenda desventaja, los negros pasaron de realizar acciones esporádicas y limitadas, a la realización de un amplio espectro de diferentes actividades en grado y forma de lo realizado en el pasado. Un nuevo espíritu se mostraba en la voluntad para manifestarse en las calles de comunidades en las que, por la tradición, se suponía que deberían cederles el paso a los hombres blancos que caminaran por las banquetas en la dirección opuesta".[4]

Medgar Evers era el presidente estatal de la NAACP en Misisipi, cuando los supremacistas blancos del estado lo pusieron en la mira y comenzaron a hostigarlo, primero incendiaron su oficina, después su automóvil, para terminar asesinándolo por la espalda a la entrada de su casa en la madrugada del 12 de junio de 1963. Al asesino se le detuvo y se le juzgó durante ese mismo mes, solo para dejarlo libre ante la imposibilidad de

---

[4] Clayborne Carson (ed.), *The Autobiography of Martin Luther King Jr.*, Grand Central Publishing, Nueva York, 2004, p. 152.

un jurado, formado solamente por blancos, para encontrarlo culpable y condenarlo. En 1994 el asesino, Byron De La Beckwith, fue juzgado de nuevo y encontrado culpable, murió en prisión en 2001 después de haber vivido 30 años libre tras haber asesinado a Evers.

El asesinato del dirigente negro se realizó al día siguiente de que John F. Kennedy pronunciara en red nacional su famoso discurso sobre los derechos civiles del 11 de junio, en donde propuso a la nación lo que después se conocería como la Ley de los Derechos Civiles de 1964. El discurso del presidente Kennedy transformó la lucha por los derechos de los afroamericanos, de un problema legal, en un problema moral para el país y por lo tanto en un problema político. En su discurso Kennedy expresaba:

Estamos enfrentados fundamentalmente con una cuestión moral. Que es tan vieja como las Escrituras y es tan clara como la Constitución de Estados Unidos. El meollo de la cuestión es si a todos los estadounidenses se les debe brindar igualdad de derechos e igualdad de oportunidades, si vamos a tratar a nuestros compatriotas como queremos ser tratados. [...] Cien años de retraso han pasado desde que el presidente Lincoln liberó a los esclavos, sin embargo, sus herederos, sus nietos, no son totalmente libres. Todavía no se liberan de las ataduras de la injusticia. Todavía no se liberan de la opresión social y económica. Y esta nación, con todas sus esperanzas y con todos sus alardes, no será totalmente libre hasta que todos sus ciudadanos sean libres.[5]

La decisión de la Suprema Corte en *Brown* estableció que era anticonstitucional que los niños negros en escuelas públicas fueran separados de sus contrapartes, los niños blancos. Después de aquel fallo de la Corte, Alabama tenía, como todos los demás estados de la Unión, que desegregar

---

[5] John F. Kennedy, "Civil Rights Address", 11 de junio de 1963.

todas las escuelas públicas, incluidas muy especialmente las universidades. En los años siguientes al fallo, cientos de afroamericanos aplicaron para su admisión en la Universidad de Alabama, pero a todos se
les negó sistemáticamente el acceso. La universidad trabajó de acuerdo
con la policía para encontrar antecedentes de infracciones mínimas que
descalificaran a los aspirantes de color, y cuando esto falló, los intimi-
dó hasta que desistieran de su intención para ingresar a la universidad.

Pero en 1963 tres afroamericanos con perfectas calificaciones, Vivian
Malone Jones, Dave McGlathery y James Hood, aplicaron para ingresar
a la universidad resistiendo todo tipo de intimidación. A principios de
junio, un juez federal de distrito había ordenado que los solicitantes
fueran admitidos en la universidad y le prohibió al gobernador Wallace
interferir con esa decisión. Ante la orden del juez, Wallace hizo algo
que jamás había hecho ningún otro gobernador en Estados Unidos, el
11 de junio se mantuvo parado frente a la puerta de entrada del Audi-
torio Foster, por donde tendrían que ingresar los alumnos afroamericanos, para impedirles él, con su propio cuerpo, el paso. Como era la
orden de un juez federal la que se tenía que cumplir, el fiscal general
adjunto de Estados Unidos, Nicholas Katzenbach, se hizo presente en
la universidad para solicitarle al gobernador Wallace que se quitara de la
puerta, este se rehusó y comenzó a dar un discurso sobre los derechos
de los estados denunciando al "enorme poder federal" como el verdadero problema de los habitantes del sur del país. Katzenbach le llamó
por teléfono al presidente Kennedy, quien federalizó inmediatamente
a la Guardia Nacional en Alabama, poniéndola bajo su mando, para que
removiera al gobernador Wallace de la puerta de entrada. A los pocos
minutos el general Henry Graham le ordenaba al gobernador: "Señor,
es mi triste trabajo el pedirle que se mueva de la puerta por órdenes del
presidente de Estados Unidos". Wallace habló un poco más pero finalmente se movió, permitiendo el paso de los estudiantes afroamericanos
a la universidad.

Medgar Evers fue sepultado en el Cementerio Nacional de Arlington el 19 del mismo mes de junio, con todos los honores militares y ante una multitud de 3 000 personas. El funeral irritó profundamente a los supremacistas blancos, pero el asesinato de Evers había encendido al máximo la movilización de los negros en demanda de verdadera igualdad de derechos con los blancos, igualdad que pasaba por la parte más difícil de aceptar para estos, la igualdad política. El derecho de los afroamericanos a votar para elegir a sus representantes, que a pesar de estar consagrado en la 15ª Enmienda de la Constitución se habría cumplido solamente en los años inmediatos a la Guerra Civil, sería el escenario de la siguiente gran batalla por hacer de los negros parte indiscutible del *We*, en "We the people…". A pesar de haber sido humillado públicamente por el presidente Kennedy, Wallace pudo ser electo nuevamente gobernador de Alabama en 1971 y 1983. Kennedy sería asesinado en Texas, un estado del sur de la Unión, cinco meses y 11 días después de que Wallace hubiera sido reprendido públicamente por él, en junio de 1963.

Mientras tanto, en Birmingham, la Iglesia Bautista de la Calle 16 se había convertido en el centro de operaciones del impetuoso y formidable movimiento que se estaba formando en la ciudad en defensa de los derechos civiles. Ahí se realizaban las reuniones de trabajo de los líderes, las celebraciones religiosas, la educación y formación de los jóvenes, y era también el punto de reunión y de salida de todas las manifestaciones que se realizaban sobre la ciudad. La autoridad recibía a las multitudinarias manifestaciones que partían de la iglesia de la Calle 16 con la característica amabilidad sureña: perros, cañones de agua y mucha policía. De esa época son las fotografías de perros mordiendo adolescentes negros, o de bomberos mojando a la multitud. En la iglesia de la Calle 16, el doctor King había planeado, junto con otros muchos dirigentes afroamericanos del sur del país, el asalto final a todo el sistema de leyes *Jim Crow*. Para el mes de septiembre ya habían sido detenidas en la ciudad, por participar en manifestaciones y *sit-in's*, más de 3 000 personas, muchas de ellas eran jóvenes e incluso niños. El movimiento comenzó a despertar a los negros en el sur y los llevó a movilizarse en contra de la segregación en un tono más combativo, "… en el que más del 5% de la población negra voluntariamente fue a la cárcel".[6]

Durante el verano de 1963 la mirada de todo el país se dirigía hacia Birmingham, en donde parecía que la población negra estaba decidida a tomarse en serio la no violencia predicada por King, metiendo en serios problemas a la supremacía blanca. Los afroamericanos no contestaron las agresiones, esto resultaba insoportable para la policía y para los supremacistas blancos, quienes cada vez más aparecían ante los medios como los fanáticos y los violentos. El jefe de la policía de la ciudad, Eugene *Bull* Connor, atrincherado por muchos años en una posición clave en la estructura de poder de Birmingham, desplegaba el mismo desprecio por los derechos de los negros como por la autoridad del gobierno federal, al que desafiaba. "De 1957 hasta enero de 1963, mientras Birmingham todavía reclamaba que sus negros estaban 'satisfechos', había 17 bombazos a iglesias y casas de defensores de los derechos civiles sin resolver".[7]

Temprano por la mañana, el 15 de septiembre, Bobby Frank Cherry, Thomas Blanton, Herman Frank Cash y Robert Chambliss, todos miembros del United Klans of America (KKK), colocaron una caja de dinamita con un detonador de tiempo para que estallara en el *basement* (sótano) de la Iglesia Bautista de la Calle 16 a la hora en la que los niños estarían en el sótano de la iglesia recibiendo sus clases de catecismo. El artefacto explotó, como había sido planeado, matando instantáneamente a cuatro niñas afroamericanas: Addie Mae Collins, Cynthia Wesley, Carole Robertson y Denise McNair. La indignación que provocó el acontecimiento fue mayúscula, despertó a toda la sociedad estadounidense, que exigió el inmediato castigo de los responsables. ¿Una bomba

---

[6] Clayborne Carson, *op. cit.*, p. 167.

[7] *Ibid.*, p. 172.

en una iglesia, el domingo en la mañana? Posiblemente el lugar en donde la gente se siente más segura después de su casa es en su iglesia, por eso el Ku Klux Klan quemó miles de hogares de afroamericanos y docenas de iglesias, querían que los negros se sintieran desamparados y terminaran con sus reivindicaciones de igualdad social, pero solo lograron ampliar la base de apoyo del pueblo norteamericano que respaldaba las reivindicaciones de los negros.

Otras bombas habían explotado antes de la bomba en la Iglesia Bautista de la Calle 16, otras explotaron después, al punto de que a Birmingham ya se le llamaba "Bombingham", pero ninguna causó una indignación mayor que la que asesinó a las cuatro niñas el 15 de septiembre. Pretendiendo lo contrario, y solo dialogando con el lenguaje de la fuerza, el Klan le abrió la puerta a la Ley de los Derechos Civiles que sería firmada en 1964. A los culpables del atentado no se les detuvo siquiera. Fue hasta 1977 que se juzgó a Robert Chambliss, *Dynamite Bob*, presunto responsable del atentado, 13 años después de que la bomba fabricada por él había destrozado la vida de cuatro niñas en una iglesia. De paso Chambliss, en su confesión, les hizo un favor a los supremacistas blancos que ocupaban el poder en el estado, haciéndose responsable de todas las explosiones ocurridas en Birmingham desde 1940.

Para King el movimiento surgido en Birmingham era el más inspirador que jamás hubiera tenido lugar en los Estados Unidos de América. Las masas de ciudadanos blancos de Birmingham no los atacaron, este fue uno de los aspectos más sorprendentes de la lucha ahí. La mayoría de la gente de la ciudad se estaba manteniendo al margen de la brutalidad policiaca, esto no era simpatía por la lucha de los afroamericanos, pero tenía un significado altamente simbólico este cambio de actitud en el sur, el de que los blancos se mantuvieran neutrales. "Esa neutralidad le daba certeza a nuestra lucha, la certeza de que estábamos en la ruta de la victoria". En Birmingham se jugaba no solo el destino de la ciudad o del estado de Alabama, sino el del país todo, las paredes de la segregación racial se estaban cayendo porque en esta comunidad más gente estaba dispuesta a defender la libertad e ir a la cárcel por ello, que en ninguna otra ciudad o en cualquier otro tiempo en Estados Unidos. Durante la campaña en Birmingham la casa del hermano de King, A. D. King, también fue bombardeada, así como lo fue la suite número 30 del Hotel Gaston, en donde se reunía la dirección del movimiento que presidía King.

En su discurso sobre los derechos civiles del 11 de junio de 1963, Kennedy enfatizó:

El niño negro nacido en América hoy, independientemente de la región o del estado en donde hubiera nacido, tiene la mitad de posibilidades de completar la preparatoria que un niño blanco nacido en el mismo lugar a la misma hora; un tercio de posibilidades de asistir a la universidad, un tercio de posibilidad de convertirse en un profesional adulto, el doble de probabilidad de convertirse en desempleado, un séptimo de probabilidad de llegar a ganar 10 000 dólares anuales; una expectativa de vida que es siete años más corta y la posibilidad de ganar solo la mitad de lo que gana un blanco.[8]

Kennedy había comprometido a los estadounidenses a garantizarles a los negros igualdad ante la ley, y había declarado que hacer eso era un imperativo moral. Ningún presidente de Estados Unidos había hecho eso, ni Lincoln; las palabras de Kennedy "fueron relámpagos en el cielo durante el verano del 63". En otra parte de su discurso Kennedy enfatizó:

Si un americano porque su piel es oscura no puede comer en un restaurante abierto al público; si no puede mandar a sus hijos a las mejores escuelas públicas disponibles; si no puede votar por los servidores públicos que lo representen; en corto, si no pueden disfrutar plena y libremente la

---

[8] John F. Kennedy, cit.

vida que todos queremos. ¿Quién de entre nosotros estaría contento de cambiar el color de su piel y ponerse en su lugar? ¿Quién de entre nosotros estaría entonces de acuerdo con los consejos de paciencia y espera?[9]

Casi un minuto después de que Kennedy terminara su alocución, Martin Luther King envió un telegrama a la Casa Blanca calificando al discurso del presidente como "uno de los alegatos más elocuentes, profundos e inequívocos en demanda de justicia y libertad que hubiera hecho cualquier otro presidente". Solo cuatro horas más tarde en Jackson, Misisipi, un hombre escondido entre los arbustos con un rifle haría un alegato diferente, asesinando por la espalda a Medgar Evers. El país escuchaba, veía y hervía. La Casa Blanca hizo planes para que la iniciativa de Ley de los Derechos Civiles fuera presentada ante el Congreso el mismo día del funeral de Medgar Evers en el Cementerio Nacional de Arlington; el presidente acompañó la ley con un mensaje en el que señalaba que su enfoque a un "problema central" trataba de ser "equilibrado", pero la respuesta de los congresistas del sur fue desalentadora. El senador Strom Thurmond, de Carolina del Sur, calificó a la iniciativa de "anticonstitucional, innecesaria, imprudente y más allá de la razón"; James Eastland, de Misisipi, el poderoso presidente del Comité de Judicial del Senado, la llamó "el plano para la construcción de un Estado totalitario". Richard Russell, de Georgia, denunció la medida como "una amenaza delincuencial contra toda nuestra filosofía de la libertad". Los blancos del sur iban a defender su mundo racialmente segregado con el mismo celo que sus antepasados habían defendido la anexión de Texas, la invasión a México y la permanencia de la esclavitud.

La primera audiencia que tuvo el Congreso sobre la Ley de los Derechos Civiles, conocida por su número de entrada ante la Cámara de Representantes como H.R. 7152, se realizó el 26 de junio de 1963. En

---

[9] *Ibid.*

ella estuvo presente el abogado general de la nación Robert Kennedy, quien advirtió: "Si fallamos en actuar rápido y sabiamente en este momento crucial de nuestra historia, dudas graves se cernirán sobre las premisas básicas de la democracia americana". Robert omitió un párrafo escrito en el texto que leía ante los congresistas que seguía a la parte: "Si fallamos…", y que decía así: "… las horrendas fuerzas de la violencia y el desorden seguramente se levantarán y multiplicarán por toda la nación". Robert omitió esa parte del discurso porque esa era precisamente la opinión de los congresistas segregacionistas del sur ante la creciente protesta de los afroamericanos.

La cerrazón de los legisladores del sur era impenetrable, su fanatismo era reconocible en otros momentos de la historia del problema, que llevaba por lo menos 100 años gestándose. "Apenas necesito recordarle a este Comité que para que a un hombre, mujer o niño americano se le excluya de un lugar público, no por otra razón que el color de su piel, es un insulto intolerable, insulto que no se disminuye por la sosa explicación de que se ha hecho así por más de 100 años". Las palabras de *Bobby* Kennedy sonaban demasiado altivas a los senadores del Comité Judicial, quienes nunca simpatizaron con él, pero ahora tenían motivos para temerle. Se opondrían a la ley con todos los recursos a su alcance. Sin embargo, la batalla en la calle crecía, King había encabezado una manifestación de 125 000 personas en Detroit el 23 de junio y hasta ese momento se habían realizado 639 manifestaciones a lo largo del país, en 174 ciudades. Muchos blancos del norte comenzaron a participar junto con los afroamericanos para terminar con todo tipo de segregación racial. El movimiento crecía y adquiría *momentum*; los verdaderamente irresponsables no eran los que proponían terminar con la segregación y la discriminación racial, sino los querían por todos los medios mantenerla, encabezados por las autoridades políticas de los estados del sur.

Después de que el presidente envió la ley al Congreso, King comenzó a trabajar más estrechamente con los Kennedy; se trataba de un estira y afloja permanente, no eran camaradas, eran aliados frente a los supremacistas blancos del sur y sus aliados dentro del Estado. El presidente Kennedy sabía que John Edgar Hoover, director del poderoso Federal Bureau of Investigations (FBI), lo espiaba a él y a todos sus colaboradores y aliados, incluyendo desde luego a King, a quien Hoover ya había calificado de "comunista" ante el presidente. Si Hoover llegaba a realizar la acusación pública de que Martin Luther King era un "comunista", el efecto que tendría esto sobre la aprobación de la ley sería desastroso, King lo sabía, pero también Hoover. Kennedy se reunió con King en el Rose Garden (Jardín de las Rosas) de la Casa Blanca, que se suponía libre de micrófonos, para prevenirlo sobre el asunto. En un lenguaje metafórico, que terminaría siendo real como las balas que los asesinaron, el presidente le advirtió a King: "Si a ti te tiran, nos tiran a nosotros también, así que te pedimos que seas cuidadoso".[10] Ante el problema de la segregación, King creía que el presidente "tiene la comprensión, tiene la habilidad política, pero me temo que le falta la pasión moral". Por participar con los hermanos Kennedy en el apoyo a su ley sobre los derechos civiles, muchos otros líderes negros más radicales consideraban a King un colaboracionista con el *statu quo*. La opinión de los negros sobre los derechos civiles era tan poco monolítica como la de los supremacistas blancos, aquellos estaban de acuerdo en terminar con la segregación, pero diferían en el cómo, estos estaban de acuerdo en impedirlo, pero no todos aceptaban las mismas fórmulas.

El 28 de agosto de 1963 el movimiento por los derechos civiles, encabezado por King, organizó una manifestación a Washington, D. C., a la que llamaron "Marcha a Washington por trabajo y libertad", la cual congregó "alrededor de 250 000 personas, 40 000 de ellas blancas",[11]

---

[10] Todd S. Purdum, *op. cit.*, p. 90.

[11] Mark Newman, *The Civil Rights Movement*, Edinburgh University Press, Gran Bretaña, 2004, p. 91.

entre el Monumento a Washington y el Monumento a Lincoln. "No hay duda, incluso en las profundidades de las mentes más prejuiciadas, que la marcha del 28 de agosto a Washington fue la más significativa y emocionante demostración de libertad y justicia en toda la historia de este país".[12] Dado lo agitado del momento en el que se realizaba la marcha, se temía que pudiera haber provocadores, por lo que los organizadores esperaban menos participación de la que realmente asistió. La marcha superó las expectativas de todos, se sumaron además actores de renombre mundial, como Paul Newman, Marlon Brando, James Garner y Diahann Carroll, actriz del momento que acababa de terminar la temporada en Broadway de la obra musical *No Strings*, sobre un romance interracial y que había sido todo un éxito. Cerca de 75 miembros del Congreso asistieron a la manifestación y fueron sentados en lugares especiales frente a los escalones del Monumento a Lincoln, desde donde hablarían los oradores, entre ellos King, que cerraría el programa con un discurso que haría historia, "I have a dream" (Tengo un sueño).

En cuanto la multitud se percató de la presencia de los legisladores comenzó a corear con fuerza: "¡Aprueben la ley!, ¡aprueben la ley!, ¡aprueben la ley!". Entre los legisladores se encontraba el senador por Massachusetts Edward Kennedy, el más pequeño de los hermanos, que a pesar de las advertencias del presidente de que no asistiera, su instinto político pudo más y no se perdió el evento político del siglo. El presidente mismo no pudo resistir la tentación y se subió al tercer piso de la Casa Blanca para echarle una mirada a la concentración. "Desde ahí no se podía ver mucho, pero se podía escuchar el rugido de la multitud", recuerda Preston Bruce, quien acompañaba al presidente. En su discurso, King pronunció las famosas palabras: "Tengo un sueño, es un sueño enraizado profundamente en el sueño americano. Tengo un sueño de que algún día esta nación se levantará y vivirá a la altura de su credo:

---

[12] Clayborne Carson, *op. cit.*, p. 218.

sostenemos que estas verdades son evidentes, que todos los hombres son creados iguales [...] Tengo el sueño de que mis cuatro hijos pequeños vivirán algún día en una nación en la que no serán juzgados por el color de su piel, sino por el contenido de su carácter. Hoy tengo un sueño".

Al final de la jornada en la que todos los manifestantes regresaron a sus estados, era difícil saber quién estaba más contento, si los organizadores de la marcha o el presidente, pues era claro que tremenda concentración significaba un empuje extraordinario para la aprobación de la ley enviada por la administración Kennedy al Congreso para remediar la segregación y la discriminación racial. "Un movimiento social que solo mueve a la gente, es una mera revuelta. Un movimiento que cambia a los dos, a la gente y a las instituciones, es una revolución. En el verano de 1963 hubo una revolución, porque cambió también la cara institucional de Estados Unidos. La marcha en Washington de 1963 ha sido las más grande manifestación política realizada hasta ahora en Estados Unidos, y fue uno de los primeros eventos en ser transmitido en vivo alrededor del mundo".[13] Al día siguiente de la marcha, Edgar Hoover hizo circular rápidamente un memorándum en los círculos oficiales de la capital en el que podía leerse: "A la luz del poderoso y demagógico discurso de King, debemos de marcarlo, si no lo habíamos hecho antes, como el negro más peligroso para el futuro de esta nación, desde el punto de vista del comunismo, de los negros y de la seguridad nacional".[14]

El sur, esa región ideológica más que geográfica de Estados Unidos, se iba a defender con todo lo que tuviera a su alcance en el Congreso para evitar la aprobación de la ley. En la presentación que el presidente Kennedy había hecho de su iniciativa de ley en su discurso del 11 de junio dejaba claramente establecido lo que se pretendía: "Dar a todos los estadounidenses el mismo derecho a ser atendidos en los establecimientos

---

[13] Steven Kasher, *Civil Rights Movement*, Abbeville Press, Nueva York, 1996, p. 12.
[14] Todd S. Purdum, *op. cit.*, p. 112.

públicos, hoteles, restaurantes, teatros, tiendas y establecimientos similares", así como "una mayor protección para el derecho al voto". Después de que la ley fue presentada ante la Cámara de Representantes el 19 de junio, esta pasó al Comité Judicial de la Cámara, cuyo presidente, Emmanuel Celler, demócrata por Nueva York, fortaleció muchas de sus disposiciones y agregó la posibilidad de que el Departamento de Justicia pudiera demandar a los estados ante la violación de cualquiera de las disposiciones estipuladas en la ley. El Comité presidido por Celler realizó varias audiencias para conocer las diferentes posturas sobre el asunto, y a principios de noviembre la ley llegó al poderoso Comité de Reglas, presidido por Howard W. Smith, un segregacionista de Virginia que había prometido que la ley no saldría nunca de su Comité.

El Comité de Reglas de la Cámara de Representantes era el encargado de controlar el flujo de legislación que se enviaba al pleno para ser votada, si su presidente se lo proponía, podía evitar que alguna ley nunca llegara al piso de la Cámara para su votación. Este era el caso de la ley H.R. 7152 sobre los derechos civiles, que el presidente Smith pretendía dejar en la congeladora legislativa indefinidamente. Smith llamó a la Ley de los Derechos Civiles "instrumento monstruoso para la opresión de todos los norteamericanos" y acusó a King de "estar asociado con los comunistas y respaldado por hordas de agentes federales" con los cuales pretendían "invadir de nuevo el sur". Mientras esto sucedía en Washington, D. C., el famoso músico afroamericano Sam Cooke y su banda eran detenidos y encarcelados por pretender alojarse en un hotel Holliday Inn solo para blancos en Shreveport, Luisiana. Por ese tiempo, en Augusta, Georgia, había cinco hoteles y moteles que aceptaban perros, pero solo uno que aceptaba negros.

En medio del más alto y encendido debate legislativo sobre la segregación racial en el país desde la Guerra Civil, el 22 de noviembre, en Dallas, Texas, John F. Kennedy era asesinado. Abraham Lincoln, el último presidente que había propuesto al Congreso un cambio radical en el trato a los afroamericanos, también había sido asesinado. A Kennedy lo asesinaron los supremacistas blancos del sur. En el cálculo de su muerte jugaba el hecho de que quien tomaría su lugar era el vicepresidente Lyndon B. Johnson, originario de Texas, un sureño. Otro sureño, de apellido también Johnson y de infausta memoria, había sucedido a Lincoln después de ser asesinado, traicionando, como ya vimos, el legado su antecesor. Pero el Johnson de 1963 estuvo a la altura de las circunstancias y tomó la legislación sobre los derechos civiles de Kennedy como suya, y la impulsó con fuerza y decisión en el Congreso.

Es probable que de no haber actuado así, Johnson hubiera enfrentado una protesta social de proporciones mayúsculas. En su primera alocución como presidente a una reunión conjunta del Congreso el 27 de noviembre, Johnson les señaló a los legisladores que no habría mejor homenaje al presidente asesinado que la aprobación de la Ley de los Derechos Civiles que Kennedy había propuesto al Congreso en junio. Los primeros meses de 1964 encontraron a los legisladores enfrentados amargamente sobre la ley. Los senadores segregacionistas realizaron un *filibuster*[15] a la ley durante 54 días, hasta que finalmente sus defensores pudieron juntar los 67 votos necesarios para romperlo. Posteriormente, la ley fue enviada a la Cámara de Representantes para su aprobación y el presidente Johnson la firmó el 2 de julio de 1964.

Importa resaltar el hecho de que alrededor de un tercio de los congresistas norteamericanos estuvieron en contra de otorgarles a los afroamericanos los mismos derechos que a los blancos en 1964. Las cifras en el Congreso parecieran ser en este caso un espejo de la opinión pública. Tres meses después del asesinato de John F. Kennedy, 63% de los estadounidenses blancos y 31% de los blancos del sur apoyaban la aprobación

---

[15] El *filibuster* es un recurso de práctica parlamentaria instituida en Estados Unidos para asegurar la voz de la minoría, sin embargo, ha devenido en una práctica parlamentaria para evitar que una ley sea votada cuando no se tienen los votos para impedirlo en el pleno. El *filibuster* eleva a dos tercios de la Cámara la mayoría necesaria para aprobar cualquier ley.

de legislación para proteger los derechos civiles. Ambas cámaras del Congreso aprobaron una monumental e histórica afirmación sobre la verdad expresada por la Declaración de Independencia de que "todos los hombres son creados iguales". La germinación de esta ley puede ser ubicada en la revuelta de los negros de 1963, cuyo epítome son las mangueras de agua, los perros policía y los miles de manifestantes en Birmingham contra la segregación racial, en la masiva asistencia a la magnífica marcha de Washington y en el martirio de un presidente. La legislación no fue producto de la caridad de los norteamericanos blancos con los negros, tampoco se debió a un liderazgo iluminado en el sistema judicial. Esta legislación se escribió en las calles. Se trató del empuje épico de millones de negros, que se manifestaron en 1963 en cientos de ciudades ganando aliados blancos para su causa. Juntos crearon la coalición de conciencia que despertó al somnoliento Congreso.

La NAACP emitió un comunicado tras el asesinato de Kennedy en el que señaló que "no dudaba que el asesino estuviera motivado por el odio a las ideas del presidente", una forma muy discreta de decirlo. En la visión política y en la contabilidad de la oligarquía sureña, la popularidad de John Kennedy en la presidencia le daría muy seguramente un segundo periodo al presidente. Dado que su hermano Robert, procurador de Justicia durante su administración, tenía carrera política propia, seguramente intentaría, como lo hizo, nominarse él mismo a la presidencia, con lo que en términos optimistas tendrían 12 años de Kennedys por delante, posiblemente 16 o más, dado que Edward, el menor de los hermanos, ya era senador de la Unión en 1962.

Aunque inicialmente el presidente no había mostrado mayor inclinación hacia el tema de los derechos de los afroamericanos, los acontecimientos lo llevaron rápidamente a adoptar una posición más consecuente con la 13ª, 14ª y 15ª Enmiendas de la Constitución. Quien lea la historia con esta perspectiva entenderá fácilmente que a los dos Kennedy y a Martin Luther King Jr. los mató la facción más racista y segregacionista de la oligarquía sureña norteamericana, protegida seguramente por alguna agencia de inteligencia. ¿Si mataron a Lincoln, por qué no habrían de deshacerse de la misma amenaza 100 años después? El asesinato de Kennedy no es ningún misterio, los asesinos sin embargo siguen ocupados en proponer historias inverosímiles sobre su muerte, de manera que nadie se detenga a pensar en las obvias y evidentes razones por las cuales ocurrió su asesinato.

El racismo norteamericano no proviene de la calidad moral de algunos de los individuos en esta sociedad, así se expresa, pero se origina en la sociedad misma, proviene del sentimiento de superioridad que los blancos en Norteamérica tienen tan sólida e inequívocamente establecido. Es inevitable para una sociedad que se siente superior a todas las demás reproducir en su interior esa superioridad como dominio de los blancos sobre el resto. "El racismo es un integral, permanente e indestructible componente de esta sociedad".[16] La Ley de los Derechos Civiles de 1964 prohibió la segregación y discriminación racial en hoteles, moteles, restaurantes, teatros, cines, parques, y en toda otra instalación que prestara servicios al público. Prohibió a los gobiernos estatales y municipales negar el acceso a sus instalaciones por razón de raza o color de la piel. Le permitió al procurador federal de Justicia establecer demandas legales contra los establecimientos que no cumplieran con las disposiciones contenidas en la ley. Prohibía la discriminación en las agencias del gobierno que no cumplieran con una estricta desegregación racial y no aceptaran ofrecer empleo por razones de raza o color de la piel. Después de 100 años de proclamada la Emancipación por Lincoln, los afroamericanos en Estados Unidos podrían entrar a cualquier restaurante o tienda, cine o parque sin que se les pudiera negar la entrada por no ser blancos.

---

[16] Derrick Bell, *Faces at the Bottom of the Well, The Permanence of Racism*, Basic Books, 1992, Nueva York, p. 10.

Si bien la aprobación de la Ley de los Derechos Civiles era un avance muy importante, faltaba el componente electoral. Nada se modificaría sustancialmente si no se garantizaba que los afroamericanos pudieran ejercer libremente y sin restricciones su derecho al voto. Garantizado por la 15ª Enmienda de la Constitución, el voto a los afroamericanos se les había escamoteado en el sur por casi 100 años. En 1963 en Selma, Alabama, se formó la Liga de Votantes del Condado de Dallas (DCVL, por sus siglas en inglés), cuyo objetivo era registrar a la mayor cantidad de afroamericanos que se pudiera para que votaran en las elecciones estatales. Para enero de 1965 la DCVL le solicitó a King y a la SCLC su ayuda para organizar una nueva campaña de registro de votantes negros. La SCLC llevó a Selma a muchos organizadores y dirigentes que se habían formado en el boicot de autobuses en Montgomery, así como en las manifestaciones y movilizaciones en Birmingham en 1963. Para ese momento Jimmie Lee Jackson, un militante de los derechos civiles, había sido asesinado durante una marcha de protesta en Marion, Alabama, la indignación corría alto en Selma. La primera marcha de protesta, para demandar el derecho al voto, que organizaron conjuntamente el DCVL y la SCLC en Selma fue el 7 de marzo de 1965 y sería conocida como *the bloody sunday* (domingo sangriento).

El contingente de alrededor de 600 personas que salía de Selma y pretendía llegar a Montgomery para protestar por la muerte de Jackson y manifestarse por el registro de los afroamericanos para votar fue atacado al cruzar el puente Edmund Pettus sobre el río Alabama por una fuerza compuesta por la policía estatal y local armada con macanas, palos y gas lacrimógeno, dejando decenas de heridos entre la multitud. Hubo una segunda marcha el día 9 en la que participó, contra todas las opiniones, Martin Luther King, la policía se mantuvo en sus puestos y no atacó a la multitud, que, guiada por la prudencia de King, regresó a la iglesia en Selma, de donde había partido. Esa misma tarde fueron golpeados brutalmente por el KKK, por ser blancos comiendo en un restaurante para negros, tres ministros religiosos. Finalmente, el 16 de marzo, protegidos por soldados del ejército, por efectivos de la Guardia Nacional de Alabama y por muchos agentes federales y miembros del FBI, los manifestantes pudieron cubrir la distancia entre Selma y Montgomery en ocho días, llegando el 24, y al Capitolio en Jackson el 25. Viola Liuzzo, una hermosa mujer blanca de Michigan y militante de los derechos civiles que había participado en las tres marchas de Selma, fue asesinada por el KKK después de llevar al aeropuerto de Montgomery a varios de sus compañeros activistas el 25 de marzo.

Habría todavía un trágico acontecimiento más en la cadena de los que se formaron para la aprobación de la Ley sobre el Derecho al Voto. Los negros y blancos del norte habían comenzado desde 1963 la formación de brigadas para el registro de votantes afroamericanos en el sur, a las cuales denominaron Freedom Summer (Verano de la libertad). Bajo el liderazgo de Bob Moses, un equipo de más de 1 000 estudiantes blancos y ciudadanos negros del norte habían desarrollado un programa para el registro de electores y acción política, que fue uno de los más creativos intentos que se hubieran visto hasta entonces para cambiar radicalmente la opresión sobre los negros en todo el país. En todo el estado de Misisipi, en 1963 había solamente 1 636 negros registrados para votar. Las brigadas estaban normalmente compuestas por grupos de hombres y mujeres jóvenes, blancos y negros, que viajaban en autobuses desde las ciudades del norte hacia las del sur, principalmente de Alabama y Misisipi, para instruir a los negros sobre sus derechos a la hora de registrarse para votar. Los blancos del sur los detestaban, pues mostraban que blancos y negros podrían participar juntos en actividades sociales de beneficio colectivo.

Una de estas brigadas fue atacada por el KKK cerca de Filadelfia, Misisipi. Tres norteamericanos fueron asesinados por instruir a los negros del sur cómo registrarse para votar, dos blancos de la ciudad de Nueva York, Andrew Goodman y Michael Schwerner, y un afroamericano de Misisipi, James Earl Chaney. El asesinato se realizó el 21 de junio de

1964, pero los cuerpos no se encontraron sino hasta 44 días después. Con la aparición de los cuerpos se realizaron las primeras detenciones de sospechosos. El mismo día (14 de octubre de 1964) en que Martin Luther King recibía el Premio Nobel de la Paz en Oslo, Noruega, en Misisipi, un comisionado retiraba los cargos contra 19 de los hombres sospechosos detenidos por el FBI en relación con el brutal asesinato. Posteriormente, en 1967, fueron encontrados culpables del asesinato siete sospechosos, entre ellos policías del condado. En 2005 se reabrió el caso y se condenó a Edgar Ray Killen, miembro del Klan, a 60 años de prisión por la planeación y supervisión del asesinato de los jóvenes. Al afroamericano James Chaney no le fue permitido ser enterrado junto a sus compañeros blancos Andrew Goodman y Michael Schwerner, ya que el cementerio en donde serían sepultados se encontraba racialmente segregado.

Las marchas en Selma tuvieron un gran impacto entre la población norteamericana. La televisión transmitió las imágenes de la policía golpeando indiscriminadamente a mujeres, hombres y niños, lo que aumentó la presión sobre los gobiernos segregacionistas del sur, que alegaban que los marchistas pretendían el establecimiento de grupos de terroristas para atacar a la población blanca del estado. Nadie les creyó la versión. El presidente Johnson, al ver las imágenes por televisión sobre la represión del *bloody sunday*, se decidió a enviar al Congreso una nueva Ley sobre el Derecho al Voto. En el discurso con el que presentaba la ley ante el Congreso el 15 de marzo de 1965, Johnson señalaba:

Incluso aunque pasemos este proyecto de ley, la batalla no habrá terminado. Lo que ocurrió en Selma es parte de un movimiento mucho más grande que llega a cada sección y a cada estado de Estados Unidos. Es el esfuerzo de los negros americanos de garantizar por sí mismos todas las bendiciones de la vida americana. Su causa debe ser nuestra causa, también, porque no son solo los negros, sino que en realidad se trata de todos nosotros que debemos superar el legado devastador de intolerancia y de injusticia. Venceremos… (*We shall overcome*).

Selma, Alabama, fue a 1965 y a la aprobación de la Ley sobre el Derecho al Voto lo que Birmingham fue a 1963 y a la aprobación de la Ley de los Derechos Civiles en 1964. De 15 000 negros que tendrían derecho de votar en Selma, solo había 350 registrados. En Alabama "había más negros en la cárcel que negros registrados para votar". Si lo peor de los norteamericanos se había mostrado en las calles de Selma con la represión a una manifestación pacífica, los mejores instintos democráticos se mostraron a lo largo de toda la nación para sobreponerse. La Ley sobre el Derecho al Voto fue firmada por el presidente Johnson el 6 de agosto de 1965. De entre sus muchas previsiones para garantizar la igualdad en el sufragio para los afroamericanos, destacan la prohibición del establecimiento de pruebas de aprendizaje para poder votar y el pago de un impuesto para el registro electoral. El espíritu general de la ley se concentra en estimular y permitir el voto antes que en evitarlo o suprimirlo, y dotaba al gobierno federal del poder suficiente como para evitar cualquier intento de los estados por regresar al estado anterior de cosas respecto al voto de los afroamericanos.

Menos de cuatro años después de aprobadas las leyes de los Derechos Civiles y sobre el Derecho al Voto, Martin Luther King y Robert Kennedy serían asesinados, el primero en Memphis el 4 de abril de 1968 y el segundo solo dos meses y dos días después en Los Ángeles, el 6 de junio del mismo año, después de ganar la importante elección primaria de California en la búsqueda por la nominación demócrata como candidato a la presidencia. King había recibido la más alta condecoración mundial, el Premio Nobel de la Paz en octubre de 1964. En 1968, disturbios raciales explotaron por muchas ciudades de Estados Unidos. Bill McCulloch, importante actor legislativo en la aprobación de ambas leyes y miembro de la Comisión Nacional sobre Desórdenes Sociales, declaraba ese año:

"Nuestra nación se está moviendo hacia la formación de dos sociedades, una blanca y otra negra, separadas y desiguales".[17] El sueño del profeta Amos, que Martin Luther King gustaba de citar con frecuencia, tarda en llegar: "Hasta que la justicia corra como el agua y la virtud como un impetuoso arroyo".

Juntas, la Ley de los Derechos Civiles de 1964 y la Ley sobre el Derecho al Voto de 1965, "son las más importantes leyes del siglo xx" y la "marca más alta del agua" en la unidad nacional y en la esperanza de vivir conforme al credo de la nación. En los años por venir, esas dos leyes transformarían al sur, desechando gradualmente el tóxico ambiente que prevaleció hacia los negros por generaciones. Para 1987 Misisipi era el primer lugar del país en la cantidad de negros electos a cargos públicos y Alabama tendría el mayor número de negros en puestos públicos de cualquier otro estado de la Unión. En el Congreso federal, especialmente en el Senado, esa representación sigue siendo mínima.

No fue sino hasta 2013, después de que la gobernadora Nikki Haley, de Carolina del Sur, nombró al representante Tim Scott para ocupar una vacante en el Senado, que hubo en el sur un senador afroamericano desde la Reconstrucción, e incluso así, Scott no era más que el séptimo senador negro de más de 1900 que ha habido a lo largo de la historia norteamericana. Pocas semanas después, Mo Cowan, de Massachusetts, fue también designado para ocupar una vacante, y se convirtió en el octavo, y en octubre Cory Booker, de Nueva Jersey, ganó una elección especial para convertirse en el noveno.[18]

Barack Obama fue apenas el quinto senador negro en la historia de Estados Unidos.

---

[17] Todd S. Purdum, *op. cit.*, p. 337.
[18] *Ibid.*, p. 331.

14

Rebelión y masacre en la prisión de Attica, Nueva York (1970-1972)

La prisión correccional estatal de Attica se encuentra al norte del estado de Nueva York, ya cerca de la frontera con Canadá. Se trata de una prisión de máxima seguridad construida en la década de 1930, y cuyos internos cumplen condenas cortas o de por vida, pero que se encuentran recluidos en Attica por haber tenido problemas disciplinarios en otros centros de reclusión. La ciudad de Attica, que alberga la prisión y de donde esta toma su nombre, se encuentra situada entre la ciudad de Rochester y la ciudad de Búfalo, como a 500 kilómetros al norte de la ciudad de Nueva York. Para 1971, el 80% de su población carcelaria era originaria de las ciudades de Rochester, Búfalo, Siracusa o Nueva York. Ese mismo año el 54% de los internos eran negros; el 9% era originario de Puerto Rico y el 40% del total de la población carcelaria era menor de 30 años; 62% habían sido encerrados ahí por cometer crímenes violentos y 70% del total de internos ya había estado antes en prisión. El director del penal, Vincent Mancusi, un hombre frío y cruel, contaba solo con personal blanco para el gobierno de una prisión con población mayoritariamente negra.

Los internos llevaban muchos meses protestando ante Mancusi y ante las autoridades estatales por la calidad del trato que se les brindaba en la institución. Cinco internos habían firmado en julio una solicitud

279

a Mancusi para el mejoramiento de las condiciones carcelarias, que se conoció como "la petición de julio", promovida por un grupo que se denominaba a sí mismo Attica Liberation Faction (Grupo Liberación de Attica). La petición daba cuenta de los abusos y los malos tratos de los que eran objeto los reclusos y le solicitaban al director del penal una serie de demandas de mejoramiento penitenciario. Solicitaban visita conyugal, que en aquel entonces no existía, que la comida no estuviera podrida, que a los presos que trabajaban dentro del penal se les pagara el salario mínimo, mejoramiento de los sistemas de salud para los internos, eliminación de la censura del penal a las cartas enviadas por los reclusos y a los impresos recibidos por ellos y mejoramiento de la biblioteca. En suma, el documento solicitaba el mejoramiento de las condiciones carcelarias generales y la renovación de las instalaciones penitenciarias, así como la terminación de la reclusión en aislamiento como castigo discrecional de los custodios a los reclusos.

El 21 de agosto de 1971 fue asesinado el poeta afroamericano George Jackson en la prisión de San Quintín en el estado de California. La autoridad carcelaria informó que Jackson había sido abatido mientras intentaba huir de la prisión, "escondiendo un arma en su cabellera estilo afro", por supuesto nadie creyó la versión. Jackson era un militante de las Panteras Negras con gran prestigio entre los reclusos de todo el país, y pasaba por un momento de gran popularidad, pues sus "cartas desde la cárcel" habían sido publicadas recientemente bajo el título *Soledad Brother*, y habían resultado en un gran éxito editorial. Los "Hermanos de la Soledad" eran tres afroamericanos, Fleeta Drumgoole, John Clutchette y George Jackson, condenados por el asesinato, que no cometieron, del guardia blanco John V. Mills en la prisión de La Soledad el 13 de enero de 1970.

Cuando tres reclusos afroamericanos fueron asesinados por un guardia de la prisión, quien les disparó desde una de las torres de vigilancia ubicada en la barda del perímetro de la cárcel, las autoridades comenzaron una investigación sobre los hechos. En tres días se reunió el Gran Jurado del condado de Monterey y dictaminó que el oficial de correccionales Opie G. Miller, quien había disparado sobre los reclusos W. L. Nolen, Cleveland Edwards y Alvin Miller, había actuado correctamente cometiendo solo un "asesinato justificado" y era exonerado de los cargos que se le pudieran imputar por ese hecho. Al juicio de Miller no se le permitió la entrada como testigo a ninguno de los prisioneros negros de San Quintín, y no se aceptó que testificaran incluso aquellos afroamericanos que estuvieron presentes en el momento de los asesinatos. Solo 30 minutos después de que se anunció la exoneración de Miller, el guardia de correccionales John V. Mills era arrojado del tercer piso, en otra ala de la misma prisión, después de haber recibido una golpiza. De esa muerte estaba acusado injustamente George Jackson y los Hermanos de la Soledad.

El caso de Jackson mantenía un alto perfil en la prensa nacional, además, su hermano menor, Jonathan Jackson, había muerto un año atrás en un intento por liberarlo de la prisión, tomando como rehenes a un juez y a varios jurados de un juicio contra otros reclusos en la prisión de San Quintín. En el trágico episodio perdió la vida el juez Harold Haley, además del hermano de Jackson y otros dos reclusos afroamericanos. Cuando George Jackson fue asesinado "justificadamente" por el guardia de la prisión, provocó la protesta de los reclusos negros en muchas prisiones norteamericanas, y Attica no iba a ser la excepción. "El 22 de agosto de 1971 más de 800 prisioneros del primer turno para desayunar en Attica aparecieron en el comedor y se sentaron sin comer, mostrando alguna prenda negra, aunque fuera una agujeta de zapato amarrada en el brazo, como parte de su vestimenta".[1] La inusitada protesta en Attica mostraba que las cuarteaduras en el sistema penitenciario norteamericano corrían

---

[1] Tom Wicker, *A Time to Die. The Attica Prison Revolt*, Haymarket Books, Chicago, Illinois, 2011, p. 8.

más profundamente de lo que podían ocultar las innumerables capas de pintura echadas sobre sus muros en los últimos 40 años. Hoy en día el sistema penitenciario y judicial norteamericano es el heredero de la esclavitud y de la segregación de los negros. En las prisiones estadounidenses se ha establecido un sistema para la reclusión de los afroamericanos, para continuar con su separación de la sociedad, ahora con el pretexto de la "lucha contra las drogas".

La inquietud desatada en Attica por el asesinato de Jackson, en una prisión de California, hace que Mancusi comience a agitar el látigo como una medida preventiva para contener la protesta, pero esto en realidad no hace más que agravar la situación dentro de la cárcel. El 8 de septiembre dos prisioneros en Attica, Ray Lamorie y Leroy Dewer, son puestos en confinamiento solitario por Mancusi, aumentando la inconformidad de la población en la prisión. El 9 de septiembre, durante el primer turno del desayuno, los reclusos escuchan el rumor de que algunos de sus compañeros habían sido dejados en sus celdas evitándoles bajar a desayunar como una forma de castigo. El grupo de la Compañía 5, que ya marchaba hacia el comedor, decide regresar a las celdas para liberar a sus compañeros y permitirles bajar a desayunar, cosa que logran en medio de una gran agitación. Cuando después del desayuno los guardias se dan cuenta de lo que ha pasado, regresan a los reclusos de la Compañía 5 a sus celdas como una forma de castigo y no al patio, como normalmente les correspondería. Resistiéndose los prisioneros a ser regresados a sus celdas es que la violencia estalla dentro de la prisión.

La violencia se encendió en todas partes conforme la excitación se extendía y los amotinados se congregaban en los edificios de la prisión con trozos de tubos, pedazos de cadenas, escobas, y cualquier cosa que pudiera servir como arma. Algunos llevaban cuchillos "hechos en casa". Otros traían martillos y hachas de los talleres de la prisión. En la confusión, los prisioneros lograron capturar dos lanzagranadas de gas lacrimógeno.

Rápidamente invadieron las instalaciones deportivas y se apoderaron de bates de beisbol y de cascos de futbol americano y pronto estuvieron en control de una parte de la prisión.[2]

Durante el alboroto, muchos oficiales de la prisión fueron golpeados gravemente, algunos sufrieron heridas de seriedad causadas por la variedad de armamento usado por los reclusos. Un preso le rompió el brazo al guardia Philip Watkins al golpearlo con una pala, otros oficiales fueron golpeados en la cabeza con cadenas y tubos, Richard Fargo fue golpeado por una turba de reclusos armados con martillos, Kenneth Jennings fue golpeado por un recluso con las barras de pesas, otro grupo de oficiales fue atacado con colchones en fuego y otros con chorros de agua de las mangueras contra incendios. William Quinn fue golpeado en la cabeza inmisericordemente por varios presos y era el más grave de los heridos surgidos de los primeros enfrentamientos. Algunos de los prisioneros querían matar a todos los guardias de la prisión, pero rápidamente ánimos más fríos prevalecieron en la dirección del movimiento e impidieron una carnicería. La hermandad de los musulmanes negros jugó un importante papel para impedir que las agresiones a los guardias de la prisión se extendieran más. La guardia restante de la prisión actuó con rapidez y recapturó sin pérdida de vidas o heridos graves las principales secciones de la cárcel, confinando a los rebeldes en el Patio de la Sección D, que había sido en donde se habían concentrado los presos rebelados.

A partir de ese 9 de septiembre, alrededor de 1 200 reclusos se atrincheraron en el Patio de la Sección D de la prisión, manteniendo como rehenes a 39 guardias de seguridad. Richard Clark, uno de los 38 observadores que posteriormente participarían en las negociaciones entre los reclusos y el gobierno de Nueva York para solucionar el conflicto, quedaría muy impresionado al contemplar la escena en el Patio de la

---

[2] *Ibid.*, p. 15.

Sección D: "Es como si uno hubiera entrado en otro mundo, repentinamente el sol brillaba, todos sonreían… me sentí liberado; tuve un intenso sentimiento de libertad". La rebelión en Attica es el recordatorio de que los derechos civiles para los afroamericanos, que habían sido conquistados por la sociedad norteamericana durante las dos últimas décadas, no habían llegado a las prisiones. La mayoría de los detenidos en Attica eran negros, la absoluta mayoría de los amotinados en el Patio de la Sección D eran también negros, la totalidad de los guardias de seguridad de la prisión eran blancos.

Para el mediodía los amotinados ya habían nombrado a sus líderes y a los miembros del equipo negociador, parecía como si "un orden social y político tosco pero funcional" se hubiera apoderado de la prisión. Los dirigentes comenzaron a elaborar un pliego petitorio para las autoridades del penal y a solicitar la conformación de un grupo de observadores imparciales que pudieran ser los intermediarios en el proceso de negociación con las autoridades. Los observadores externos, solicitados por los reclusos, fueron arribando a la prisión desde los muy diversos puntos de la geografía norteamericana y llegaron a ser 38 en el momento de su máxima participación. El grupo se fue integrando y en varios casos conociendo, conforme sus miembros iban arribando a la penitenciaría.

Entre los observadores invitados se encontraban: un dirigente de las Panteras Negras, Bobby Seale; un representante de la Cámara de Representantes de Estados Unidos, Herman Badillo; varios representantes de la legislatura estatal de Nueva York; varios ministros de culto religioso; varios periodistas, entre ellos Tom Wicker; por parte de la televisión se encontraba Elliot James Barkley, quien proveería con su cámara las imágenes mostradas por muchas de las televisoras del mundo; académicos, como Herman Schwartz, de la Universidad estatal de Nueva York; William Kunstler, del Centro de Derecho Constitucional y quien sería al final de cuentas el abogado de los reclusos amotinados; y una gran variedad de luchadores sociales, abogados y representantes del Partido

Young Lords de los internos puertorriqueños. La función que el grupo de observadores cumpliría durante la rebelión sería la de ser intermediarios entre las autoridades de la prisión y del estado de Nueva York, y el grupo de reclusos que se encontraba en posesión del Patio de la Sección D. Durante todo el conflicto los más activos miembros del Comité de Observadores se mantuvieron en permanente contacto con el director de prisiones del estado de Nueva York, Russel G. Oswald, con el director de la prisión Vincent Mancusi y con el gobernador del estado Nelson Rockefeller, así como con el dirigente de los negros amotinados, Roger Champen, alias *Champ*.

Para cuando la situación logró estabilizarse al interior del penal, los internos hicieron llegar una declaración a la prensa con la interpretación de lo sucedido. Las demandas de los prisioneros parecían sencillas, se trataba de reivindicaciones mínimas dentro del ámbito carcelario: mejor comida, más espacio, menos golpes. Sin embargo, detrás de esas demandas comunes se escondía la vieja cara de la segregación y el racismo estadounidense, los prisioneros negros pedían ser tratados como seres humanos, no como bestias.

Todavía en los setenta del siglo xx sobrevivía en algunas prisiones norteamericanas una versión carcelaria de la esclavitud, esto es, se hacía trabajar a los reclusos pobres, negros y puertorriqueños, por salarios más de ¡50 veces! menores al salario mínimo. "Un recluso que trabajaba en Attica ganaba 25 centavos diarios, mientras que el salario mínimo era de 1.60 dólares la hora".[3] Los presos además eran "facilitados" a compañías que los solicitaban y llegaban algún arreglo con las autoridades del penal. Se trataba de un verdadero ejercicio de súper explotación del trabajo, muy parecido a la esclavitud, que en realidad había quedado establecido desde 1871 por el estado de Virginia cuando su Corte rigió que "los prisioneros son esclavos del estado". Con la revuelta, los reclusos negros

---

[3] *Ibid.*, p. 42.

querían que el mundo viera y supiera que no eran animales y que bajo ningún concepto se dejarían tratar por más tiempo como tales. En el Patio de la Sección D habían establecido sus propias reglas y dispuesto de la fuerza necesaria para hacerlas cumplir.

El pago de un "salario" por el trabajo realizado no era nada más que otra pieza en el mecanismo de control y sometimiento de los reclusos por parte de las autoridades del penal. Otro mecanismo era el primitivo sistema de salud. Este era "deshumanizado, peligroso y desalentador, al ver las condiciones que existían ahí, y en mayor o en menor grado en todas las prisiones norteamericanas. Sobrepobladas, subfinanciadas, anticuadas, diseñadas para asegurar la segregación, administradas sin ningún sentido y con frecuencia guiadas por la venganza, la mayoría de las prisiones norteamericanas se burlaban de la noción de 'corregir' a sus internos".[4] Attica contaba con 380 celadores supervisados por 17 oficiales de correccionales cuyo rango era de sargento o superior. Solo 57% de ellos se encontraba en activo en cualquier momento dado para supervisar a los 2 250 reclusos que albergaba la cárcel. El mayor descontento de los reclusos se centraba en el trato que se les daba por parte de los guardias. Golpear a un negro era visto como algo necesario para su "rehabilitación".

El estado de Nueva York había pagado ocho millones de dólares para operar la prisión de Attica durante el año fiscal de 1971-1972. La mayoría del presupuesto iba al pago de salarios de los guardias (62%), y dependiendo de las economías que se pudieran hacer, un recluso en Attica le costaba al Estado entre 3 000 y 3 500 dólares al año. El promedio estatal era mucho más alto. Con estos recursos solo se compraba custodia policial. A pesar de ser tan extraordinariamente altos no alcanzaba para mucho más que para pagar a los que "cuidaban" a los presos. Los costos promedio por recluso en el estado de Nueva York para 1971 excedían el

---

[4] *Ibid.*, p. 81.

costo de mantener a un estudiante en una de las mejores universidades del país. A lo que cuesta mantener nominalmente a un recluso en prisión habría que agregar una gran cantidad de costos indirectos, la seguridad social que el Estado da a la familia, el costo del sistema judicial, el costo proporcional de la policía de la ciudad en la que se le detiene, la pérdida de impuestos y de productividad, etcétera.

Para 1971 la población del estado de Nueva York apenas superaba los 18 millones de habitantes, y los afroamericanos representaban alrededor de 16%, pero en Attica los negros eran casi 60% de la población carcelaria. Según estas cifras, un negro sería tres o cuatro veces más proclive a delinquir que un blanco. La esposa de un guardia en Attica le dijo a un reportero, refiriéndose a los reclusos negros: "Los internos no son gente normal como usted y yo. Yo nunca he cometido un asesinato". Al final del día, no se trata de otro argumento que el usado desde el principio de la esclavitud en Estados Unidos: "Los negros constituyen una raza inferior", reformulado para ser usado en los siglos xx y xxi, bajo la modalidad de lo "normal". El arraigado mito sobre la violencia en Estados Unidos se sostiene sobre la esquizofrenia blanca que dice: "*Nosotros* no cometemos crímenes, son *ellos* los que los cometen". Siempre es *otro* el malo. En este mito norteamericano sobre el origen de la violencia encontramos una buena parte del fundamento bajo el cual se relaciona Estados Unidos con el mundo, con *el otro*. Como el norteamericano blanco es el portador de la paz, el progreso y la libertad, al bombardear en Vietnam aldeas de campesinos con *napalm* lo que se pretendía era establecer el reinado del bien sobre el mal. Se bombardea Bagdad durante años para instaurar ahí la democracia. La policía norteamericana no es brutal y racista cuando golpea, dispara y mata algunas bestias subhumanas (*los otros*), está protegiendo a la sociedad *normal*.

A partir de la primera gran migración de los negros del sur y del medio oeste norteamericano hacia el norte, la población afroamericana en ciudades como Nueva York, Chicago y Washington se multiplicó varias veces. La lucha por los derechos civiles hizo sentir su influencia con claridad en el sur del país, pero en el norte, en donde se suponía que no había segregación racial, no se le prestó mucha atención, pues la proporción de afroamericanos en relación con la población blanca era mucho menor que en el sur. Todavía a principios de los años setenta las escuelas en Boston se encontraban más segregadas que cuando John F. Kennedy había ocupado la presidencia. El rechazo y miedo que los blancos les tienen a los negros es mayor que el que tienen por cualquier otro origen étnico o práctica religiosa. Las ciudades estadounidenses del norte se comenzaron a convertir en ciudades negras, habitadas por negros.

Toda brutalidad y abuso policial pasaron a ser justificados con la finalidad de mantener a raya la amenaza que significaba para los blancos el aumento de la población afroamericana en las ciudades del norte. Las cárceles comenzaron a rebosar de negros. Comenzaron contra los afroamericanos las redadas policiales; las acusaciones con cargos falsos, fabricados o realizados sin evidencia; las identificaciones criminales dudosas; los tecnicismos legales; los acuerdos de culpabilidad forzados por el fiscal; la ausencia de defensoría jurídica; el retraso en los juicios; la realización de juicios por venganza; la asignación de fianzas impagables; la emisión de sentencias rigurosísimas; y por supuesto la violación a los derechos civiles y a las libertades sociales.

En las ciudades del norte de Estados Unidos la línea que divide a los blancos de los negros ha sido tan insuperable como lo podría ser "un Muro de Berlín mental", además existía la creciente tendencia de ver a los negros como masa y no como individuos. Norteamericanos de origen irlandés, italiano, mexicano o coreano podrán señalar que ellos también han sido marginados y relegados por los estadounidenses blancos, pero en ningún caso se les ha obligado a usar baños separados del resto de la población y ninguno ha sido linchado por mirar a una mujer blanca. No han tenido que pelear prolongadas batallas en el Congreso para que se les deje tomar café en cualquier restaurante y ninguno de los miembros de otra etnia ha sido sometido a la esclavitud o a la segregación racial, como lo fueron los afroamericanos.

El miedo del hombre blanco a la negritud condensa todos los miedos humanos y hace que las respuestas ante lo que se considera como una amenaza resulten no solamente extraordinariamente irracionales, sino profundamente inhumanas. La separación de los negros de la sociedad sigue ahora el camino de la prisión. Los negros van presos en cantidades por completo desproporcionadas a su contribución como parte de la población, y la explicación anglosajona de que hay más presos negros que blancos es porque los primeros "son más violentos", y obtiene con la rebelión en Attica una respuesta incontestable.

Mientras los observadores externos se reunían con los reclusos amotinados en el Patio de la Sección D para elaborar una lista de demandas que iniciara la negociación con las autoridades, se daba a conocer que a las 4:30 de la tarde del 11 de septiembre el oficial de 28 años William E. Quinn había fallecido en el Hospital General de Rochester debido a múltiples fracturas de cráneo resultado de los golpes recibidos durante el primer ataque de los reclusos para hacerse del control de la prisión dos días atrás. A la negociación sobre las condiciones carcelarias que realizarían rebeldes y autoridades se sumaban ahora los cargos de asesinato, que en el caso de un recluso significaba automáticamente la pena de muerte en caso de ser encontrado culpable, y que recaerían sobre los principales líderes del movimiento. De ahora en adelante cualquier negociación por parte de los internos insurreccionados tendría que contemplar la solicitud de amnistía para todos los participantes en la rebelión. Al final de cuentas la muerte del oficial Quinn había puesto en la negociación de una amnistía el centro de toda la negociación. El perdón se había convertido en la piedra angular del conflicto, tanto para los reclusos como para sus custodios, pues el primer muerto del conflicto había sido de estos últimos.

El comité de observadores externos era consciente de los preparativos que se realizaban fuera de la vista de los reclusos, para retomar el control de la prisión. Sabían que mientras estos no se dieran cuenta de que su posición era muy frágil y que podrían ser abatidos sin ninguna misericordia por parte de las fuerzas que se acumulaban en el exterior del penal, la negociación no prosperaría. Por otro lado, sentían que eran los reclusos los que deberían de decidir y "no los observadores decirles lo que deberían hacer", finalmente era la vida de los presos la que se encontraba en juego. Al inicio de la rebelión los reclusos habían levantado un pliego de peticiones para las autoridades al que llamaron "Las Cinco Demandas", que resumía las principales reclamaciones de los amotinados: *1)* Completa amnistía para los que participaron en el alzamiento. *2)* Rápido y seguro traslado, de los presos que así lo deseen, a un país no imperialista. *3)* La intervención directa del gobierno federal en el conflicto para que los reclusos del penal queden bajo su jurisdicción. *4)* Reconstrucción del penal de Attica bajo supervisión de los reclusos. *5)* Nombramos a William M. Kunstler como nuestro representante legal y solicitamos la formación de un cuerpo de observadores externos para atestiguar el proceso de negociación. Posteriormente los reclusos añadieron un sexto punto, que era el despido de Vincent Mancusi como director del penal.

En cuanto los observadores externos contemplaron las cinco demandas, comprendieron, casi unánimemente, y había poca uniformidad ideológica entre ellos, que con ese documento no se podría iniciar una negociación con las autoridades del penal. Ningún negociador por parte de la autoridad aceptaría liberar a los reclusos en "un país no imperialista", y ahora, después de que se había conocido la muerte del oficial Quinn, era muy probable que la amnistía para los que habían participado en el alzamiento no se pudiera conseguir. Ante esta situación, los observadores externos iniciaron el proceso de confeccionar, junto con los reclusos, una lista de demandas que pudiera servir como punto de partida en la negociación con las autoridades. Para el día 11 en la tarde, reclusos y observadores habían completado lo que llamaron "las 15 propuestas prácticas", que incluían un conjunto de demandas tendientes a mejorar la situación de la detención carcelaria.

En el primer punto de la lista se encontraba el "pago de salario mínimo a los presos" en retribución por su trabajo. Seguían demandas de libertad de asociación, libertad religiosa, mejora de los sistemas de salud y de alimentación, modernización del sistema educativo de la prisión. En conjunto, "las 15 propuestas prácticas" contenían el proyecto para la realización de una reforma carcelaria que parecía, a decir de los observadores en Attica, inaplazable. Las 15 propuestas fueron la base para la redacción de otro documento más elaborado, conocido como el de "Los 28 puntos". Ambos textos fueron de utilidad después de la rebelión en Attica, pues guiaron la elaboración de la reforma carcelaria nacional que siguió al levantamiento. Sin embargo, los reclusos nunca aceptaron "Los 28 puntos", les parecía que sus demandas se habían diluido en un lenguaje burocrático, lejano a sus verdaderas necesidades. En los 28 puntos no había amnistía, aunque se prometía imparcialidad al investigar lo sucedido en Attica durante la rebelión, no había viaje a países "no imperialistas" y no había destitución del director del penal, aunque se prometía evaluar su comportamiento.

Las autoridades del penal y las del estado de Nueva York, encabezadas por el gobernador Rockefeller, habían ya aceptado el documento de los 28 puntos y urgían al equipo de observadores externos para que los reclusos también lo aceptaran, de lo contrario, el único camino a seguir sería la recuperación violenta de la cárcel con las consecuencias que esto tuviera para los reclusos y para los rehenes. "Muchos de los observadores creían, lo admitieran o no, que si el paquete de los 28 puntos no era aceptado por los reclusos, lo que seguiría sería un ataque violento al Patio de la Sección D por parte de las autoridades, con gran pérdida de vidas humanas entre los internos y entre los rehenes".[5] Ante este punto, los observadores se mantuvieron más externos que nunca. Era responsabilidad de los reclusos decidir qué hacer, ellos no podrían decidir por

____

[5] *Ibid.*, p. 154.

los levantados. Para el día 12 la situación en Attica solo empeoraba. Las fuerzas acumuladas en el exterior del penal sumaban ya miles de hombres fuertemente armados y listos para retomar el control de la prisión. Mientras en el interior los reclusos se burlaban y no aceptaban el plan de los 28 puntos. Entre los observadores externos comenzaban a pesar las diferencias ideológicas y el cansancio.

Para agravar las cosas aún más, siete internos blancos habían sido juzgados por los reclusos amotinados en el patio, quienes los habían encontrado culpables de "traición", obligándolos, como castigo, a cavar zanjas que serían utilizadas como trincheras en el caso de un ataque para recuperar el penal. Más tarde ese mismo día, tres internos blancos aparecieron muertos en el patio, nadie supo quién los mató, pero entre los presos amotinados se sabía que eran parte de los reclusos blancos que estaban dando inteligencia a las autoridades del penal. La rebelión en Attica fue negra, quienes dirigieron la rebelión eran afroamericanos, la gran mayoría de los que se amotinaron eran afroamericanos, la mayoría de los muertos después del ataque fueron afroamericanos, no se trataba solo de un problema carcelario, sino de un problema carcelario de los negros en Estados Unidos.

La rebelión en Attica es la expresión carcelaria de la lucha por los derechos civiles de los sesenta, con los métodos que los reclusos tenían a mano. La rebelión en la prisión captó tan fuertemente la atención de la sociedad, porque tocaba el punto más sensible del alma estadounidense: la relación de los anglosajones con sus exesclavos. Tom Soto, un miembro del comité de solidaridad con los presos en Attica, lo expresó así: "Lo que estos hermanos han hecho vivirá en la historia de todos los pueblos oprimidos del mundo". El abogado de los amotinados, William Kunstler, explicaba el abandono de las prisiones llenas de negros como una tragedia cósmica, pero producida por esta sociedad, y añadía: "La verdad es que cada uno de nosotros desea evitar aquello que no puede tolerar en nuestra sociedad".

A los blancos del país les parecía ofensivo que el gobierno y las autoridades de la prisión estuvieran negociando con unos reclusos amotinados. Una parte muy importante de la opinión pública se manifestaba por terminar con la ocupación violenta de la prisión sin ningún tipo de negociación con los levantados. Un soldado apostado en las afueras de la prisión, y alistándose para el ataque, le espetó en la cara al director de prisiones del estado de Nueva York, Russel Oswald: "¿Por qué no te vas a tu casa, hijo de puta?".[6] A Tom Wicker, miembro del comité de observadores y editor asociado de *The New York Times*, una mujer blanca le gritó en la cara: "Nigger lover!" (amante de negros). Otro hombre blanco le preguntó a Wicker: "¿Qué clase de hombre blanco eres? Ayudando a unos negros contra los tuyos".[7]

El ambiente general en Attica era de enorme tensión, tensión racial. Los observadores externos estaban preocupados por el desenlace que pudiera tener el desalojo por la fuerza de la población negra desarmada y amotinada en el patio de la prisión, por fuerzas de seguridad formadas exclusivamente por blancos y armados hasta los dientes. Al contemplar el escenario, los observadores concluyeron que de presentarse el desalojo en ese momento el resultado podría ser un auténtico baño de sangre. Solicitaron más tiempo para permitir que los reclusos pudieran comprender cabalmente la situación en la que se encontraban, pues les daba la impresión de que los internos no creían que el gobierno fuera capaz de masacrarlos sin ninguna consideración. Era posible que pasados tres o cuatro días más, los amotinados estuvieran en posición de comprender mejor que el ataque para recuperar la prisión no era un *bluff* y aceptaran negociar sobre el plan de los 28 puntos.

Así las cosas, apelaron al gobernador Rockefeller para que visitara Attica y se entrevistara con el comité de observadores externos dentro de

---

[6] *Ibid.*, p. 205.
[7] *Ibid.*, p. 253.

los muros de la prisión. No se trataba de que el gobernador se reuniera con los presos, sino solo con los observadores, de esta manera creían que ganarían el tiempo que necesitaban y mostrarían a los amotinados que al gobernador del estado le importaba la situación de los reclusos. Nelson Rockefeller era uno de los hombres más ricos de Estados Unidos y del mundo; para cuando estalló la rebelión en Attica llevaba ya 12 años como gobernador del estado de Nueva York, y creía que podría ser presidente del país en un futuro próximo. En esos 12 años como gobernador no había hecho absolutamente nada para mejorar las condiciones en las que vivían los presos en el estado. Era un hombre muy poderoso, podría haber hecho algo para salvarles la vida a los que murieron en Attica, y no hizo nada.

A la una y media de la tarde del día 12 los observadores externos le enviaron un telegrama al gobernador de Nueva York: "Por favor, vaya a la prisión de Attica a reunirse con el comité de observadores".[8] A las seis de la tarde Rockefeller confirmaba que no viajaría al penal para entrevistarse con el comité. Más tarde el director de prisiones del estado, Russell Oswald, le solicitaría una vez más por teléfono que asistiera a la prisión; la respuesta de Rockefeller fue no. ¿Cuál habría sido la decisión de Rockefeller si los reclusos amotinados hubieran sido blancos? La suerte estaba echada sobre unos negros pobres, rebeldes y andrajosos que poblaban el Patio de la Sección D en la correccional estatal de Attica.

Para los reclusos el tema central era la amnistía. Podrían dejar fuera de sus demandas la expulsión de Vincent Mancusi del sistema penitenciario y posponer el viaje a "países no imperialistas", pero el tema de una amnistía para todos los que habían participado en la rebelión era un punto fundamental, y la autoridad no aceptaba bajo ningún concepto otorgar ese perdón. "La necesidad de reiterar la autoridad del Estado sobre los rebeldes superó los riesgos de un asalto". Es decir, valía más conservar el orden de las cosas, que las vidas humanas que se pudieran perder. La

---

[8] *Ibid.*, p. 208.

única explicación de por qué se permitió que hombres blancos armados atacaran a una multitud de reclusos amotinados es porque estos eran negros. De no haber sido ese el caso, el ataque jamás se habría realizado.

Sin más tiempo para negociar, llegó el lunes 13 de septiembre. A las 9:46 de la mañana, desde su puesto de mando, Russell Oswald pudo escuchar una voz quebrada por el radio: "El premio mayor ya se entregó", seguido de una voz que ordenaba: "¡Entren, entren!". A esas horas un helicóptero roció con un gas paralizante a todos los reclusos que se encontraban en el Patio de la Sección D, al tiempo que la tropa, compuesta por policías estatales, guardia nacional y guardias de la prisión, entraba disparando gases lacrimógenos y balas de verdad. Seis minutos duró la balacera, tan cerrada como nadie había visto una jamás, sobre una población carcelaria indefensa y amontonada. Algunos de los reclusos habían estado en Vietnam, y ninguno recordaba una carga de fusilería tan cerrada durante tanto tiempo. Después sobrevino el silencio. Dos rehenes habían sido heridos de gravedad por los reclusos que los vigilaban, otros nueve rehenes sufrieron heridas menores de parte de sus captores. Diez rehenes yacían muertos producto de las balas disparadas por las fuerzas de seguridad, lo mismo que 29 reclusos. Tres rehenes más fueron heridos por las balas de la policía, así como otros 85 reclusos. "Los custodios de la prisión, que habían sido oficialmente considerados como demasiado involucrados emocionalmente para participar en la recaptura de la cárcel, participaron en el operativo: excitados, enojados, ofendidos y con sed de venganza".[9]

Haber dejado participar a los custodios de la cárcel en el desalojo significaba una enorme irresponsabilidad por parte de quienes se decían la autoridad. Para Tom Wicker el ataque significó una "gran falla humana, una falla para entender, una falla de inteligencia, pero sobre todo una falla del espíritu humano". El ataque fue un triunfo del sentimiento de venganza de los blancos. Fue la afirmación violenta de la superioridad

---

[9] *Ibid.*, p. 289.

blanca sobre los negros. Los guardias de la prisión no solo no ayudaron a los doctores y enfermeros con los muertos y heridos en el patio tras el ataque, sino que increparon a aquellos que como Tom Wicker comenzaron a ayudarlos. "¿Por qué lo haces? —le dijo un guardia a Wicker—, no son gente, son animales".[10] A 110 años del inicio de la Guerra Civil, un oficial de prisiones del norte de Estados Unidos nos recuerda la opinión que los dueños de esclavos del sur tenían sobre los afroamericanos: no son seres humanos. En Estados Unidos no se habla de derechos humanos, se habla de derechos civiles. Siempre ha dividido a los norteamericanos la definición de lo estrictamente humano, pues involucra el calor, la ternura, el reconocimiento del *otro* como un igual. Hablar de lo humano levanta una pesada costra en la conciencia estadounidense; para evitarlo se prefiere la frialdad que evoca el término: civil.

La familia del oficial de correccionales del estado de Nueva York, Carl W. Valone, de 44 años y rehén de los rebeldes, fue informada por la policía el día 13 que a su familiar los reclusos le habían cortado la garganta al iniciar el ataque. El mismo día más tarde, los familiares de Valone se enteraron en el Hospital Genesee Memorial que a Carl lo había matado una bala disparada por la policía. Incrédulos, los familiares corrieron a la morgue del hospital a ver el cadáver. "No había ninguna cortadura en el cuerpo, a Carl ni siquiera lo tocaron, lo mató una bala que tenía escrito el nombre *Rockefeller* en ella". A ningún reportero le dieron la oportunidad de examinar los cadáveres. El día 14 el doctor John Edland, examinador médico del condado, declaró: "Ni uno solo de los rehenes murió por heridas de arma blanca. Ningún rehén fue castrado o mutilado. Todos los que fallecieron el 13 de septiembre en la prisión de Attica, murieron por las balas disparadas por la policía. Algunos fueron heridos cinco, 10, y hasta 12 veces por esas balas".[11]

---

[10] *Ibid.*, p. 296.
[11] *Ibid.*, p. 302.

Aunque posteriormente Rockefeller tuvo que aceptar lo declarado por el doctor Edland, el día 13 había emitido una declaración en la que atribuía la muerte de los rehenes a los internos, "que habían cumplido sus amenazas de asesinarlos a sangre fría". Cuestionado en la conferencia de prensa en donde hizo la declaración sobre si el ataque al Patio de la Sección D había salido conforme a lo planeado, Rockefeller contestó: "Francamente sí, creo que los atacantes hicieron un trabajo soberbio". Pero sobre el hecho de que los reclusos no atacaron a los rehenes Rockefeller añadió: "Creo que lo que nos dice el hecho es que el uso del gas resultó un instrumento fantástico en una situación como esa". Para Rockefeller, los reclusos no habían tenido tiempo de asesinar a sus víctimas por el efecto paralizante del gas. Cuando se le hizo ver al gobernador que toda la fuerza policial que retomó el control de la prisión había estado compuesta exclusivamente por blancos, Rockefeller replicó: "¿Cómo se iba a identificar a un negro si todos tenían máscaras antigases?". El reportero aclaró que se refería a las "actitudes raciales" de los policías, a lo que el gobernador agregó: "Perdóneme, pero yo no creo que la cuestión sea pertinente, porque no creo que resulte relevante para la acción que se tomó".[12]

La rebelión en Attica tuvo desde el principio todos los componentes clásicos del "ustedes" y el "nosotros" que caracteriza la relación entre blancos y negros en Estados Unidos, reflexiona Tom Wicker. "Lo verdaderamente trágico de todo este acontecimiento es que los reclusos de Attica tuvieron más fe en el Estado de la que el Estado tuvo en ellos. Ambos estaban equivocados". En 1975 el gobernador de Nueva York, Hugh Carey, perdonó a todos los que, de una manera u otra, estuvieron involucrados en lo sucedido en Attica. Cuando Gerald Ford ocupó la presidencia de Estados Unidos tras la renuncia de Richard Nixon por el escándalo Watergate, nombró a Nelson Rockefeller como

---

[12] *Ibid.*, p. 305.

vicepresidente. El gobernador de Nueva York era elevado así hasta la cúspide del poder, sin importar que hubiera dado la orden para la matanza en la prisión de Attica.

La mayoría de la gente imagina que la explosión de la población carcelaria norteamericana durante los pasados 25 años se debe al aumento de la criminalidad en la sociedad. "Pocos adivinarían que nuestro sistema carcelario pasó de 300 000 a 2.3 millones de reclusos en un corto periodo de tiempo debido a cambios en la ley y en las políticas criminales, y no a un cambio de las tasas del crimen. Un estudio sugiere que *todo* el aumento de la población carcelaria entre 1980 y 2001 puede ser explicado por un cambio en las políticas para la emisión de sentencias".[13] No hay más presos porque hubiera más crimen, hay más presos porque cambió la ley y la política que define lo criminal, y en ese cambio la discrecionalidad que se les dio a las fuerzas del orden para actuar en la sociedad fue muy grande. En Alemania hay 93 presos por cada 100 000 habitantes, mientras que en Estados Unidos la tasa es ocho veces superior, llegando a 750 presos por cada 100 000 habitantes. El cambio en las políticas que definen lo criminal está expresado en lo que se conoce como la "guerra contra las drogas". Dos tercios de la población carcelaria norteamericana está presa por delitos relacionados con "drogas". La gran mayoría de esos presos son afroamericanos. En las prisiones norteamericanas hay más negros presos de los que hubo presos en Sudáfrica en cualquier momento del *apartheid*. Ningún país en el mundo tiene más minorías presas que Estados Unidos.

Mientras que los estudios señalan que el consumo de drogas es bastante homogéneo a lo largo de las diversas culturas y razas, los negros van presos "entre 25 y 50 veces"[14] más frecuentemente que los blancos.

---

[13] Michelle Alexander, *The New Jim Crow, Mass Incarceration in the Age of Colorblindness*, The New Press, Nueva York, 2011, p. 93.

[14] *Ibid.*, p. 7.

"Entre 1960 y 1990, las tasas oficiales de criminalidad entre Finlandia, Alemania y Estados Unidos eran casi idénticas. Pero en Estados Unidos la tasa de encarcelamientos se cuadruplicó mientras que en Finlandia descendió 60% y en Alemania se mantuvo sin cambios".[15] Para poner las cosas en blanco y negro, Michelle Alexander dice: "El actual sistema de control (jurídico, judicial, legal, policial) encierra permanentemente a un gran porcentaje de miembros de la comunidad afroamericana sustrayéndolos de la sociedad y de la economía".[16] Se trata del *Nuevo Jim Crow*, que para prosperar no requiere de ninguna hostilidad racial, o de algún fanatismo particular, sino solo de "indiferencia racial", como prevenía en los sesenta Martin Luther King. Si ahora podemos culpar al *crack* de todos los males padecidos por la comunidad afroamericana, sorprende que no lo hubieran inventado antes. El asunto ya no es la calidad de las escuelas, los programas de empleo o de seguridad social, la segregación de la vivienda, la injusticia de la detención de una persona por sus rasgos físicos (*racial profiling*). El problema ahora es el *crack*, las metanfetaminas, el fentanilo, el problema son "las drogas".

---

[15] *Ibid.*, p. 7.
[16] *Ibid.*, p. 13.

15

El combate al racismo y el asesinato
de un negro (1988-1990)

Etiopía es el país más grande del mundo de entre los que no tienen acceso al mar. Hasta 1974 estuvo gobernada por Haile Selassie, 225° heredero de la reina de Saba y el rey Salomón. Durante la turbulencia política anticolonial que pasó por África a mediados de los cincuenta y sesenta, Selassie se las arregló para sobrevivir a todos sus enemigos políticos; en Etiopía poco había cambiado durante siglos. El 21 de octubre de 1960 nace Mulugeta. Su madre, Fetenech Berhanu, y su padre, Seraw Tekuneh, vivían en la ciudad de Debre Tabor, en la provincia etíope de Gondar. En la costumbre etíope, el segundo nombre del hijo es el primero del padre. Campesinos arraigados a la tierra durante prácticamente las mismas generaciones que llevaba instalada la monarquía, no pertenecían sin embargo a ninguna de las dos religiones dominantes, el cristianismo copto o el islam.

En 1974 Haile Selassie fue echado del trono por una revolución y después de poco tiempo las diferencias dentro del gobierno, entre civiles y militares, desataron una de las más feroces guerras civiles de las que se tenga memoria. Los años 1977-1978 son conocidos en Etiopía como los del terror. Engedaw Berhanu, un hermano de la madre de Mulugeta, había partido hacia Estados Unidos desde 1973 y se había instalado en Walla Walla, en el estado de Washington, en donde estudiaba y trabajaba. La crisis política y humanitaria que viviera el país llevó a mucha gente

301

a emigrar. Mulugeta fue invitado por su tío y partió hacia Estados Unidos en 1980; arribó en noviembre de ese año a Walla Walla, en donde una familia norteamericana, amiga de Engedaw, lo recibió.

Para el momento en el que Mulugeta llega a Estados Unidos, Engedaw había terminado ya la universidad y empezaba a estudiar una maestría en trabajo social en la Universidad de Oregón, en Portland. Al poco tiempo de su arribo, Mulugeta se va a vivir con él a un pequeño departamento en el suburbio de Beaverton y encuentra trabajo en un restaurante de comida rápida. Cuando llevaba un año y medio viviendo en Portland, su tío Engedaw se mudó a California a trabajar, se casó y comenzó allá su propia familia. Hacia 1986 Mulugeta obtuvo un buen trabajo como chofer en Avis que le permitía ganar más para poder continuar sus estudios, así como para enviar dinero a casa y ayudar a la familia. De la pequeña comunidad de etíopes en Portland, Mulugeta hizo su grupo de referencia, convivía y se divertía con ellos confundiéndose con la comunidad afroamericana de la ciudad.

El sábado 12 de noviembre de 1988, húmedo y neblinoso, Mulugeta invitó a su amigo Tilahun Antneh a ver en la televisión de su departamento un partido de futbol y tomar unas cervezas para posteriormente salir a cenar juntos y asistir por la noche a una pequeña fiesta a la que habían sido invitados. Ya en la fiesta, Mulugeta se pasó de copas y se puso un poco impertinente, por lo que su amigo Tilahun decidió que era hora de llevarlo a su departamento, que no estaba lejos del lugar en donde se encontraban. Invitó a Wondwosen Tesfaye, con quien habían estado platicando y bebiendo, para que los acompañara y los tres se dirigieron al 212 Southeast Thirtyfirst Avenue, mejor conocida como *Parklane*, en donde estaba el departamento de Mulugeta. Al llegar al departamento, pasada la media noche, no encontraron lugar para estacionarse y se quedaron platicando un rato en el coche.

Ahí estaban los tres, estacionados a media calle, en la frescura de la madrugada, cuando aparece una camioneta que transportaba a un grupo de *skinheads* que venían a terminar la fiesta del sábado al departamento de unos amigos que estaba a la vuelta de donde vivía Mulugeta. La camioneta era manejada por una mujer, Patty Copp, novia de Kyle Brewster, quien viajaba en el asiento del copiloto. La mujer toca el claxon, pero nadie parece responder en el auto de Tilahun que se encuentra con las luces apagadas. Kyle baja la ventanilla y pide por favor que se muevan. Tilahun intenta encender el auto, pero no lo logra, algo falla, para ese momento la camioneta se encuentra ya frente a ellos y desde sus asientos Kyle y Patty pueden observar claramente que se trata de unos negros. En un principio no reacciona con violencia, pero vuelven a tocar el claxon, a lo que Tilahun contesta con el dedo y así comienzan los insultos de ambos lados.

Los etíopes se bajan del auto y Mulugeta trata de calmar los ánimos tanto de sus compañeros como de los *skins*; en ese momento Steven Strasser, que se encuentra en la parte de atrás de la camioneta, distingue el acento y se da cuenta de que no son negros norteamericanos, a quienes les tenían más miedo que respeto, sino que intuye que deben ser de África, y comienzan a gritarles *sand niggers* (negros de arena) y toda una serie de insultos con los que se denigra a los africanos. Comienzan los golpes, Strasser pelea con Wondwosen, Brewster con Tilahun, mientras Mulugeta sigue tratando de calmarlos. Medio dormido en la camioneta se encontraba también Ken Mieske, quien, azuzado por Patty, que comienza a gritar histéricamente: "Kill them, kill them, kill the funcking niggers!" ("¡Mátalos, mátalos, mata a esos pinches negros!"),[1] baja de la camioneta y toma un bate de beisbol, arma característica de los *skinheads* en todos lados, y con un *swing* completo lo rompe en la cabeza de Mulugeta. Ya caído en el piso lo sigue golpeando y pateando hasta dejarlo en un enorme charco de sangre y vómito. Los etíopes quedan ahí aturdidos, los *skinheads* se van en la camioneta.

---

[1] Elinor Langer, *A Hundred Little Hitlers, The Death of a Black Man, the Trial of a White Racist, and the Rise of the Neo-Nazi Movement in America*, Metropolitan Books, Nueva York, 2004.

Los *skinheads* eran miembros de una organización de Portland llamada East Side White Pride (ESWP) (Orgullo Blanco del Lado Este), que por esos días estaba estableciendo sus primeros contactos con una red de grupos de supremacía blanca, White Aryan Resistance (WAR, Resistencia Aria Blanca), dirigida por Tom Metzger desde California. Metzger había enviado a tres militantes de su organización, encabezados por Dave Mazzella, a tomar contacto con el naciente movimiento de los *skinheads* en Oregón. Al huir los *skins* de la escena del pleito el único que entiende lo que pasó es Ken Mieske, los demás lo sabrán por la televisión al día siguiente: Mulugeta Seraw, de origen etíope, había muerto.

Después de una semana de investigación policial, y en medio de una creciente inquietud y protesta de la sociedad de Portland, el 20 de noviembre Ken Mieske, Kyle Brewster y Steven Strasser son detenidos por la policía de la ciudad, se les declara bajo arresto por el asesinato de Mulugeta Seraw, los tres se declaran inocentes. Brewster y Strasser son acusados de homicidio y asalto y Mieske es acusado de asesinato en primer grado. La indignación pública fue extraordinaria, las protestas contra el racismo de los *skinheads* en todo Estados Unidos comenzaron a sucederse una detrás de la otra. Quizá nunca había existido una condena tan expedita y generalizada al racismo en Estados Unidos como la que desató la muerte de Mulugeta.

El Klan, o debería de decirse los Klanes, porque a lo largo del tiempo han sufrido variaciones en cuanto a su tamaño y ubicación geográfica, siguen manteniéndose fieles a dos principios: la violencia terrorista contra negros en particular y contra inmigrantes en general y el rechazo a todo aquello que pueda ser interpretado como un perjuicio para los blancos. La nostalgia que muestra la ultraderecha norteamericana por sus padres fundadores no es más que la nostalgia de la dominación blanca sin la necesidad de la capucha. La misma fuerza social que se encuentra detrás del disfraz del Klan se encuentra ahora detrás de la parafernalia nazi del *skinhead*. El rasurado de la cabeza no hace nada más que mostrar una mayor superficie de piel, de hecho, su nombre mismo señala lo que hay que mirar, la piel, *skin*.

Los *skinheads* de mediados y finales de los ochenta no son otra cosa que los encapuchados del Klan ataviados con el antifaz que les permite la actualidad. Desconcierta ese antifaz y llama a equívocos, se trata del disfraz nazi y antijudío, que poco o nada tiene que ver con los racistas norteamericanos.[2] Jerome Kirk, profesor de sociología de la Universidad de California en Irvine, cree que toda la simbología nazi que se encuentra detrás de los *skinheads* "es mucho menos profunda que algo como el nazismo".[3] Los *skins* son la versión *eléctrica* y *pelona* de los encapuchados de los años veinte del siglo xx y de los sesenta del siglo xix. Son la supremacía blanca de la posmodernidad seduciendo a la manada aria con un rock indigerible, *White Noise* (Ruido Blanco) le llaman. El Klan siempre se ha cubierto el rostro con un antifaz; lo que pretende es infundir miedo. ¿Qué más miedo que la figura de Adolf Hitler, epítome del mal? En los *skins* se ha sustituido, por meros propósitos *mercadológicos*, la sábana por la suástica.

En 1865, al finalizar la Guerra Civil, cuando los negros fueron liberados y obtuvieron el derecho a la ciudadanía, surge la primera versión

---

[2] Ya preso, el *skinhead* asesino de Mulugeta Seraw, Ken Mieske, le pregunta a uno de sus seguidores: "Qué diablos es eso del Kristallnatch?". En Portland, durante la década de 1920, el Klan tuvo seguidores multitudinarios, un alcalde y un gobernador y cientos de políticos menores. Hubo judíos alemanes perfectamente integrados tanto en los negocios como en la política, dos alcaldes de la ciudad fueron judíos y uno gobernador en la época del *New Deal* (1930-1940). El "nazismo" de los *kinheads* que tanto asusta a los judíos es solo el disfraz, la nueva sábana que usan como antifaz los racistas norteamericanos. El mismo Tom Metzger se lo dijo a Elinor Langer: "Nadie está seriamente pensando en poner en práctica todas esas ideas nazis". Se trataba de mercadotecnia, tanto de un lado como del otro. El Southern Poverty Law Center (splc) de Morris Deeds utiliza muy exitosamente esta veta nazi del Klan para conseguir donaciones de judíos norteamericanos. Langer misma abunda en esa dirección cuando escucha con gran sentido del humor a Tom Metzger contar la historia sobre unos mexicanos que cooperaron alguna vez para la causa de la supremacía blanca, y él recibió el dinero, se los agradeció y les dijo: "Por su generosidad, ustedes serán gaseados al último". La evidencia de actividad violenta de los *skinheads* contra judíos en Estados Unidos es escasa.

[3] John Leo, "Behavior: A Chilling Wave of Racism, From L.A. to Boston, the Skinheads Are on the March", *Time*, 25 de enero de 1988.

de los encapuchados del Klan. Cuando en 1928 la multiculturalidad aumenta al recibir una ola de inmigrantes europeos, surge la segunda aparición del Klan. Nunca desaparecen del todo, especialmente en los estados del sur de la Unión, en donde la violencia y el maltrato contra los negros es una constante que llega hasta el presente, pero en el resto del país el Klan ha tenido sus mareas. En los ochenta, con el incremento de la inmigración asiática y latinoamericana y con el aumento de los beneficios de la asistencia social a los pobres, principalmente afroamericanos e inmigrantes, vuelven a emerger los encapuchados del Klan. El resurgimiento del racismo en 1987-1988 puede estar asociado con una respuesta directa a la legalización, amnistía dicen algunos, de inmigrantes ilegales a través de la Immigration Reform and Control Act (IRCA) de 1986, mejor conocida como la ley Simpson-Mazzoli, que otorgó la residencia a poco más de tres millones de inmigrantes que se encontraban ilegalmente en el país en ese tiempo.

Tom Metzger nació en Indiana en 1938, es descendiente de alemanes americanos, perteneció al Ejército norteamericano de 1961 a 1964, cuando fijó su residencia en Fallbrook, California, muy cerca de la frontera con México. Trabajó durante un tiempo en la industria electrónica y ha estado políticamente alineado a la derecha, aunque a principios de los ochenta compitió en el Partido Demócrata por un escaño en la Cámara de Representantes y por otro en el Senado, perdiendo en ambas contiendas. Durante los setenta participó en la organización racista de los Knights of the Ku Klux Klan (Caballeros del KKK), de David Duke, en donde llegó a ocupar uno de los puestos directivos (Gran Dragón). Hacia finales de la década organizó junto con Duke, en la frontera de México con California, patrullas de vigilantes para hostigar y agredir a los inmigrantes que cruzan ilegalmente (*border watch*), utilizando una retórica en la que se despreciaba a los *brown niggers*.

Durante los ochenta se separa del grupo de Duke y forma la White American Political Association con el propósito de promover y apoyar candidaturas problancas al Senado y a la Cámara de Representantes. En 1983 cambia el nombre de su organización llamándola ahora White Aryan Resistance (WAR), desde donde continúa su discurso sobre la supremacía blanca. Metzger imagina su agrupación como una plataforma para relacionar supremacistas blancos a lo largo del país. Inicia la transmisión por cable de un programa que él mismo produce ayudado por su esposa e hijo, *Race & Reason* (Raza & Razón). A partir de 1988 comienza a figurar en los *talk shows* de la televisión por todo el país, adquiriendo presencia pública con un discurso muy radical de odio racial, pues Metzger sabe que "la raza vende". Tom Metzger no tiene propiamente una ideología en particular, ha pasado por casi todas, usa lo que le sirva en el odio a negros y mexicanos. Se trata de una versión intelectualizada y electrónica del pionero americano. Es un *frontierman* en la época de la televisión por cable. *Race, Ecology & Economics* llamó a uno de sus programas cuando estuvo de moda la ecología. No es racista porque sea neonazi, es neonazi porque es racista. Es lo que está a mano y en cierta forma es lo que vende. La imposibilidad de aceptar que simplemente odia a los que no son como él, y que no los quiere cerca, lo lleva a justificarse con una variable ideología.

Actualmente el movimiento de los *skins* ha quedado como una curiosidad de la posmodernidad. Con la formación de Skin Heads Against Social Prejudice (SHARP)[4] se le quita el antifaz al Klan, reivindicando el *look* como parte del folclor urbano e inutilizándolo para su uso público con fines raciales. El Tercer Reich dejó de vender, en Estados Unidos por lo menos, y eso no significa que la ideología de la supremacía blanca o el racismo hubieran desaparecido, simplemente cambiaron de disfraz.

En Estados Unidos el pueblo siempre ha guardado una línea de unidad alrededor de su núcleo duro: blanco, anglosajón, protestante (*White, Anglo-Saxon, Protestant*), WASP, la multiculturalidad no es algo que se

---

[4] Cabezas de piel (pelones) contra el prejuicio racial.

rechaza, pero debe mantenerse bajo la clara hegemonía de los blancos. Para tal efecto se han aprobado y modificado las leyes necesarias a lo largo del tiempo. Una vez terminado el "movimiento hacia el oeste", cuando se alcanzó la costa del Pacífico, había que poblar este inmenso país. No es una exageración afirmar que en ninguna parte del mundo ni en otra parte de la historia ha existido un polo migratorio tan extraordinariamente fuerte como lo es y lo ha sido Estados Unidos. Es, en el sentido estricto, el hogar de "cientos de culturas". En Estados Unidos encontramos prácticamente todos los orígenes étnicos del planeta y todas sus combinaciones culturales. Si el problema que confrontaba al pueblo norteamericano a mediados del siglo XIX era la promoción de la guerra para la obtención de territorios, lo que lo confronta a finales del siglo XX es la guerra por mantener la hegemonía blanca dentro de una sociedad multicultural.

Ya conformada la unidad territorial nacional de lo que ahora conocemos como Estados Unidos, la hegemonía blanca se ha cimentado sobre su distribución al interior del territorio. Ahora no se trata de quitarles tierra a indios o mexicanos, sino de establecer en las ciudades los límites de los vecindarios. Esas fronteras urbanas invisibles pero efectivas, que no están basadas en ninguna ley, pero son reales y tienen un solo principio de configuración, establecen los límites de los vecindarios blancos de los del resto: rojos, amarillos y cafés pero sobre todo negros. La segregación racial no es perfectamente homogénea a lo largo del país, pero es muy persistente, y aunque se expresa con mayor claridad en los vecindarios, no deja de manifestarse al nivel de las ciudades y de las regiones del país. Mientras que la población negra en Baltimore es el 65% y en Detroit alcanza 85%, en ciudades como Oklahoma es solo el 15% y en Portland, Oregón, es poco menos del 2%. Oregón se encuentra entre los últimos 10 estados de la Unión con población afroamericana. Solo 1.8% de su población total es negra. En todo el cuadrante noroeste de Estados Unidos, que comprende los estados de Nebraska, Dakota del

Sur, Dakota del Norte, Wyoming, Montana, Idaho, Oregón y Washington, solo el 2.6% de su población es negra. Si quitamos Washington, el porcentaje en los otros siete estados es de 1.9%. Es, por mucho, la región con menos habitantes afroamericanos de todo el país.

La ciudad de Portland está situada a unos 200 kilómetros al sur de Seattle, Washington, y a 70 de Salem, capital de Oregón. Con todo y su zona metropolitana, Portland cuenta con alrededor de tres millones de habitantes. El número de habitantes negros en todo el estado es de poco menos del 2%. Este porcentaje refleja la historia del estado y de la ciudad. Ahí la población negra siempre ha sido de las más bajas de Estados Unidos, tanto así que en 1990, por la época en la que mataron a Mulugeta, Portland era "la ciudad más blanca de todo Estados Unidos". Darell Millner, jefe del Programa de Estudios sobre los Negros de la Universidad Estatal de Portland, cuando se le preguntó por qué no había más negros en Portland, dijo: "No es que a los negros no les guste la lluvia". Durante la segunda aparición del Klan entre los 1920 y los 1930 la población negra de Portland "creció exactamente en tres personas en 10 años, pasó de 1 556, a 1 559".[5]

Los problemas de exclusión y segregación que enfrentaron los negros en Portland no eran diferentes de los encontrados en otras ciudades a lo largo del territorio nacional. En 1919 el Portland Realty Board (Directorio Inmobiliario de Portland), que era la organización de los agentes de bienes raíces, declaró "poco ético" para un agente inmobiliario vender una propiedad a quien no es blanco en un vecindario habitado por blancos. Esta política estaba basada en la premisa —que rápidamente se convirtió en parte del engaño de la ortodoxia del negocio inmobiliario— de que "introducir residentes no blancos en un vecindario previamente establecido de residentes blancos disminuiría el valor de la propiedad".[6]

---

[5] Elinor Langer, *op. cit.*, p. 212.

[6] Stuart Mcelderry, "Building a West Coast Ghetto: African-American Housing in Portland, 1910-1960", *The Pacific Northwest Quarterly*, vol. 92, núm. 3 (verano de 2001), p. 137.

El doctor De Norval Unthank, uno de los dos médicos negros de Portland en los años treinta, llegó a residir en un vecindario blanco de la ciudad. Recién instalado, recibió la visita de sus vecinos con una petición firmada por 75 de ellos pidiéndole que se fuera. Cuando el doctor De Norval se rehusó a mudarse su casa fue apedreada rompiéndole vidrios, llenaron de basura su jardín, recibió amenazas por teléfono, y dejaron una zarigüeya muerta en la puerta de la casa.[7] Esto les pasaba a los negros que podían comprar una casa. En el caso de los que la rentaban, que era la mayoría, los propietarios y las agencias inmobiliarias solo les rentaban en una determinada zona de la ciudad, en donde se encontraban las viviendas más derruidas y más hacinadas de Portland; además, a los negros se les cobraba una renta más alta que a los blancos. A partir de los cuarenta, con el *boom* de los astilleros llegaron miles de trabajadores negros a la ciudad. Los dueños de la tierra y de las viviendas evitaron, hasta donde pudieron, que se construyeran más viviendas para alojar a la nueva población. Portland ha sufrido desde entonces de un "mercado inmobiliario racialmente restringido". Durante aquellos años, los agentes inmobiliarios que vendían casas en vecindarios blancos a compradores negros eran expulsados del Portland Realty Board.

Desde 1857 hasta 1926, cuando fue enmendada la Constitución de Oregón, no solo se excluyó la esclavitud, sino que se excluyó también a los negros; de hecho, la prohibición es anterior a ese tiempo, pues se excluyó a "las personas mulatas o negras, esclavas o libres" para unirse a las caravanas de carretas que partían del este hacia ese estado. La ley también establecía que a todo negro que llegara por su cuenta se le dieran 39 latigazos y que se le repitiera la dosis cada seis meses en caso de que decidiera permanecer en el territorio de Oregón. "En la elección constitucional

---

[7] Elinor Langer desarrolla una interesante interpretación sobre el significado de las zarigüeyas muertas y abandonadas en las puertas de las casas en Portland. Como la ciudad no tiene conciencia de racismo alguno, la forma de manifestarlo es por intermedio del mensaje del animal muerto. El mensaje no es solamente para el destinatario, sino que aplica también a quien lo deposita.

de 1857, más gente votó contra los negros que contra los esclavos, es decir, votaron no tanto contra la esclavitud como contra los negros".[8] Al final de la Guerra Civil el estado de Oregón despreció la Reconstrucción y aceptó la 14ª y 15ª Enmiendas, solo para revocarlas inmediatamente después. Esto se corrigió hasta la Constitución estatal de 1959. "No hubo un solo caso entre mediados de 1943 y el final de la guerra en donde una persona negra llevada a juicio frente a un jurado blanco no fuera condenada. Dándose en ese mismo tiempo la exoneración de dos policías blancos que mataron a un negro, padre de cinco hijos".[9] Durante una época el lema publicitario de Oregón era *Things look diferent in Oregon* (Las cosas se ven diferente en Oregón).

El racismo sin racistas que se vive en algunas partes de Estados Unidos culpa a grupos como los de Tom Metzger, el Klan y los *skinheads* de ser los responsables del conflicto racial en el país. Parece como si este tuviera que venir de fuera, tiene que ser instigado desde el exterior, no puede ser obra de los buenos ciudadanos blancos obedientes de la ley. La declaración universalmente aceptada de que con la elección del primer presidente negro de la historia se ha superado el problema racial del país y que ahora nos encontramos inaugurando una época posracial en Estados Unidos, es una de las tantas ilusiones con las que se alimenta el racismo norteamericano. Se pudo elegir a un presidente negro no porque se hubiera terminado con la discriminación racial, sino porque se ha terminado con la hegemonía blanca. El racismo sin racistas sigue ahí, y es una enorme amenaza no solo para los negros, sino para todos los inmigrantes, especialmente los mexicanos y latinoamericanos recién llegados.

La discriminación racial está embebida en la estructura social norteamericana, no es una anomalía que se pudiera erradicar, es parte del armado de la sociedad. A lo largo del tiempo esto se ha tratado de encubrir de

---

[8] Elinor Langer, *op. cit.*, p. 209.

[9] *Ibid.*, p. 214.

múltiples maneras, una de ellas es la clasificación de los delitos y crímenes cometidos. En 1980 se establece que el crimen de odio es una forma particular de crimen, "es una ofensa criminal cometida contra una persona, en su propiedad o contra una asociación que es motivado en su totalidad o en una parte por los prejuicios del ofensor relativos a una determinada raza, religión, minusvalidez, orientación sexual, etnicidad u origen nacional".[10] Es decir, los "crímenes de odio" son de varios tipos, los que involucran la raza son solo una parte de ellos.

Resultados del FBI por porcentaje de "tipo de odio" indican que de más de 7 000 crímenes de odio cometidos durante 2004 "el 52.9% tuvo motivación racial; 18% fue causado por prejuicios religiosos; 15.7% por prejuicios contra la orientación sexual; 12.7% fueron disparados por prejuicios étnicos o raciales...".[11] Si sumamos los crímenes por motivación racial con los de prejuicios étnicos, tenemos que poco menos de 66% de los "crímenes de odio" involucran la *raza* de la víctima. Si un crimen es clasificado como de odio religioso, pero resulta que las víctimas son negros, eso es solo una casualidad, en la que el color de la gente no tendría nada que ver, lo mismo sucedería en cualquier otro de los casos. Se quiere hacer pasar por "crímenes de odio" lo que son crímenes por racismo; de paso, esta contabilidad sitúa el problema en la persona y no en la trama social que la sostiene.

Es a partir de 1987 que los *skinheads* que andaban sueltos en Portland comienzan a formar bandas, a formar grupos. Son violentos, "*skinhead* que no es violento, no es *skinhead*", y atacan en grupo. La mayoría de ellos proviene de clase media y clase media baja y piensan que la "White revolution is the only solution" (La revolución blanca es la única solución), odian todo lo que se refiera a integración racial y "la violencia es el corazón de

---

[10] Mokhtar Ben Barka, "Religion, Religious Fanaticism and Hate Crimes in the United States", *Revue française d'études américaines*, núm. 110 (diciembre de 2006), p. 107.

[11] *Ibid.*, p. 108.

sus identidades". Para el *skin* la bravuconería y la provocación son centrales. A principios de 1988 ya había reportes de hostigamiento a inmigrantes en un restaurante de Portland. "Casi de un día para otro, los *skins* de Portland habían emergido de un estado relativamente ignorado, vagamente asociado con la juventud blanca racista, a otro más visible para el conjunto de la sociedad de Portland, pero más importante aún, vinculado integralmente al Movimiento Nacional de la Supremacía Blanca en Estados Unidos".[12] La Liga Nacional contra la Difamación (ADL, por sus siglas en inglés) ya había publicado a finales de 1987 una alerta sobre el crecimiento y organización interestatal de los grupos de *skinheads* titulada "Rasurados para la batalla, *skinheads* le apuntan a la juventud americana" ("Shaved for Battle –Skinheads Target America's Youth").[13] Para algunas personas de Portland se trataba de un movimiento que provenía de fuera, se trataba de una "infiltración de la violencia política en la juventud de Portland".[14]

Entre los años setenta y ochenta los ingresos promedio para los hombres de entre los 20 y los 24 años habían caído 30%, y la caída era aún mayor entre aquellos que no habían asistido a la universidad. Con la pérdida de empleos en Estados Unidos por el traslado de compañías hacia el Tercer Mundo buscando mano de obra más barata y los ataques a los sindicatos durante las administraciones republicanas de Reagan y Bush, hombres jóvenes que en un pasado apenas reciente podrían haber conseguido un buen empleo en el sector manufacturero, protegidos por los sindicatos, estaban consiguiendo solo empleos temporales mal pagados y sin prestaciones. A esto habría que añadir la competencia por esos empleos que significaban la inmigración ilegal y la acción afirmativa, que legalmente reserva una parte de los empleos para poblaciones minoritarias, como lo son los afroamericanos.

---

[12] Elinor Langer, *op. cit.*, p. 87.

[13] *Ibid.*, p. 181.

[14] *Ibid.*, p. 44.

Las oportunidades para la población blanca se habían reducido en una década de manera alarmante. Los blancos estaban enojados, habría que responsabilizar a alguien, cualquier explicación vale, incluida la de que no tienen trabajo porque los negros o los inmigrantes se los quitan. Los grupos de la supremacía blanca encuentran en esta situación un caldo de cultivo nuevo y prometedor. Las regiones más blancas del país, como el noroeste, ofrecen las mejores condiciones para el crecimiento de esas organizaciones. Hacia allá envía Tom Metzger a Dave Mazella, Mike Gangnon y Michael Barret, miembros de su organización WAR, para vincularse con los nacientes *skins* de Portland y ver de qué forma podrían colaborar. Mazella toma contacto con el grupo East Side White Pride a finales de octubre de 1988, dos semanas antes del asesinato de Mulugeta.

A partir de enero de 1988 los *skins* comienzan a ocupar las páginas de las principales publicaciones de Estados Unidos y comienzan a visitar los principales programas de radio y televisión. Aunque Metzger es mencionado en la revista *Time* por primera vez en octubre de 1985, cuando recibió una donación de 100 dólares por parte de Louis Farrakhan, líder de la Nación del Islam, su verdadera popularidad comienza en 1988, luego de que la revista publica un reportaje sobre la "creciente ola de racismo" que golpea al país. El 4 de febrero Metzger, junto con otros *skinheads*, aparece en el *Show de Oprah Winfrey*, más adelante en el mismo mes es invitado al *Morton Downey Jr. Show* en la ciudad de Nueva York. "Lo que es importante de entender acerca de la aparición de los *skinheads* en los *shows* de Oprah, Downey, y de todos los demás que precedieron y siguieron, es que no sucedieron una sola vez. Se retransmitieron, se grabaron en videos que se vendieron, se mezclaron en otras producciones de video, tales como la historia WAR que dura seis horas, y que se convirtió en una herramienta de organización de vital importancia".[15] De la misma forma y con el mismo propósito que se usó *The Birth of a Nation*,

---

[15] *Ibid.*, p. 191.

Metzger produjo sus "documentales" para agitar y organizar a los *skins* alrededor de la WAR.

El 3 de noviembre, en el *show Geraldo*, de Geraldo Rivera, aparece el hijo de Tom Metzger, John, junto con un grupo de *skins* para tener un intercambio con un líder afroamericano y con un rabino judío. Durante el programa se escucha "el más horrible diálogo que ha transmitido la televisión norteamericana sobre negros y judíos". El programa termina cuando estalla una batalla campal que es grabada por las cámaras. Al conductor Geraldo Rivera le rompen la nariz de un sillazo y entre el público y los panelistas se agarran a golpes. El programa no era en vivo, se grababa para su posterior retransmisión, las imágenes perfectamente bien podrían no haberse transmitido al aire, como debe suceder algunas veces, pero no fue así. Ahí y así, nació a la popularidad el programa de *Geraldo*, "que tiene el récord de mayor crecimiento de un programa de televisión sobre la faz de la tierra". Por la noche Tom Brokaw transmitió en el programa *Nightly News*, de la NBC, un clip de dos minutos sobre el incidente, para las 11 de la noche todas las estaciones de televisión del país habían transmitido el video, incluida la entonces seria y prestigiosa cadena CNN. El video se repitió hasta el infinito por las diferentes cadenas de televisión durante la siguiente semana, no solo en Estados Unidos sino en el resto del mundo. Hoy en día el video se puede consultar en *YouTube*.

Las elecciones presidenciales celebradas el martes 8 de noviembre tuvieron el video de la trifulca entre *skinheads*, negros y judíos como contexto, pero además, el día anterior a la votación Tom Metzger aparecía en la portada de la revista *Newsweek*. El *show* de *Oprah* en el que aparecieron los Metzger tiene el récord del programa diurno no deportivo más visto en un solo día en toda la historia de la televisión norteamericana, solo superado por el programa en el que la misma Oprah reveló su dieta.

En este contexto es que Dave Mazella, enviado de Metzger, se encuentra trabajando con los *skins* del ESWP en Portland desde finales de octubre, en donde el *modus operandi* desde el primer día había sido "poca política y mucha cerveza". La opinión que los miembros de esa organización tenían de los inmigrantes era de que "llegaban a esta tierra desde las junglas, descendiendo de los árboles". Los consideraban subhumanos, no dignos de ninguna consideración. A esta actitud frente a los inmigrantes algunos académicos la llaman "malestar racial" y la usan para explicar el florecimiento del fenómeno de los *skinheads*. Este "malestar racial" acompañado de oportunidades económicas inadecuadas, hogares rotos y patología individual "son los factores" que dispararon el crecimiento del movimiento, en donde gente como Tom Metzger no tiene realmente nada que ver. "Atribuirle a Tom Metzger la responsabilidad de la muerte de Seraw es como atribuirles a los agitadores externos (en Misisipi por ejemplo) el surgimiento de los derechos civiles".[16]

La exaltación de los *skinheads* como neonazis o como simples "extremistas" minimiza o traslada a la Alemania del Tercer Reich el origen del racismo de una parte importante de la población blanca en Estados Unidos. Se combaten los crímenes de los neonazis, pero se aceptan sus demandas a favor de la disminución de los programas gubernamentales de preferencia hacia los afroamericanos, como la Acción Afirmativa (*Affirmative Accion*), y de la exclusión de los inmigrantes ilegales de los servicios de salud, por ejemplo. Dice Langer, con razón: "Segregar la villanía de la ultraderecha de la corriente principal de pensamiento y actividad política en Estados Unidos oscurece las fuentes de la indecencia". Como una mera coincidencia, pero que inflama la muy inflamable imaginación norteamericana sobre su seguridad, el día del asesinato de Mulugeta se cumplían exactamente 50 años y dos días del *Kristallnacht* en Alemania y parte de Austria, acontecimiento que marcó el ascenso de la lucha de los nazis contra los judíos.

En el sistema de mensajes de voz de la White Aryan Resistence que podía ser consultado por teléfono, el del 30 de enero de 1989 sonaba

---

[16] *Ibid.*, p. 22.

esperanzador: "El año de 1989 será un año emblemático en la denigración de los blancos y en el nacimiento de su contraofensiva".[17] Con la primera declaración pública de Tilahun Antneh después del asesinato de Mulugeta de que la pelea con los *skinheads* fue totalmente no provocada y le parecía a él como si hubiera sido un ataque racial, se encendió la protesta contra los asesinatos en Portland y en muchas otras ciudades del país. El periódico *The Oregonian* cabeceaba su primera plana del lunes siguiente a la muerte de Mulugeta: "*Skinheads* culpables en la muerte de un hombre". Esa semana comenzaron las manifestaciones de protesta en Portland, en las que participó hasta el gobernador Neil Goldschmidt. "¡Vamos a correr a los *skinheads* de la ciudad!", "¡Muerte a los *skinheads*! ¡Muerte al Klan!", eran algunas de las consignas con las que se protestaba en las calles de Portland. Los todavía incrédulos habitantes de la ciudad de Portland, que pensaban que un asesinato así jamás podría ocurrir en los vecindarios o en las calles de su ciudad, comenzaron a ser vistos por el resto del país como ciudadanos cuya pasividad y complacencia había permitido el crecimiento de los *skins*.

Cuando a nivel internacional el enemigo histórico de los norteamericanos se estaba derrumbando con las transformaciones que ocurrían en la URSS, los ciudadanos de Portland descubren con amargura que el enemigo está dentro y siempre lo había estado. Las gruesas paredes de la justicia hundiéndose y simultáneamente tocando fondo en un autoengaño bien intencionado se encontraron con que ahora quedábamos separados "nosotros" —la gente buena— de "ellos" —los malos *skinheads*—. La sorpresa con la que muchos ciudadanos norteamericanos blancos reaccionaron fue como la de haber despertado de una pesadilla. El enemigo está entre nosotros, parecían decir.

Después de la detención de Mieske, Strasser y Brewster por el asesinato de Mulugeta y de las protestas de la comunidad de Portland por el

---

[17] *Ibid.*, p. 99.

asesinato, uno pensaría que los *skins* optarían por retraerse y disminuir su presencia pública. Nada de eso, convirtieron a los tres detenidos en perseguidos políticos y comenzaron a denunciar su encarcelamiento como represión del gobierno "sionista–marxista–leninista" de Estados Unidos contra la población blanca. Durante los meses que siguieron al arresto, la agitación pública se incrementó de manera importante y peligrosa, los *skins* comenzaron a salir a las calles, amenazantes y violentos. Contrario a lo que había sucedido normalmente en la mayoría de las ciudades en donde después de un muy publicitado crimen racial con la detención de los culpables la violencia disminuía, en Portland sucedió lo contrario, subió de tono la confrontación.

> De pronto los *skinheads* estaban por todos lados. En Wendy's le dejaban una nota a un empleado negro, diciéndole: "¡Ten cuidado!", y quemando cientos de servilletas mientras salían. En un autobús urbano Tri-Met, asaltaron y golpearon a un pasajero que tuvo que ser llevado al hospital. En el centro de la ciudad golpearon y patearon a un hombre que quiso evitar que destruyeran su puesto de periódicos. De uno y otro lado del río Willamette aparecieron volantes que decían: "EL HOMBRE BLANCO CONSTRUYÓ ESTA NACIÓN-LOS HOMBRES BLANCOS SON ESTA NACIÓN".[18]

Lejos de ser vilipendiados, Ken, Kyle y Steven fueron considerados como dirigentes, los visitaba tanta gente en la cárcel que no tenían el tiempo suficiente para atender a todos. "Sospechosos idolatrados", reportaba a ocho columnas *The Oregonian*. Ante la movilización de los *skins*, "hubo una explosión de sentimiento antirracista" un "pánico moral de la población en general" y un enfrentamiento: "O estás con nosotros o estás con ellos", no había la posibilidad de términos medios, de compromiso o de negociación de ningún tipo.

---

[18] *Ibid.*, pp. 247-248.

El movimiento *skin* estaba a favor no solo de la preservación de la pureza de la raza blanca, sino de su dominación sobre el conjunto de la sociedad. Sin ningún problema el Klan de 1865 hubiera firmado como miembro del movimiento de los *skins*, se hubiera quitado la capucha, se hubiera rapado la cabeza y hubiera comenzado a usar la suástica como una nueva forma de cruz. Las razones que los supremacistas blancos se daban en 1989 eran muy similares a las expresadas por el Klan en *The Birth of a Nation*. Los *skins* argumentan: "*a)* Es difícil conseguir empleo porque los no blancos han infiltrado el país. *b)* Ellos están tan prejuiciados como lo estamos nosotros y nos odian tanto como nosotros los odiamos a ellos. *c)* Estamos *enfermos* de ver a mujeres blancas *mestizando la raza*, enganchándose como prostitutas para poder sobrevivir".[19] La imagen de ver a las mujeres blancas en los brazos de algún negro obsesiona la mente del supremacista blanco. De hecho, es extraordinariamente raro en Estados Unidos encontrar una pareja compuesta por un hombre negro y una mujer blanca.

La animalidad que los supremacistas blancos siempre han atribuido a las "razas inferiores" los muerde inconscientemente en su virilidad, la imagen de una mujer blanca con un hombre negro los *enferma*... Para los *skins* quienes empezaron la guerra fueron los negros; los negros han declarado la guerra a los blancos bajo la forma del crimen: por cada mujer negra violada por un blanco hay 13 mujeres blancas violadas por negros. Las cifras, más que atenerse a la realidad, nos vuelven a referir a la fantasía sexual del supremacista blanco. La naturaleza inconsciente parece sugerir que la simetría perfecta se establece entre un hombre negro y una mujer blanca, de la que el macho blanco teme quedar excluido, una vez que la mujer blanca descubra la *animalidad* negra. En *The Birth of a Nation* la inocencia prefreudiana deja ver con claridad que la mayor preocupación de los blancos es la que concierne a sus mujeres, no a sus esclavos.

---

[19] *Ibid.*, p. 87. Las cursivas son mías.

Tom Metzger, en una de las entrevistas que tuvo con Elinor Langer, analiza las causas de la derrota del movimiento de los *skinheads*. La razón del fracaso de racistas anteriores ha sido su incapacidad para reconocer que el poder y la supremacía blancos vienen en muchas formas. El plazo de la visión provincialista está ya vencido.

Ya sea que los hombres o las mujeres de raza blanca tengan el pelo largo o corto, jeans y tenis o traje, crean en Cristo o en Odín, vivan en comunas en las colinas de Colorado o en las filas del ejército soviético es menos importante que la de derrocar al completamente corrupto sistema capitalista que está estrangulando la vida de todos los pueblos. Cualquier hombre o mujer blancos no judíos que compartan este objetivo y se comprometan con esta causa son bienvenidos. ¡La revolución está en marcha! ¡Golpea al sistema! Ayuda a construir el movimiento.[20]

Uno de los *talk shows* en radio más escuchados en la actualidad por la derecha norteamericana y conducido por Sean Hannity abre el programa con una cortinilla invitando a la revolución: "This is the Sean Hannity show, welcome to the revolution" (Este es el show de Sean Hannity, bienvenidos a la revolución). Como bien lo insinúa Metzger, el racismo ahora no es un privilegio de la ultraderecha. En una publicación troskista llamada *The Democratic Socialist*, se denominan a sí mismos "The voice of the New Aryan Left" (La voz de la nueva izquierda aria). Después de las movilizaciones y confrontaciones nacionales por el asesinato de Mulugeta Seraw, la supremacía blanca entró en un periodo de reflujo, será en otro momento cuando vuelvan a dar la batalla. Quien crea que están acabados se equivoca, la elección de Barack Obama los ha galvanizado.

El 1 de mayo de 1989, después de una larga negociación de Ken Mieske con el fiscal del caso y con el gobierno federal, Mieske se declaró

---

[20] *Ibid.*, p. 183.

culpable de homicidio en primer grado en el caso del asesinato de Mulugeta Seraw, por lo que no iría juicio. Ese día dio a conocer algo que había negado hasta ese momento: "El 13 de noviembre de 1988 asesiné a Mulugeta Seraw por su raza". Al mismo tiempo Tom Metzger declaraba que la muerte de Mulugeta por parte de Ken Mieske había sido en "cumplimiento de un deber cívico". En ese momento los supremacistas blancos perdieron la iniciativa y comenzaron a ser exhibidos como intolerantes y peligrosos por todo el país.

El año que Metzger esperaba que se convirtiera en el de la contraofensiva de la supremacía blanca, se estaba convirtiendo exactamente en lo contrario, el año de su derrota. El Southern Poverty Law Center (SPLC) un organismo no gubernamental situado en Montgomery, Alabama, dirigido por Morris Deeds y dedicado a la defensa de los derechos civiles sin fines de lucro, demandó civilmente a Tom Metzger y a la WAR vinculándolos con el asesinato de Mulugeta Seraw. Deeds ya había logrado una impresionante victoria civil contra los supremacistas blancos de los United Klans of America (UKA) al demandarlos por el linchamiento de Michael Donald en Mobile, Alabama, en marzo de 1981. El SPLC actuó en representación de Beulah Mae Donald, madre de Michael. La sentencia emitida en 1987 obligaba a los UKA a pagar siete millones de dólares a la madre de Michael, lo que los llevó a la bancarrota. El edificio que ocupaba su sede nacional fue vendido a favor de Beulah Mae, quien compró su primera casa con ese dinero del Klan.

Morris Deeds y el SPLC querían repetir la demanda civil contra Metzger por el asesinato en Portland. Representarían a los padres de Seraw en una demanda de "responsabilidad vicaria" contra la White Aryan Resistance por el asesinato de Mulugeta. La victoria sería llevar a la quiebra a Metzger y a la WAR quitándoles los fondos que tuvieran disponibles para operar. Cuando el SPLC presentó la demanda contra Metzger y la WAR en la Corte de la ciudad de Portland en julio de 1988, el programa de televisión *Race & Reason*, producido por Metzger, ya se transmitía por las cadenas de cable en Portland. A través de él, Metzger comenzó a invitar a todos los *skins* al "juicio del siglo", en el que derrotará los intentos de Deeds por dejarlo fuera de circulación. Agitaba a los supremacistas blancos de toda la nación para que asistieran al juicio, ofreciéndoles que la "mejor pelea estaría en las calles de la ciudad". Lo que se jugaban ambas partes en el juicio era de enorme importancia. Para la ciudad de Portland, que por entonces era calificada como "la capital mundial del crimen racista", era importante mostrar que eso no era así. Era fundamental dejar claro que si bien Portland era la ciudad en donde el movimiento *skin* se había fortalecido, también sería la ciudad en donde habría de ser derrotado.

Finalmente, después de una conflictiva y larga espera comenzó el juicio a Metzger en octubre de 1990. Los supremacistas blancos que llegaron hasta Portland para protestar fueron solo un pequeñísimo grupo. Al desfilar frente al City Hall "parecía más como si se tratara de una manifestación de los policías", por la cantidad de ellos que había en relación con los supremacistas blancos, quienes apenas se distinguían entre la muchedumbre de uniformados desplegados para vigilarlos. El diario local *The Oregonian* cabeceaba ya desde marzo: "Metzger's Racism Goes On Trial" (El racismo de Metzger va a juicio). Esta vez la ciudad de Portland no sería juzgada, ella sería el juez. Para Tom, perder significaría perderlo todo, incluida su casa. Para el SPLC, perder significaría ceder una victoria extraordinaria a los supremacistas blancos de todo el país, dejándolos más fortalecidos de lo que estaban antes de empezar el juicio.

La muy esperada confrontación judicial comenzó el 10 de octubre de 1990 en la Corte del condado de Multnomah, en la ciudad de Portland, y duraría dos semanas. Lo presidió el juez Ancer L. Haggerty; nacido en Oregón, era uno de los dos jueces de circuito de origen afroamericano. Una bomba había explotado en la Corte Federal de San Diego unas semanas antes del inicio del juicio y había sido reivindicada por un partidario de la White Aryan Resistence. El juicio en Oregón se celebraba con fuertes medidas de seguridad, la explosión de San Diego estaba todavía en la mente de todos los participantes. Los demandantes eran el padre de Mulugeta, Seraw Tekuneh, que había sido llevado desde Etiopía para el juicio, y su tío Engedaw Berhanu. La defensa corría a cargo de Morris Deeds, del SPLC, y de una abogada de Portland, Elden Rosenthal. Los acusados eran la White Aryan Resistence, Tom Metzger y su hijo John Metzger. Los Metzger consideraban el juicio una comedia montada para combatir a los supremacistas blancos y decidieron que ellos mismos asumirían su defensa. La soberbia de la supremacía blanca los traicionó. Le dejaron el camino libre a Morris Deeds, quien tenía una amplia experiencia en el manejo de todos los recursos legales y trucos que un abogado utiliza frente al jurado, simplemente los masacró en el juicio. Los demandantes, sin embargo, tenían que probar algo que era muy difícil de hacer: que los acusados tenían una responsabilidad vicaria desde California en el asesinato de Mulugeta Seraw en Portland. Es decir, que habían mandado a sus agentes Dave Mazzella, Mike Gangnon y Michael Barret a Portland con el propósito de animar y asistir a los miembros de East Side White Pride para conseguir los objetivos de los supremacistas blancos por medios violentos.

Tom Metzger pensaba que su responsabilidad nunca podría ser demostrada frente a un jurado, creía que el juicio se trataba de la Primera Enmienda, de la libertad de expresión y que no se podría demostrar, más allá de una duda razonable, que el asesinato de Mulugeta se había producido por lo que él pensaba y decía en sus programas de televisión, periódicos y sistema de mensajes por teléfono. No importando qué tan violento fuera el mensaje, seguía siendo solo un mensaje, él no había matado ni mandado matar a nadie, y lo que cada quien hiciera con lo que él decía, no era su problema, su libertad de expresión estaba protegida por la Primera Enmienda de la Constitución. Metzger también pensaba que el juicio era de carácter político, al que estarían atentos los ojos de todo el país y debería por tanto dársele una defensa política, pero se equivocó. Deeds tenía la confesión de Dave Mazella, a quien había estado cultivando durante todos los meses que antecedieron al juicio y se lo había logrado ocultar a los Metzger, por lo que no estaban preparados para interrogarlo. Deeds logró que la altanería e inexperiencia legal de Metzger y los *skins* que testificaban a su favor más los incriminara mientras más hablaban. Cuando Deeds entrevistó como testigo al asesino de Mulugeta, Ken Mieske, un individuo que infundía miedo solo de verlo, le pidió que dijera al jurado el nombre con el que era conocido por los *skins* en Portland, Mieske, con un rictus amenazante, dijo: "Ken Death" (Ken Muerte).

Los Metzger habían estado apareciendo mucho en la televisión nacional y en la prensa antes del juicio, durante una entrevista con *The New York Times* meses antes, respondiendo a la pregunta de si los *skins* tenían derecho a contestar una agresión, John dijo: "Si alguien te ataca, ve por él, destrúyelo por *gusto*. Sácale los ojos de sus cuencas, golpéalos hasta el infierno. No importa lo que tengas que hacer. Prefiero ser juzgado por 12 que llevado por seis". En otra entrevista le dijo al *Seattle Times*, presumiendo el trabajo de organización que entre los *skins* habría realizado la WAR: "Los *skinheads* ahora son mucho más letales que los *skinheads* de hace dos años". La habilidad jurídica y dramática de Morris Deeds, junto con el error de Tom Metzger de no contratar un abogado, resultaron en que el jurado encontró culpables de todos los cargos a los acusados. La sentencia del juez Haggerty, que le daría la vuelta al mundo, era que los Metzger y la WAR estaban obligados a pagar 12.5 millones de dólares a la familia de Mulugeta Seraw.

¿Qué diría el doctor Freud sobre llamar a la residencia del poder presidencial en Estados Unidos la Casa *Blanca*? Para los norteamericanos el racismo es un problema psíquico, no social, tratan de ubicarlo en el ámbito personal y no colectivo. "Yo no soy racista", dicen todos y cada uno de los que persiguen y excluyen a los negros. A partir de Mulugeta Seraw se vive un racismo sin racistas, en donde los códigos de exclusión se encuentran vigentes pero el lenguaje con el que se los designa parece haber desaparecido. Cambiar la palabra *negro* por *afroamericano* mueve a engaño. Si no tengo una palabra que designa color, elimino la exclusión de los negros llamándolos afroamericanos. Pretender creer, como se pretende, que prohibiendo la palabra *negro* del lenguaje diario se elimina la discriminación de los afroamericanos no solo es ingenuo, es perverso y es peligroso. Los negros son convertidos en afroamericanos bajo el mismo mecanismo en que la tortura es convertida en *water boarding*, y los asesinatos de civiles en *daño colateral*.

Cuando se dejan de usar los conceptos que designan y codifican una realidad, esta se vuelve aún más indescifrable. Las palabras tienen memoria, pero extirpando los vocablos, o peor aun, prohibiéndolos, no se elimina el recuerdo que evocan, el recuerdo permanece, pero ahora es imposible nombrarlo, se ha convertido en una carga inconsciente que todo lo contamina igual que antes, pero ahora no sabemos de dónde proviene. En la redacción de la Constitución nunca se menciona la palabra *esclavitud*, una forma de hacer invisible algo es no nombrándolo, hasta que a la esclavitud se la llamó por su nombre se le pudo combatir. Lo que no se nombra no se puede combatir. Con el naciente neoliberalismo, mientras se mantienen intactas las estructuras que permiten la exclusión y el racismo, se evaporan las categorías y los conceptos con los cuales se les puede reconocer. Así, se trata de neonazis, aunque no tengan la menor idea de lo que fue el Tercer Reich; se trata de antijudíos, aunque nunca sepan en qué consiste la religión judía.

Uno de los elementos más conmovedores que se repite con enorme consistencia entre un testimonio y otro de los vecinos de Portland es "lo cerca de su casa" que el crimen sucedió. La gente queda sorprendida cuando se da cuenta de la cercanía que guardaba con los asesinos. ¡Se trata de sus vecinos! En una sociedad que se preciaba a sí misma como incluyente, flexible y tolerante, sucede un horrible asesinato por motivos raciales, los cuales muchos consideraban desaparecidos, si fuera el caso de que alguna vez existieron. El despertar de la gente fue estremecedor y fantástico a la vez. A partir de aquí la supremacía blanca se cubrirá con otro disfraz, usará un antifaz distinto.

Al terminar el juicio, los Metzger y un puñado de *skins* se fueron a celebrar. ¿A celebrar qué?, les preguntó un reportero.

A celebrar a los racistas blancos, al movimiento de la supremacía blanca —contestó Tom—. ¡El movimiento no va a ser detenido en el insignificante pueblo de Portland! ¡Estamos hasta el fondo! ¡Ahora estamos inmersos! ¿No lo entiendes? Estamos en tus universidades, estamos en tu ejército, estamos en tus fuerzas policiales, estamos en tus sectores técnicos. ¿Hacia dónde crees que fueron los *skins* que parecen haber desaparecido? Se dejaron crecer el pelo. Fueron a la universidad. Ellos ya están programados. Nosotros plantamos la semilla. Deteniendo a Tom Metzger no vas a cambiar lo que va a suceder en este país ahora. Subí hasta acá como el gran Salmón del Noroeste, ya dejé mis huevos y ahora, si muero, no hay problema.[21]

---

[21] *Ibid.*, p. 350.

16

Rebelión en Los Ángeles
(1991-1992)

Rodney King (Rodney Glen King III) era un trabajador afroamericano de la construcción, con una larga lista de ofensas criminales, que adquirió notoriedad internacional cuando después de una persecución de alta velocidad por las calles y avenidas de Los Ángeles fue finalmente detenido y golpeado inmisericordemente por varios oficiales de policía. La golpiza, grabada en video por George Holliday desde la terraza de su casa y transmitida incesantemente por la televisión en los días siguientes, se convirtió en un poderoso agitador social en el desencadenamiento de los disturbios más violentos de los que se tuviera memoria en Estados Unidos.

La grabación del video que registra la golpiza a King había sido realizada de manera fortuita por Holliday el 3 de marzo de 1991, cuando lo despertó el ruido de las sirenas policiales a medianoche y decidió estrenar la cámara de video que había comprado para grabar a un compañero de trabajo en el maratón de la ciudad. Debido a que King era negro y los oficiales de policía que lo atacaron eran blancos, el video enviaba un poderoso mensaje de racismo y brutalidad por parte de la policía de Los Ángeles (LAPD, por sus siglas en inglés). Durante los disturbios que desencadenó la agresión murieron 54 personas, más de 2 000 fueron heridas y se quemaron 800 edificios entre viviendas y comercios. La ciudad de

Los Ángeles fue sumida en el más absoluto caos y desorden durante una semana en la que se necesitó de la milicia estatal y de tropas de combate federales para restablecer el orden.

Durante los años previos a la Segunda Guerra Mundial Los Ángeles era la ciudad más blanca, anglosajona y protestante de todo Estados Unidos. Sin embargo, para 1990 se había ya convertido en una verdadera ensalada de culturas en donde habitaban miembros de más de 100 etnias que hablaban 106 diferentes idiomas. Una quinta parte de los residentes de la ciudad había nacido en otro país, más de la mitad de los niños en las escuelas públicas hablaban español en su casa y la Iglesia católica era la institución religiosa más influyente. El alcalde Tom Bradley, afroamericano, había sido reelecto *Mayor* de la ciudad cinco veces; gobernaba Los Ángeles desde 1973. Blancos, latinos, asiáticos y negros tenían que coexistir en la ciudad y desde el punto de vista de Bradley "la convivencia era armónica".

Actualmente es la segunda ciudad más poblada de Estados Unidos, solo después de Nueva York. Para 1990 la población latina y negra en la parte Central Sur de Los Ángeles (South Central LA) era prácticamente mitad y mitad, cuando 10 años atrás había sido dos tercios de población afroamericana. La población negra se había más que duplicado entre 1940 y 1950, solo para duplicarse nuevamente en la siguiente década, llegando a ser en 1960 el 13.5% del total de la población de Los Ángeles. Hasta antes de los disturbios de 1992 la población pobre de origen latino o afroamericano que habitaba South Central LA era invisible para la mayoría blanca que habitaba la parte sur del estado de California. South Central era la región informalmente segregada de la ciudad en donde los negros participaban con el 48% de la población, mientras que solo eran el 13% de la población de la ciudad y el 10% del condado. En Los Ángeles, como en muchas otras ciudades de Estados Unidos, las fronteras invisibles de lo que eufemísticamente se conoce como el *centro de la ciudad* (*inner city*) estaban claramente delimitadas y ahí residían los pobres, principalmente negros y latinos. South Central era una región de la ciudad marcada por una alta tasa de criminalidad y violencia callejera que hacía a la policía de Los Ángeles parecer como "un ejército de ocupación". Siendo los negros el 13% de la población de la ciudad, contabilizaban para "más del 45% de los arrestos por delitos", aunque, según un oficial de policía, "dar esta información significaba ser considerado un racista de inmediato".

El 3 de marzo de 1991, cuando Holliday graba el video de la golpiza a King, Iraq aceptaba los términos de Estados Unidos para finalizar la primera Guerra en el Golfo Pérsico. Para el 6 de marzo la transmisión del video de Holliday, por prácticamente todas las cadenas de televisión norteamericanas, recibía más atención que la guerra recién concluida. Según Ted Turner, dueño y fundador de CNN, durante los siguientes 13 meses la televisión estadounidense utilizaría el video de la golpiza contra King casi como "fondo de pantalla" (*wallpaper*). Las tres principales cadenas de televisión norteamericana, NBC, CBS y ABC, produjeron durante 1991 87 documentales o historias televisivas sobre el acontecimiento. El video dura 87 segundos, durante los cuales cinco policías de la ciudad golpean a King con sus bastones y lo patean mientras este se encuentra tirado en el suelo. Otros 21 policías observan la escena mientras sus compañeros sacuden el cuerpo de King con "56 golpes de bastón". King había sido previamente herido con dos disparos de una pistola de alto voltaje, pero debido a su corpulencia y fuerza física (1.90 m y 115 kg) no podían someterlo. Rodearlo y atacarlo entre cinco fue la única forma en la que pudieron finalmente esposarlo y subirlo a una patrulla.

El video, editado para su transmisión por televisión, que eliminaba escenas borrosas o muy movidas por el pulso de Holliday, consistía en 68 segundos y, a juicio de los expertos, prescindía de un segmento fundamental de tres segundos, en donde se aprecia a King de pie sacudiéndose a los policías. Según testimonios policiales, King parecía haber consumido alguna droga (PCP) que estimulaba su fuerza y que explicaba por qué un grupo de cuatro policías no podía someterlo. "Parecía como si se hubiera convertido en Hulk", dijo uno de los policías que participaron. Sin embargo, los análisis de sangre que se le practicaron mostraban solamente grandes cantidades de alcohol. King recibió un par de golpes de bastón en la cabeza, lo que está permitido a la policía solo en caso de defensa propia, de otra forma constituyen una evidencia poderosa de conducta criminal. Para la gran mayoría de los televidentes, las escenas no requerían de ninguna explicación, su elocuencia parecía devastadora, se trataba de un ataque artero por parte de la policía contra un indefenso negro, situación que por otro lado había sido denunciada una gran cantidad de veces por los habitantes latinos y negros de South Central. El jefe de la policía de Los Ángeles (blanco), Daryl Gates, escribiría más tarde que la golpiza a King había sido "un uso de la fuerza muy, muy extremo para cualquier departamento de policía" de Estados Unidos.

Rodney King fue rodeado y sometido por la policía después de haber sido perseguido a toda velocidad por media ciudad de Los Ángeles, lo golpearon porque no obedeció, se resistió al arresto y agredió a la autoridad. Sin embargo, era "casi imposible prender una televisión sin encontrarse con un clip del video de Holliday sobre la golpiza a King, y junto con él, la indignación del público que demandaba el enjuiciamiento de los oficiales blancos que habían golpeado a un conductor negro".[1]

El 6 de marzo King fue liberado de la cárcel del condado de Los Ángeles después de que el fiscal de distrito, Ira Reiner, no encontró evidencia suficiente para condenarlo. El día 7, el jefe de la policía, Gates, informó que los policías involucrados en el incidente serían juzgados. El día 8, 15 policías que se encontraban en el lugar de la golpiza a King fueron suspendidos. Una encuesta del periódico *Los Angeles Times* del 10 de marzo encontró que el 86% de los encuestados habían visto el video,

---

[1] Lou Cannon, *Official Negligence, How Rodney King and the Riots Changed Los Angeles and the LAPD*, Westview, 1999, p. 49.

de esos, el 92% creía que se trataba de un uso excesivo de la fuerza por parte de la policía. El 12 de marzo la Asociación Americana para las Libertades Civiles (ACLU, por sus siglas en inglés) lanzó una campaña para destituir a Gates como jefe de la policía de Los Ángeles; a página completa en *Los Angeles Times* preguntaba: "¿A quién llamas cuando los pandilleros visten uniforme azul?". A partir del día 11 el Gran Jurado escuchó testimonios y revisó el video durante cuatro días, y para el día 14 emitió acusaciones contra cinco de los oficiales que participaron en la golpiza a King: Stacey Koon, Laurence Powell, Timothy Wind, Theodore Briseno y Rolando Solano.

El racismo en California se distinguió del nacional en el sentido de que no estaba dirigido exclusivamente hacia los negros. Durante el siglo XIX, mientras el territorio estuvo en manos de españoles y mexicanos, no existió población negra en la región. En 1848, después de la anexión de California por parte de Estados Unidos, indios, mexicanos y asiáticos, principalmente chinos y japoneses, serían los excluidos. Los negros que comenzaron a llegar a California fueron vistos en un principio como "más americanos" que asiáticos y mexicanos. "En 1886 LAPD se convirtió en el primer departamento de policía de la nación en contratar a un oficial de paz negro de tiempo completo. Poco después la ciudad contrató al primer bombero negro, y en 1919 a la primera mujer policía negra".[2]

Durante el siglo XX los negros fueron enfrentados con mexicanos y asiáticos en la competencia por el empleo y mejores salarios. En 1933, por ejemplo, durante la construcción del sistema ferroviario de la ciudad de Los Ángeles, una huelga de trabajadores japoneses fue rota con 1 400 trabajadores negros traídos de Texas. A diferencia del resto del país, la población en California siempre había contado con minorías asiáticas y latinas importantes, y a partir de mediados del siglo XX con una población negra en crecimiento. Los Ángeles es la ciudad norteamericana

---

[2] *Ibid.*, p. 63.

que mejor expresa la multiculturalidad de la sociedad estadounidense, con toda la riqueza que puede generar la fusión de varias culturas, pero también con toda la tensión social que acarrea. La migración ilegal hacia el estado, tanto asiática como latinoamericana, no ha hecho más que acentuar esa distinción, añadiendo a la diversidad cultural el ingrediente de "ilegalidad".

Desde el principio del incidente, tanto la policía como el propio Rodney King pretendieron alejar lo sucedido del ámbito racial. King declaró que no creía que lo hubieran golpeado por ser negro, su abogado Steven Lerman estuvo de acuerdo y descartó que en la detención y golpiza de su cliente "la raza hubiera sido un tema". El jefe Gates también negó categóricamente que King hubiera sido golpeado tan severamente por ser afroamericano. Sin embargo, en la terminal digital móvil (MDT, por sus siglas en inglés) instalada en las patrullas de la policía de Los Ángeles desde 1983, y con la que se comunicaban los agentes entre sí de forma escrita, podían leerse referencias raciales comparando a los negros con "gorilas en la niebla" y aceptando por parte de uno de los oficiales que "no había golpeado a alguien tan fuerte en mucho tiempo". El 18 de marzo, después de que el Gran Jurado determinó las acusaciones contra los policías que golpearon a King, el Departamento de Policía de Los Ángeles liberó las transcripciones de las MDT provocando en la opinión pública la impresión de que la detención y golpiza de King sí se había debido a que era negro, pues era comparado con *un gorila en la niebla*.

"El alcalde Tom Bradley vio la golpiza a King como una oportunidad para movilizar a la opinión pública contra el jefe Gates, quien se había convertido en su enemigo político".[3] Las acciones y declaraciones del alcalde Bradley deben de contabilizarse del lado de los promotores de los disturbios. Si la "incompetencia policial y el racismo hacen una particularmente incendiaria combinación", añadirle a esa combinación

---

[3] *Ibid.*, p. 82.

motivaciones políticas, cosa que hizo Bradley, garantizan un desenlace conflictivo. Después de la liberación de las transcripciones de las MDT, Bradley declaró a la prensa que no era posible considerar la golpiza a King como un error policial, "debemos enfrentar el hecho de que parece haber una peligrosa tendencia de incidentes racialmente motivados, por lo menos por una parte de los miembros del Departamento de Policía".[4] Otros prominentes afroamericanos como John Mack, presidente de Los Angeles Urban League, declaró que los mensajes de las MDT eran una "clara evidencia de lo salvaje y brutal" que había sido la agresión a King. Incluso dentro del Departamento de Policía, la sargento Pamela Roberts, cuando vio por primera vez el video de la golpiza, pensó: "Otra vez conflictos en Sudáfrica". *The Washington Post* rutinariamente describió el suceso como "la golpiza a un conductor negro" por "cuatro oficiales blancos", dando la impresión de que King había salido a pasear un domingo y había sido asaltado por la policía.

King era un exconvicto en libertad condicional por asalto a mano armada, pero generalmente los medios lo describían como un inocente afroamericano que sin provocación alguna había sido agredido por la policía, que además después de golpearlo se había burlado de él. Para mediados de abril, mes y medio después de que el video de Holliday había sido transmitido al aire por primera vez, una encuesta entre los votantes registrados en el condado de Los Ángeles mostraba que el 81% creía que los policías eran culpables, el 16% no estaba seguro, aunque el conjunto de sus respuestas indicaba que consideraban a la policía responsable, y solo el 3% pensaba que los policías eran inocentes. No había prácticamente ninguna diferencia entre las respuestas de blancos y negros. El prejuicio público sobre el incidente se convertiría más adelante en el argumento fundamental para mover el juicio de lugar, fuera del condado de Los Ángeles.

---

[4] *Idem.*

Dentro del Departamento de Policía tanto blancos como negros consideraban que King había sido golpeado por su conducta y no por su raza. Cliff Ruff, de la Police Protective League (Liga Protectora de la Policía), consideraba que King no había sido golpeado por ser negro, pero también creía que lo sucedido a Rodney "no le sucedería a un hombre blanco de Encino". Más que una "anomalía" o "error policial", lo sucedido a King no era extraordinario, les había sucedido a muchos afroamericanos en Los Ángeles, pero no había habido una cámara de video que lo documentara.

Latasha Harlins entró a la tienda coreana Empire Liquor Market Deli, en el vecindario más negro de South Central, Los Ángeles, el 16 de marzo de 1991. El video sobre la golpiza de la policía a Rodney King llevaba dos semanas de estar siendo transmitido por la televisión cuando Latasha se acercó al mostrador atendido por Soon Ja Du, con un jugo de naranja y dos dólares en la mano para pagarlo. Tras forcejear por el jugo de naranja, Soon Ja Du sacó un revolver del cajón y le disparó por la espalda a Latasha, quien murió instantáneamente. Tenía apenas 17 años. La policía no tuvo mucho problema para establecer lo ocurrido, pues había quedado grabado por la cámara de video de la tienda.

En la presentación del caso ante el Gran Jurado, buscando la convicción de Du, la fiscal de distrito Roxane Carvajal dijo: "Ha habido una gran tensión en la comunidad negra, tensión racial entre los coreanos dueños de las tiendas de abarrotes y sus clientes. Los tenderos coreanos acusan constantemente a sus clientes negros de robar en la tienda y de aterrorizarlos. Los clientes negros acusan constantemente a los tenderos coreanos de ser groseros e irrespetuosos con los negros. Esto podría explicar por qué la señora Du actuó como lo hizo".[5] La violencia y los robos en los vecindarios negros de South Central eran el motivo por el que blancos y judíos habían vendido sus tiendas de abarrotes y verduras en la zona años

---

[5] *Ibid.*, p. 111.

atrás. Los compradores, principalmente coreanos, se habían convertido en los dueños de esos comercios en la mayor parte de los vecindarios que componían el distrito sur de la ciudad.

En 1991 los coreanos inmigrantes operaban 3 300 tiendas de abarrotes y licorerías en la ciudad de Los Ángeles, de las cuales 350 se encontraban en South Central. En 1990, 13 tiendas coreanas de la ciudad habían sido el escenario de algún crimen y nueve tenderos coreanos habían sido asesinados en esos incidentes. Durante la década anterior 19 tenderos coreanos habían sido asesinados en sus establecimientos. La relación de los asesinatos de coreanos atendiendo sus comercios pasó de poco más de uno al año durante los ochenta a poco menos de uno al mes durante 1990, es decir, se incrementó más de 10 veces. Para los tenderos coreanos, cada cliente afroamericano era un ladrón en potencia. Para 1991, cuatro o cinco veces por semana la tienda de Du era robada. Joseph Du, hijo de Soon Ja, comparaba su situación con la de "tener que conducir un negocio en una zona de guerra".

La relación entre negros y coreanos, que era muy tensa para el momento en el que Latasha fue asesinada, se sumaba a la tensión general que se había desencadenado en la ciudad por la golpiza a King por parte de la policía. Desde dos frentes raciales, blancos y coreanos, los negros daban la impresión de estar siendo agredidos. Dos incidentes separados, sucedidos sin relación alguna, estaban siendo unidos por la comunidad afroamericana e interpretados como racismo, como exclusión social. Mientras aún se encontraba en el hospital, a donde había sido internada por una crisis nerviosa, Soon Ja Du fue acusada de homicidio en primer grado y detenida por la policía. El juez Morris Jones le fijó una fianza de 250 000 dólares para poder seguir su juicio en libertad. La familia Du se veía a sí misma como la víctima de lo sucedido. La pistola con la que Soon mató a Latasha había sido modificada para disminuir la presión necesaria en el gatillo para disparar (gatillo de pelo) Soon no había querido disparar sobre la afroamericana, solo quería asustarla, pero con el gatillo tan sensible el arma se habría disparado casi sola. Los coreanos temían que con toda la agitación surgida a partir de la golpiza a Rodney King la señora Du sería usada como chivo expiatorio para "apaciguar a los negros de la ciudad".

El 1 de abril el alcalde Bradley formó una comisión independiente de la policía de Los Ángeles para investigar lo sucedido en el incidente en el que fue golpeado King y nombró a Warren Christopher[6] como su presidente. Con cálculo político, en los días siguientes Bradley apareció en la televisión para denunciar a Gates: "El público ha perdido la confianza en el jefe Gates desde la golpiza a Rodney King —dijo el alcalde—. Le he pedido que muestre un coraje poco común y que se retire para bien de la policía de Los Ángeles. Desafortunadamente el jefe Gates no ha reconocido el impacto que está teniendo su presencia dentro del departamento de policía. Su reacción ante la trágica golpiza a Rodney King ha vuelto peor la fea situación".[7] En eso el alcalde tenía razón, la situación social y política de la ciudad se deterioraba conforme pasaba el tiempo. La gran mayoría de negros y latinos querían que Gates renunciara si la investigación de la Comisión Christopher demostraba que en la golpiza a King había existido negligencia policial, mientras que el 60% de los blancos pedían que Gates se quedara sin importar lo que encontrara la Comisión.

El asunto para Bradley no se veía bien, porque, aunque los *anglos* (blancos anglosajones) eran la mitad de la población, normalmente participaban en las elecciones con las dos terceras partes de los votos. El 9 de abril el presidente del Consejo de la Ciudad, John Ferraro, reunió al alcalde y al jefe de la policía para acordar con ellos una tregua mientras duraran las investigaciones de la Comisión Christopher. Aunque ninguno

---

[6] Warren Christopher se convertiría en enero de 1993 en secretario del Departamento de Estado de Bill Clinton.

[7] Lou Cannon, *op. cit.*, p. 122.

de los dos ofreció un ánimo conciliatorio, pactaron una tregua durante los 90 días que Warren Christopher había ofrecido que duraría la investigación. Finalmente, la Comisión dilataría sus trabajos una semana más allá de los tres meses y el 8 de julio presentó 130 recomendaciones para el mejoramiento de las prácticas policiales del departamento.

Poco tiempo después del informe de la Comisión, el jefe Gates anunció que su ciclo en la policía había terminado y que renunciaría en un año, después de que los policías acusados fueran juzgados. Hasta ese entonces los nombres de los oficiales involucrados en la golpiza a King permanecían anónimos, y una orden de la Corte impidió a la Comisión acceso a sus expedientes bajo el argumento de que de conocerse su identidad se podría violentar su derecho a un juicio justo. *Los Angeles Times* revelaría en 1992 la identidad de los agentes, pero en ese momento la Comisión no se pudo pronunciar sobre su responsabilidad. Para el alcalde Bradley la situación política parecía personalmente ventajosa, a lo mejor los oficiales responsables de la golpiza a King serían encontrados culpables en el juicio que se avecinaba, el fiscal Ira Reiner ganaría su reelección como fiscal de distrito, el jefe Gates tendría que renunciar y él podría aspirar a su sexta reelección como *Mayor* de Los Ángeles. Bradley no contaba con que los mayores enemigos de la justicia serían los jueces.

La juez Joyce Karlin había nacido en Venezuela, hija de un ejecutivo de la Warner Bros. que debido a su trabajo en la industria del cine había vivido en varias partes del mundo. A sus 40 años era la juez más joven de la Corte de la ciudad de Compton, en donde se llevaría a cabo el juicio a Soon Ja Du. El caso le fue turnado a Karlin para ser juzgado el 26 de agosto, pero el asesinato de otro negro, Lee Arthur Mitchell, por otro tendero coreano, Tae Sam Park, el 4 de junio, hizo que South Central comenzara literalmente a hervir. Un ministro negro dirigió un boicot contra Chung's Liquor Market, establecimiento en el que había ocurrido el asesinato, y hacia finales de agosto tres bombas incendiarias explotaron en tres diferentes comercios coreanos de la zona.

Cada audiencia que se realizaba en la Corte de Compton previa al juicio de Du, era ocasión para manifestaciones en las que tanto coreanos como negros forcejeaban y se agredían. Por esta razón el juicio se movió a la Corte del Centro de Los Ángeles, en donde existirían mejores medidas de seguridad, y se aplazó para finales de septiembre. Para el 2 de octubre los testimonios en el juicio a Soon Ja Du habían concluido, incluyendo el interrogatorio cruzado que le realizaría el fiscal del caso. La juez Karlin, considerando que no había evidencia de premeditación en el asesinato de Latasha, sugirió al jurado que considerara la posibilidad de regir el caso como homicidio involuntario y les impidió calificarlo como homicidio en primer grado. La indicación de la juez al jurado atizó el resentimiento de la comunidad afroamericana hacia el sistema de justicia. El jurado regresó un veredicto de homicidio involuntario, quedaba a la juez Karlin dictar la sentencia.

Increíblemente, la juez decidió no enviar a Soon Ja a la cárcel y la condenó a realizar 100 horas de trabajo comunitario en libertad condicional por cinco años, al pago de una multa de 500 dólares y a la restitución de los gastos funerarios que se hubieran ocasionado por la muerte de Latasha Harlins. Después de dictada la sentencia, los coreanos tuvieron que salir escoltados por la policía del recinto judicial entre gritos de ¡asesinos!, proferidos por los negros presentes. "A los negros nos han dicho que trabajemos dentro del sistema —dijo después Andrea Ford—. Cuando hemos hecho lo que se nos ha dicho que hiciéramos, el sistema simplemente añade un insulto a la ofensa".[8] Ruth Harlins, hermana de Latasha, salió de la corte acusando la realización de una injusticia; sus partidarios "prometieron resolver el asunto en las calles". Leon Jenkins, el abogado que representaba los intereses de la familia Harlins durante el juicio, declaró a la prensa que si "Latasha hubiera sido rubia de ojos claros, la persona

---

[8] *Ibid.*, p. 169.

que le disparó estaría en prisión".[9] Activistas afroamericanos pronto le hicieron la vida imposible a la juez Karlin. Destruyeron el mobiliario de la Corte de Compton, agredieron a un alguacil y establecieron un permanente acoso a su casa, agrediendo a su marido y a sus vecinos.

Mientras todo esto sucedía en el juicio sobre el asesinato de Latasha Harlins, en el juicio a los policías acusados de golpear a Rodney King las cosas no iban mejor. El juez Stanley M. Weisberg, finalmente asignado al caso después de una serie de cambios de juez, decidió trasladar el juicio de los policías acusados a la Corte del condado de Ventura Este, en el Valle Simi, fuera de la ciudad de Los Ángeles, en donde, según su valoración, los oficiales podrían tener un juicio más objetivo.

En Los Ángeles el 81% de los votantes registrados opinaban que los policías eran culpables, lo que representaba un problema en la selección de un jurado imparcial. En Ventura solo el 2.3% de la población era de origen afroamericano, se trataba de un condado fundamentalmente blanco en donde además vivía la mayoría de las familias de policías y bomberos de Los Ángeles. Con su decisión, el juez Weisberg pretendía antes que nada salvar a la ciudad de Los Ángeles de los disturbios que se podrían ocasionar en el remoto caso de que los policías fueran absueltos. Pero todos creían, incluido el juez, que eso era prácticamente imposible dada la poderosa evidencia que significaba el video de Holliday, que mostraba a los policías indiscutiblemente abusando a King. La defensa no pudo quedar más complacida con el cambio de sede, el Valle Simi era una comunidad de alrededor de 100 000 habitantes distante 110 kilómetros de Los Ángeles, con uno de los índices más bajos de criminalidad en todo el país, y era entonces uno de los condados más homogéneamente blancos de todo el sur de California. En 1991, el 80% de su población era blanca, no hispana, y tenía la reputación de ser un lugar poco hospitalario para la población afroamericana.

---

[9] *Ibid.*, p. 171.

Cuando en el Valle Simi comenzaron a desarrollarse proyectos de urbanización en los años cincuenta, se hizo famosa la leyenda estampada en varios letreros colocados en la zona: "Se prohíbe la entrada a perros y a negros". Cuando se enteró de la nueva sede para el juicio, el presidente de la NAACP en Ventura dijo que le preocupaba "que tengamos que seleccionar un jurado para un caso criminal, dentro de una comunidad en donde prácticamente todos sus miembros son oficiales de policía o familiares o amigos de un oficial de policía".[10]

Después de los disturbios muchos criticaron al juez Weisberg por haber elegido Ventura como la nueva sede, pero antes de iniciar el juicio la fiscalía aceptó el cambio de sede de buena manera coincidiendo con el juez que en el Valle Simi se podría lograr un juicio imparcial y objetivo para los acusados. En lugar de prevenir al público sobre el cambio de sede, el fiscal Reiner, que buscaba con el caso publicidad para su reelección, adoptó una actitud de falso optimismo: "No, no nos decepciona la nueva sede, creemos que podemos tener un juicio justo en Ventura", declaraba sin mucha convicción. En la selección del jurado para el juicio no se escogió a ni un solo negro, aunque dentro de los 260 candidatos presentados a la fiscalía para seleccionarlos hubiera seis afroamericanos.

El juicio a los policías que golpearon a Rodney King comenzó el 2 de marzo de 1992, justo un día antes de que se cumpliera un año de la golpiza. A la 1:00 pm del 29 de abril el juez Weisberg recibió la noticia por parte del jurado de que habían llegado a un veredicto, el juez avisó a los demás participantes en el juicio que a las tres de la tarde se reunirían para escuchar al jurado. Cuando el alguacil del juzgado le entregó a Weisberg la hoja con los veredictos, este no podía creer lo que veía, los policías habían sido absueltos de todos los cargos. El resultado había sorprendido de tal forma al juez, que todos en la sala se dieron cuenta de que algo pasaba por la expresión de su cara. Los policías acusados escucharon

---

[10] *Ibid.*, p. 181.

estoicamente los veredictos leídos por el alguacil, solo para abrazarse y romper en llanto al final. Lo que nadie había pensado que pudiera ocurrir, ocurrió, los acusados de golpear a Rodney King habían sido declarados inocentes. La declaración de inocencia traía aparejados muchos problemas, pero uno en particular acuciante, si este era el comportamiento policial aceptable, ¿cuál sería el inaceptable? En South Central los veredictos del jurado fueron interpretados de la única manera posible: la policía puede golpear brutalmente a los negros sin consecuencia alguna.

Al momento de emitirse los veredictos en el Valle Simi, el alcalde Bradley llevaba "13 meses sin hablar directamente con el jefe de la policía Gates". El nivel de rivalidad política había llegado a un punto verdaderamente insostenible y no hacía más que prolongar, en las personas y sus dirigentes, la confrontación de la sociedad entre blancos y negros. Ambos representaban a la autoridad en una de las ciudades más grandes de Estados Unidos, en donde la "gente irresponsable", que no necesitaba ningún estímulo para causar problemas, se estaba multiplicando con los veredictos, que eran considerados por casi toda la población como un "aborto de la justicia". Poco menos de un año antes de los veredictos, el jefe Gates había ofrecido renunciar después del juicio a los policías acusados.[11] Esto había desatado una lucha interna para sucederlo entre los oficiales de más alto rango dentro del Departamento de Policía. De tal suerte que la confrontación política no era solo entre Bradley y Gates, sino dentro de la policía también, y llevaba en desarrollo un año para cuando fueron leídos los veredictos en el juzgado del Valle Simi en Ventura.

El alcalde Bradley observó la lectura de los veredictos desde su oficina en Los Ángeles, e inmediatamente después apareció en televisión para realizar unas declaraciones equivalentes a una bomba molotov gigante: "Los veredictos, sin sentido, me han dejado sin palabras". Lou Cannon, de *The Washington Post*, comentaría que ojalá y el alcalde se hubiera

---

[11] Finalmente, Gates renunciaría en junio de 1992, 15 meses después de la golpiza.

efectivamente quedado sin palabras, porque sus comentarios públicos siempre habían sido incendiarios. Hoy, continuó el alcalde, "el jurado le dijo al mundo que aquello que todos vimos con nuestros propios ojos no fue un crimen, hoy el jurado nos dijo que debemos tolerar esa conducta de quienes juraron servir y proteger. Amigos, yo estoy aquí para decirle al jurado que nuestros ojos no nos engañan. Vimos lo que vimos, y lo que vimos fue un crimen. No, no vamos a tolerar la golpiza brutal de nuestros ciudadanos por unos cuantos policías renegados".[12] Muchos de los que escucharon esa tarde al alcalde pensaron que más que tranquilizar a la población negra en realidad la estaba invitando a la revuelta. Y en efecto así fue, solo unos minutos después de que el alcalde había terminado sus comentarios públicos, transmitidos por la televisión, los disturbios comenzaron espontáneamente en la intersección de las avenidas Florence y Normandie, en South Central, Los Ángeles.

El teniente Moulin, el oficial de más alto rango en la Estación de Policía de la calle 77, llegó a la intersección de Florence y Normandie cuando los disturbios apenas comenzaban, solo para toparse con un caos incontrolable en la calle. Los oficiales de policía estaban siendo atacados con ladrillos, con grandes pedazos de concreto, con tableros y con todo tipo de objetos que pudieran arrojarse. Al percatarse de la situación y comprender que solo disparando sobre la multitud podría esta detenerse, lo que causaría una carnicería, prefirió mantener la prudencia y retiró a toda la policía que había acudido a los llamados de auxilio emitidos desde la zona. Le dejó el campo libre a la turba que amenazaba, golpeaba e incendiaba todo a su paso. Eran apenas las 5:43 de la tarde, menos de tres horas después de la lectura de los veredictos en el Valle Simi. Mientras la ciudad de Los Ángeles comenzaba a ser consumida por cientos de incendios y negros agresivos y amenazantes inundaban las calles de los vecindarios de South Central, el jefe de la policía, Gates, se dirigía a una

---

[12] Lou Cannon, *op. cit.*, p. 284.

reunión para la recaudación de fondos para su campaña política. Renunciaría a la policía, pero contemplaba la posibilidad de pelearle la alcaldía a Bradley. Al dejar su puesto en un momento clave, Gates enviaba un mensaje desafortunado a la ciudad, "su agenda política significaba más para él que el bienestar de la comunidad".

Reginald Oliver Deny había cargado su tráiler de 18 ruedas y doble remolque con 27 toneladas de arena en la cantera de Azusa a las cinco y media de la tarde. Poco tiempo después se acercaba a la intersección de Florence y Normandie, de donde el teniente Moulin había retirado a la policía. Aunque Deny se percató del tumulto en la intersección, no creyó que la multitud tuviera interés en un tráiler cargado de arena. Se equivocó, en cuanto arribó a la intersección fue abordado por varios sujetos que lo bajaron del camión y comenzaron a golpearlo. En ese momento un helicóptero de noticias que sobrevolaba el área obtuvo una toma completa de la golpiza a Deny, las imágenes se esparcieron por las diferentes televisoras como el fuego por las calles de Los Ángeles.

La imagen de la golpiza a Deny, un conductor blanco, por unos enardecidos negros, se convirtió en la réplica invertida de la golpiza a Rodney King. La simetría entre los dos acontecimientos comenzó a revelar lo que muchos preferían ignorar, los disturbios tenían un contenido racial. Los paramédicos que atendieron a Deny dijeron que estuvo a minutos de morir, le habían fracturado el cráneo en "92 partes". Deny sobrevivió gracias a que un camionero negro que vivía en la zona y miraba la televisión decidió arriesgarse y entrar a la intersección para rescatarlo. Durante el comienzo de los disturbios en Florence y Normandie, no solo hacia los blancos se dirigió la rabia por las absoluciones de los policías, sino hacia latinos y asiáticos también, quienes fueron agredidos brutalmente por las turbas de afroamericanos que tomaron el crucero.

Hacia las 10 de la noche del 29 de abril, 47 incendios iluminaban Los Ángeles, el humo que cubría la ciudad era tan denso que muchos vuelos arribando al aeropuerto internacional tuvieron que ser desviados debido a una peligrosa disminución en la visibilidad. La mañana del día 30, el país entero amaneció con la noticia de los disturbios. Desde temprano el alcalde y el gobernador habían declarado a la ciudad bajo emergencia y habían pedido la intervención de la Guardia Nacional. Se movilizaron esa misma mañana los primeros 2000 efectivos.

La mayoría de los habitantes, aterrados por lo que veían en la televisión, se quedaron en sus casas, el gobierno proclamó el estado de sitio en una parte de la ciudad y la policía obtenía refuerzos de las ciudades vecinas. Extinguir los incendios era complicado, porque a los bomberos no se les dejaba hacer su trabajo, varios fueron heridos por francotiradores y el equipo de los camiones contra incendios robado o vandalizado para impedir que apagaran los fuegos. El saqueo y los incendios fueron la venganza racial por los veredictos del Valle Simi.

Entre los comercios específicamente atacados se encontraban los de propiedad coreana, que fueron virulentamente saqueados y destruidos. Algunos propietarios se armaron y se atrincheraron en sus tiendas logrando defenderlas de la destrucción y el saqueo. "Hemos perdido la fe en la policía", declaraban a *Los Angeles Times* los propietarios de tiendas coreanos, ¿dónde estaban cuando se les necesitaba más?, era el lamento común entre la comunidad coreana, quienes se encontraban furiosos por el comportamiento tanto de los saqueadores como de la policía. Un estudio posterior a los disturbios encontró que fueron destruidos más de 2000 negocios de coreanos americanos, con una pérdida superior a los 400 millones de dólares. Las imágenes de televisión sobre los disturbios son dramáticas y elocuentes, muestran a una ciudad en guerra contra sí misma, socialmente conflictiva y violenta. En el saqueo no solo participaron los afroamericanos, los testimonios indican que eran latinos, principalmente mexicanos y centroamericanos, los que mayoritariamente saquearon las tiendas y comercios de la ciudad. La policía era incapaz de arrestar a mucha gente, el papeleo y la burocracia hacían que un arresto tardara 45 minutos en procesarse, tiempo en el que el oficial de policía que conducía el arresto tenía que ser distraído del combate en las calles con formalismos de oficina.

La Guardia Nacional no estaba pensada para realizar tareas policiales, por lo que en muchos casos solo se dedicó a disparar por encima de la cabeza de los saqueadores para disuadirlos. Los incendios y el saqueo continuaban al tercer día, 1 de mayo, de tal forma que a la una de la madrugada el gobernador Wilson formalmente solicitaba al presidente Bush la asistencia de tropas federales. "A las tres y media de la madrugada el primer destacamento de 3 500 soldados y marines era enviado desde el Fuerte Ord en el norte de California".

Si bien la presencia de la Guardia Nacional, del ejército y de los marines, así como de varias policías, fue un elemento psicológico importante para el restablecimiento del orden, su trabajo en el combate a los disturbios fue muy poco eficiente. Las atribuciones legales de cada cuerpo se encimaban y confundían, las rivalidades políticas no podían ponerse a un lado, el equipo con el que contaban era desigual, lo que prolongó innecesariamente los disturbios en las calles. Para el domingo 3 de mayo había en la ciudad una fuerza armada de más de 18 000 hombres combatiendo el saqueo y los incendios. Rodney King apareció entonces frente a las cámaras para tratar de calmar la situación y emitió sus famosas palabras que llegaron hasta la cubierta de la revista *Time*: "People I just want to say… can we get along? Can we get along? Can we stop making it horrible for the older people and the kids?" (Gente, solo quiero decir… ¿podemos llevarnos bien? ¿Podemos llevarnos bien? ¿Podemos dejar de hacerlo horrible para las personas mayores y para los niños?).

Aunque desde el día 2 de mayo el ejército y la policía habían empezado a ganar el control de la ciudad, no fue sino hasta el día 4 en la tarde que el alcalde Tom Bradley levantó el estado de sitio. Después de seis días de batallas campales, con miles de soldados y policías patrullando las calles, el levantamiento del estado de sitio terminaba oficialmente con los disturbios de Los Ángeles. Para ese momento 54 personas habían muerto, 26 afroamericanos, 14 latinos, nueve blancos no hispanos y dos asiáticos, tres personas más que murieron en los incendios no pudieron ser identificadas por su origen étnico. En los hospitales de la ciudad, 2328 personas fueron atendidas por sus heridas, las pérdidas materiales ascendieron a poco más de 900 millones de dólares, las más costosas en toda la historia de Estados Unidos. Se quemaron 862 edificaciones urbanas, muchos vecindarios no tendrían tiendas ni *mini-malls* en donde se pudieran realizar las compras básicas del día a día por largo tiempo; la posibilidad de comprar desapareció de la noche a la mañana de South Central. Se estima que con los disturbios se perdieron 30000 empleos. Por el lado de los participantes las estimaciones son de que alrededor de 50000 hombres de entre 16 y 34 años estuvieron "disponibles" para participar en los disturbios.

La situación política del país después de los disturbios era extraordinariamente conflictiva. En la mayoría de las ciudades grandes de Estados Unidos se habían realizado manifestaciones para repudiar los veredictos del Valle Simi, y si bien nadie estaba de acuerdo con las manifestaciones violentas, la tensión política había subido demasiado en todos lados. El gobierno de George Bush pensó que para aliviar la tensión habría que hacer algo con los policías que golpearon a Rodney King, pero a su vez habría que castigar a alguien por los disturbios, sin que eso significara echar más gasolina sobre el fuego.

El caso de Reginald Deny ofrecía las mejores ventajas para la ejecución de un castigo ejemplar. Había sido transmitido por la televisión con la misma insistencia que la golpiza a Rodney King, y en muchos sentidos era simétrico y equivalente a este. Se identificó y se detuvo a los responsables. El 12 de mayo fueron arrestados Damian *Football* Williams, Henry *Kiki* Watson y Antoine *Twan* Miller. Se les fincaron cargos por intento de asesinato, robo, violencia agravada y tortura. Por otro lado, a los policías absueltos en el Valle Simi se les volvería a juzgar por las mismas faltas, pero ahora con cargos federales.

Finalmente, ambos juicios se celebraron, el de los policías fue completamente anticlimático, los veredictos de culpables por "asalto agravado" recayeron sobre Stacey Koon y Laurence Powell. En el juicio a los responsables de la golpiza a Reginald Deny los veredictos se produjeron el 18 de octubre de 1993. Williams y Watson fueron encontrados culpables de asalto y cumplieron una pequeña pena en prisión, Miller fue absuelto de los cargos. "Una encuesta de *Los Angeles Times* realizada después de los veredictos encontró que el 75% de los latinos, 66% de los blancos y 53% de los negros creían que el jurado había estado 'motivado más por el miedo a su propia seguridad y a la inquietud pública' que por 'una justa y sensible consideración de la evidencia presentada'. La encuesta encontró que dos tercios de los blancos y latinos estaban en desacuerdo con los veredictos y que solo una mayoría simple de los negros los aprobaban".[13]

El gobierno federal, a cargo de George Bush, realizó unos juicios que sirvieron a causas políticas. Quien gobierna para las encuestas abdica de la autoridad que se le ha conferido. La jefatura del Estado no consiste en tomar decisiones populares basadas en encuestas de opinión, al jefe del Estado no se le pide *quedar bien*, se le pide que el país quede bien. La derrota electoral de Bush en 1992 es paradigmática de lo que significa gobernar para las estadísticas y no para la gente.

Para 1992 la multiculturalidad en Estados Unidos había alcanzado un nivel que nadie habría imaginado en el pasado. Los estadounidenses ya no persiguen una quimérica "integración racial", sino que reconocen el valor de las diferentes culturas y celebran su pacífica y mutua convivencia, especialmente en una ciudad como Los Ángeles. No es la golpiza a Rodney King lo que indigna a la población, es la reiterada ceguera de la sociedad blanca ante los negros lo que desata la ira incontrolable de los disturbios. Una juez que representa a la sociedad y no puede dictar sentencia contra una mujer blanca (coreana, pero blanca) por el asesinato

---

[13] *Ibid.*, p. 514.

de una joven negra, a pesar de que el jurado le indica que la encuentra culpable; un jurado que *es* la sociedad y que no encuentra falta en que cinco policías blancos golpeen a un negro tendido en el suelo, expresa sin sutilezas la oposición de una parte de la sociedad a considerar a los negros como parte del pueblo. Los coreanos-americanos en Los Ángeles organizaron, al terminar los disturbios, una enorme manifestación a la que se sumaron los latinos (de nuevo blancos), ahí estaba en el estrado, acompañando a los coreanos, Edward James Olmos, actor latino y símbolo de la lucha de los hispanos en Estados Unidos. En la manifestación no había un solo negro.

17

Barack Obama, primer
presidente negro en Estados Unidos,
y la violencia contra los
afroamericanos (2014-2016)

Un presidente negro

Una semana antes de ser asesinado, en un acto de campaña en el Hotel Ambassador, en Los Ángeles, Robert F. Kennedy comentó a la prensa que "todo se está moviendo tan rápido en las relaciones entre las razas, que en 40 años Estados Unidos podrían tener un presidente negro". La siguiente parada en el calendario de las elecciones primarias del Partido Demócrata, en las que Robert Kennedy iba al frente en 1968, sería la ciudad de Chicago. Robert nunca llegaría a la elección primaria del Partido Demócrata en Chicago, ciudad de donde saldría el primer presidente negro de Estados Unidos que ganaría una elección nacional, exactamente 40 años después de que Bobby Kennedy fuera asesinado en California.

El primer jefe de Estado negro fue electo en Estados Unidos el 4 de noviembre de 2008 y prestó juramento como el presidente número 44 de la Unión el 20 de enero de 2009. Su carrera política había sido hasta entonces relativamente corta, había servido como senador estatal en Illinois por dos periodos, entre 1997 y 2004, y había sido electo senador

349

de la República, ocupando su escaño en el Congreso en enero de 2005. El 10 de febrero de 2007 Barack Obama, acompañado por su esposa Michelle y sus hijas Malia y Malika, anunciaba frente al Capitolio de Springfield, en Illinois, que buscaría la nominación presidencial del Partido Demócrata para la elección de 2008. Durante el discurso con el que anunciaba su candidatura, Obama se refirió a Springfield como la ciudad en donde confluían "el norte y el sur, el este y el oeste", recordó que fue la ciudad en la que Lincoln había vivido muchos años y en donde había pronunciado su famoso discurso "A House Divided", frente al mismo Capitolio ante el que se encontraba Obama en aquella fría mañana de invierno.

Obama no lo mencionó, tratar cuestiones raciales en la tribuna política siempre ha sido considerado por los estadounidenses como una provocación y es políticamente muy mal visto, pero se trataba del mismo estado a donde Edward Coles se había dirigido para liberar a sus esclavos, poco menos de 200 años atrás, y la misma ciudad en donde los blancos quisieron echar a los negros en 1907, provocando uno de los disturbios raciales más significativos en Estados Unidos. Nadie pensó realmente que aquel simpático y atractivo afroamericano, que junto con su familia anunciaba en Springfield la decisión de competir por la presidencia, realmente la pudiera ganar. La participación de un negro en la contienda electoral estadounidense le daba a la elección un aire de época *posracial* y civilizatoria que permitía a los políticos estadounidenses ufanarse de su democracia, en donde la candidatura de Obama, decían, mostraba que todos tienen una oportunidad en América.

Durante la campaña electoral de 2008 nadie acentuó demasiado el tema racial, Obama no fue tratado como negro, eso era un asunto del pasado, ahora los norteamericanos veían a su candidato afroamericano con orgullo, claramente su presencia en una elección nacional, del país más poderoso de la tierra, mandaba el mensaje de que el racismo secular e impertérrito de los estadounidenses había finalmente cedido el paso a la cordura y a la madurez sociales. Incluso la campaña republicana de John McCain decidió no ahondar en la guerra sucia contra Obama, por temer las consecuencias que tendría para los resultados poner sobre la mesa el tema racial.

Obama tenía un flanco políticamente débil por su relación con Jeremiah Wright, pastor protestante de una iglesia en Chicago y con quien los Obama eran muy cercanos. Durante la campaña presidencial de 2008 la televisora ABC comenzó a revisar los sermones dominicales de Wright y a publicar extractos que consideraba demasiado radicales. Obama se tuvo que deslindar de su pastor, aunque los ataques se mantuvieron, pero a prudente distancia. Después sabríamos, por el coordinador de estrategia de la campaña de McCain, Steve Schmidt, que el propio candidato republicano había decidido no golpear a Obama con cuestiones que involucraran el tema racial. Cuando una mujer interrumpió en un mitin de campaña a John McCain para pedirle una condena de Obama porque era un "árabe" que quería "destruir a Estados Unidos", McCain, con una gran clase política, le contestó: "No, señora, eso no es cierto. Obama es un buen norteamericano, un buen padre de familia, y un buen candidato a la presidencia, con el que sucede que yo tengo diferencias políticas, pero él es un buen ciudadano".

El Servicio Secreto de Estados Unidos comenzó a hacerse cargo de la seguridad de Obama en mayo de 2007, esto era un año antes de lo que regularmente lo hacía con los candidatos presidenciales. La decisión fue anunciada por Michael Chertoff, jefe de la Oficina de Homeland Security (Seguridad Interior), debido a la gran cantidad de "correo de odio" que Obama había recibido tras el anuncio de su candidatura. Era la primera vez que el Servicio Secreto adelantaba en casi un año la custodia de un candidato a la presidencia, y Obama ni siquiera lo era, era solo un precandidato demócrata buscando la nominación de su partido. Hillary Rodham Clinton, esposa del presidente Clinton, era la otra candidata del Partido Demócrata buscando la nominación. Nadie le daba la más mínima posibilidad a Obama de ganar las primarias de su partido compitiendo contra tan formidable contendiente. Las primeras encuestas de intención del voto daban a Clinton una ventaja abrumadora sobre sus demás contendientes. Cuando Obama anunció su candidatura a la nominación demócrata, 14 encuestas sobre intención del voto levantadas por distintas casas encuestadoras el mismo mes del anuncio lo ubicaban debajo de Hillary 17 puntos porcentuales en promedio.[1]

Tanto para los demócratas como para los republicanos las elecciones primarias en Estados Unidos tienen la tradición de comenzar en Iowa. El resultado de la elección en ese estado arroja los primeros datos duros sobre las elecciones internas de los partidos para seleccionar a su candidato a la presidencia y tienen el valor de que quien gana ese estado arranca en primer lugar en la contienda. La elección en Iowa es el banderazo de salida para la elección presidencial. Obama ganó Iowa a John Edwards y a Hillary Clinton, los otros dos contendientes principales por la nominación demócrata, con el 38% de los votos en un estado que cuenta solo con 3% de habitantes afroamericanos. Hasta antes de Iowa solo hay encuestas de intención del voto, después de Iowa ya hay datos electorales,

---

[1] Rasmussen Reports Poll Feb 26–Mar 1, 2007: Hillary Clinton 34%, Barack Obama 26%, John Edwards 15%. FOX News/Opinion Dynamics Poll Feb 27-28, 2007: Hillary Clinton 34%, Barack Obama 23%, Al Gore 14%, John Edwards 12%. Time Poll Feb 23-26, 2007: Hillary Clinton 36%, Barack Obama 24%, Al Gore 13%, John Edwards 11%. ABC News/Washington Post Poll Feb 22-25, 2007: Hillary Clinton 36%, Barack Obama 24%, Al Gore 14%, John Edwards 12%. Zogby Poll Feb 22-24, 2007: Hillary Clinton 33%, Barack Obama 25%, John Edwards 12%. Rasmussen Reports Poll Feb 19-22, 2007: Hillary Clinton 37%, Barack Obama 26%, John Edwards 13%. Quinnipiac University Poll Feb 13-19, 2007: Hillary Clinton 38%, Barack Obama 23%, Al Gore 11%, John Edwards 6%. Cook Political Report/RT Strategies Poll Feb 15-18, 2007: Hillary Clinton 42%, Barack Obama 20%, John Edwards 16%. Rasmussen Reports Poll Feb 12-15, 2007: Hillary Clinton 28%, Barack Obama 24%, John Edwards 11%, Al Gore 10%. WNBC/Marist Poll Feb 12-15, 2007: Hillary Clinton 37%, Barack Obama 17%, John Edwards 11%, Al Gore 11%. USA Today/Gallup Poll Feb 9-11, 2007: Hillary Clinton 40%, Barack Obama 21%, Al Gore 14%, John Edwards. Times Union/Siena College Poll Feb 6-9, 2007: Hillary Clinton 45%, Barack Obama 12%, John Edwards 10%. Rasmussen Reports Poll Feb 5-8, 2007: Hillary Clinton 28%, Barack Obama 23%, John Edwards 13%, Al Gore 8%. Rasmussen Reports Poll Jan 29-Feb 3, 2007: Hillary Clinton 34%, Barack Obama 18%, John Edwards 10%, Al Gore 10%.

y en esos nuevos datos Obama iba a mantenerse al frente casi hasta el final del proceso, aunque Hillary cerró con fuerza llegando a amenazar la nominación del primer afroamericano a la presidencia por uno de los partidos grandes en Estados Unidos.

Obama ganó la nominación demócrata el 3 de junio contra todos los pronósticos. Después de 17 meses de campaña, Hillary Clinton todavía se tardó cuatro días para reconocer la victoria del afroamericano. Ya en la elección contra el republicano John McCain, Obama adquirió la consistencia de un *rock star* en gira triunfal, resultando vencedor de la elección presidencial con el 53% de los votos contra 45% de McCain.

La peor pesadilla en el imaginario del supremacista blanco se había hecho realidad: un hombre negro llegaba a la Casa Blanca, pero no cualquier hombre negro, uno fruto del mestizaje entre un hombre negro y una mujer blanca, como aquellas que eran el símbolo de pureza que el Ku Klux Klan había jurado proteger. Su llegada a la presidencia actuó como catalizador de los temores raciales. Figuras cuestionables como Donald Trump encabezaron el movimiento *birther*. Obama ganó la elección presidencial de noviembre de 2008 con 56% del voto de las mujeres norteamericanas. John McCain obtuvo el 43% de ese mismo voto, una diferencia de 13% a favor de Obama. Por Obama votaron 37 millones de mujeres, por McCain 32 millones. Fueron las mujeres norteamericanas, a quienes el Ku Klux Klan quería proteger de los negros, las que precisamente le dieron el triunfo electoral a un afroamericano.

Abraham Lincoln promulgó su famoso discurso "A House Divided" (Una casa dividida) en Springfield, Illinois, el 6 de junio de 1858. El motivo del discurso era aceptar la nominación de la candidatura republicana al Senado de Estados Unidos, elección que Lincoln perdió a manos de Stephen A. Douglas, quien buscaba la reelección. El centro del discurso de Lincoln, *una casa dividida*, está tomado de una cita bíblica (Marcos 3:25) y se refiere a la división que crea la esclavitud entre los estadounidenses. En su pasaje medular, Lincoln señalaba:

Una casa dividida contra sí misma no puede permanecer. Creo que este gobierno no puede soportar, de forma permanente, que la mitad sea esclava y la mitad libre. No espero que la Unión se disuelva. No espero que la casa caiga, pero sí espero que deje de estar dividida. Se convertirá en una cosa o en otra. Ya sea que los opositores de la esclavitud detengan su propagación y sitúen en la mente pública la creencia de que esta está en el curso de su extinción definitiva, o que sus defensores empujen hacia adelante, hasta que se torne legal en todos los estados, viejos y nuevos, norte y sur.

La extraordinaria intuición política de Lincoln lo llevaba a reconocer que Estados Unidos tiene un punzante desacuerdo, una falla fundamental en su núcleo interno. Durante años, los estadounidenses habían estado difiriendo la solución de ese desacuerdo, que para 1858 ya se había convertido en una seria amenaza para la estabilidad de la Unión. El acto político que conmemora Obama en Springfield se convierte así en un recordatorio de esa "casa dividida" a la que Lincoln hizo mención 150 años atrás.

Obama triunfó en la elección presidencial de 2008, llevándose consigo el control de las dos cámaras, lo que le permitió tener los votos suficientes en el Congreso para aprobar la Afforable Care Act (Ley para la Seguridad Social, llamada *Obamacare* con burla por los republicanos), sin embargo, las elecciones intermedias de 2010 contarían una historia diferente. El Partido Republicano se hizo del control de la Cámara de Representantes y a partir de entonces votaron 50 veces la desaparición de *Obamacare*. Sí, al 5 de marzo de 2014, los republicanos en la Cámara de Representantes habían votado 50 veces la revocación de la Afforable Care Act aprobada por el Congreso electo en 2008 y propuesta por el primer presidente negro de la Unión. Los republicanos nunca lograron la mayoría de los votos para poder revocar la ley, pero mostraron con claridad que la "casa dividida" ahora se expresa promoviendo, por todos los medios y con la mayor de las beligerancias, que el gobierno del primer afroamericano electo presidente en Estados Unidos fuera un fracaso.

Cuando Bush entregó el mando a Obama, la deuda pública de Estados Unidos ascendía a 10 626 trillones de dólares,[2] Bush había recibido la administración de Bill Clinton con un superávit de 236.2[3] billones de dólares y una deuda pública de menos de la mitad de tamaño. En cierta forma resultaba casi una bendición para los republicanos que el afroamericano hubiera ganado la elección en 2008, sería a él al que le tocaría lidiar con la crisis económica y con seguridad su reelección se vería impedida por la magnitud de la catástrofe que acababa de heredar.

Los republicanos desde 2010 comenzaron a criticar a Obama por el manejo de la economía, señalaban que en solo dos años la administración del primer jefe de Estado afroamericano había logrado incurrir en una deuda mayor de la que se había incurrido en los ocho años de George W. Bush. Era el pago de la crisis. A Obama le heredan una de las mayores crisis económicas de todos los tiempos y los recursos de los que tiene que disponer durante su administración para mitigarla le son contabilizados como nueva deuda a su administración. Bush usó la tarjeta de crédito para pagar por dos guerras, permitió a Wall Street especular hasta los límites de su imaginación y redujo el pago de impuestos para los ricos, dejándole a Obama el pago de la cuenta. Por otro lado, elegir a un afroamericano por un periodo presidencial era muy lucidor para la democracia norteamericana, el ambiente en Washington después de la elección de Obama era realmente de fiesta. De haber sido beisbol, el primer periodo de Obama habría sido un exitosísimo relevo de pícher, que recibe el partido perdido y lo gana. Los republicanos no lo podían reconocer como un éxito por dos razones: la primera es porque se trataba del candidato del partido opositor y la segunda y fundamental era porque se trataba de un negro.

---

[2] Mark Knoller, CBS News, 1 de marzo de 2013.

[3] Congressional Budget Office, "Historical Budget Data", 6 de septiembre de 2010.

Después de que los republicanos amenazaron que impedirían, con todos los recursos a su alcance, un segundo término para el presidente, este se pudo reelegir. La victoria de Obama con el apoyo mayoritario de las mujeres blancas, de los afroamericanos y de los latinos resultó en la mayor crisis que el Partido Republicano había tenido que enfrentar en los últimos 70 años. Fue la multiculturalidad del país la que le permitió a Obama un segundo periodo y, a su vez, es Obama un ejemplo perfecto de esa multiculturalidad.

Barack Hussein Obama nació en Honolulu, Hawaii, el 4 de agosto de 1961. Su madre, Stanley Ann Dunham, era originaria de Wichita, Kansas, y pertenecía a una familia de ascendencia inglesa. Su padre, Barack Obama sr., era un africano miembro de la tribu Luo de Nyang'oma Kogelo, en Kenya. Ambos se conocieron en una clase de ruso que tomaban juntos en la Universidad de Hawaii en Mānoa, donde el padre de Obama era un estudiante extranjero becado. El 2 de febrero de 1961 contrajeron matrimonio y se separaron a finales de agosto, después del nacimiento de Barack Jr., para terminar divorciándose en marzo de 1964, cuando Barack padre regresó a Kenya para casarse de nuevo. Barack vio a su padre una sola vez en su vida, cuando este los visitó en Hawaii para su décimo cumpleaños en 1971. El padre de Obama murió en un accidente automovilístico en 1982, cuando Barack Jr. acababa de cumplir 21 años.

La oligarquía blanca estadounidense nunca le perdonó a Obama ser fruto del mestizaje de una mujer blanca y de un hombre negro y extranjero. La manera que tuvieron de hacérselo saber fue exigiendo ver su certificado de nacimiento. Con esa exigencia, los *birthers* (los que paren) dieron a luz una grotesca forma de protesta que denunciaba al presidente norteamericano como un extranjero. Donald J. Trump encabezó la exigencia de que se hiciera público el certificado de nacimiento del presidente, y ponía el dedo bien dentro de la herida estadounidense: él no es como nosotros, dicen los *birthers*. El documento finalmente se hizo público para vergüenza nacional, pero esto no tuvo la menor importancia para Trump y para los líderes del movimiento, quienes siguen afirmando, hoy en día, que Obama no es estadounidense. El movimiento de la ultraderecha denunciando a su presidente como un *illegal alien* es el epítome del trato recibido por los negros en Estados Unidos a lo largo de su historia: ustedes no nacieron aquí, ustedes no son norteamericanos, ustedes no son ciudadanos, ustedes no son como nosotros.

En cierto sentido Obama no tiene otra opción que creer en Estados Unidos como una nación multirracial. "Hijo de un hombre negro y de una mujer blanca, nacido de una mezcla racial en Hawaii, con una hermana que es medio indonesia, pero a la que normalmente confunden con mexicana o puertorriqueña, un cuñado y una sobrina de origen chino, primos y sobrinos africanos. Cuando la familia se reúne parece una asamblea de las Naciones Unidas".[4]

La reelección de Obama en noviembre de 2012 fue un desafío de la sociedad norteamericana a los supremacistas blancos y a la oligarquía financiera. Durante la campaña, el candidato del Partido Republicano, Mitt Romney, tuvo una sola reunión con organismos latinos a los que delineó su política migratoria: *self deportation* (autodeportación), y también una sola reunión con la NAACP, en la que fue recibido con gran frialdad. En esta reunión Romney dio muestras de haber aprendido el oficio blanco de culpar al negro de todo aquello malo que pasa. Les dijo a sus escuchas afroamericanos que la culpa de su situación la tenía… ¡Obama! "Si ustedes quieren un presidente que haga las cosas mejor para la comunidad afroamericana, lo están mirando, dijo Romney. La multitud lo abucheó y le silbó".[5] Durante los últimos cuatro años, los republicanos mantuvieron una política de cero colaboración con el gobierno de Barack Obama, boicoteando cuanta iniciativa pudieron, incluso

---

[4] Barack Obama, *The Audacity of Hope, Thoughts on Reclaming the American Dream*, Three River Press, Nueva York, 2006, p. 231.

[5] Artículo de Philip Rucker, *The Washington Post*, 11 de julio de 2012.

llegando a cerrar el gobierno en octubre de 2013. A lo que el presidente propusiera, la respuesta republicana era: no. Los republicanos han estado movilizando a su base más radical con el discurso de que Obama se cree rey, de que Obama es un dictador, de que es aliado de Putin, de que solo quiere destruir a Estados Unidos. La presencia de un afroamericano en la Oficina Oval de la Casa Blanca ha desatado los peores demonios estadounidenses. Hasta el expresidente George W. Bush declaró, ante los ataques que Obama recibía: "Entiendo que el racismo perdura en Estados Unidos".

Hoy los republicanos responden, como después de la Guerra Civil respondieron los demócratas, restringiendo el voto de los afroamericanos. Para tal efecto, el Partido Republicano ha hecho aprobar leyes para disminuir el voto negro y latino. "En 33 estados ha introducido 92 iniciativas de ley que restringen el derecho al voto".[6] Las medidas van desde exigir una identificación con fotografía, argumentando que se combate el fraude electoral, que es prácticamente inexistente en Estados Unidos, hasta la reducción de fechas disponibles para votar y la eliminación de algunas casillas, provocando interminables filas el día de las elecciones. Muchos ciudadanos afroamericanos y latinos, principalmente, no tienen forma de obtener la identificación, de tal suerte que no podrán votar cuando esas leyes estén aprobadas en los estados en los que han sido promovidas.

Las leyes para reducir el voto en los estados, recurso histórico de los blancos, fueron promovidas por republicanos, y tuvieron en el procurador federal Eric Holder a su más importante enemigo. Es por esto por lo que los republicanos montaron un Comité en la Cámara de Representantes, un teatro, que los demócratas en el Comité lo llamaron *kangaroo court* (corte canguro) para desprestigiarlo. La obra se llamó *Rápido y Furioso*, una complicada e intrincada operación encubierta dentro del

---

[6] Brenan Center for Justice, University of New York, 19 de diciembre de 2013.

Departamento de Justicia de Estados Unidos, iniciada durante el gobierno de George W. Bush, para identificar a traficantes de armas en la frontera México-Estados Unidos, que los republicanos utilizaron como venganza política contra Holder.

Eric Holder pertenece a esa élite de abogados afroamericanos que han peleado toda su vida por la defensa de los derechos civiles de los negros en Estados Unidos. Es cuñado de Vivian Malone, aquella estudiante afroamericana que fue impedida por el gobernador Wallace para matricularse en la Universidad de Alabama en 1963. En su primer discurso como procurador general de Justicia de Estados Unidos, Holder dijo: "En materia racial, Estados Unidos es y ha sido una nación de cobardes".[7] Es por decir esto y por defender el voto, no por la infamia de *Rápido y Furioso*, que Holder fue atacado con particular saña por los republicanos en la Cámara de Representantes.

Me dio miedo el muchacho

El 26 de febrero de 2012 Trayvon Benjamin Martin acompañó a su padre a visitar a la novia de este, en el fraccionamiento The Retreat at Twin Lakes, en Sanford, Florida. Juntos mirarían un partido de basquetbol por la televisión, para lo que Trayvon salió a la tienda de la esquina a comprar un jugo y algunos dulces para ver el juego. Caminando de regreso a la casa, Trayvon se encontró con un "vigilante comunitario" al que le había previamente parecido sospechosa la presencia del chico afroamericano que usaba un *huddie* (sudadera con capucha) sobre su cabeza. George Zimmerman se llamaba el vigilante de 29 años, a quien una operadora del 911 que atendía su solicitud de apoyo policial le repetía que no fuera en persecución del chico, que no se bajara de su vehículo, que la policía ya iba

____

[7] Eric Holder, "Coward Nation Speech", YouTube.

en camino. Zimmerman se encontraba armado y desatendiendo las instrucciones de la operadora del 911, se bajó de su vehículo para confrontar a Trayvon. Nadie sabe lo que pasó en ese momento de confrontación, el único testigo vivo de lo ocurrido es el propio Zimmerman, y él relata que se "sintió amenazado" por Trayvon, con quien forcejeó antes de darle un tiro en el pecho causándole la muerte. Un hombre de 29 años, armado, se siente "amenazado" por un adolescente desarmado, el mundo al revés. Después del asesinato de Trayvon, Zimmerman no fue ni siquiera detenido por la policía, que efectivamente arribó de inmediato a la escena del crimen. El chico afroamericano había atacado a Zimmerman, que era blanco, y este se había defendido, según la policía. Tuvo que darse la movilización de los afroamericanos a nivel nacional, durante varios meses, para que Zimmerman fuera finalmente detenido y juzgado.

A George Zimmerman lo juzgó un jurado de seis mujeres, ninguna afroamericana, que lo encontró inocente del cargo de asesinato en segundo grado con el que había sido acusado por la fiscalía. El jurado encontró que el asesinato de Trayvon se había realizado en defensa propia. La juez del caso, Debra Nelson, dictó la sentencia de absolución el 13 de julio de 2013. George Zimmerman reapareció en público pocos días después de ser absuelto, convertido en una especie de celebridad de los supremacistas blancos y de Fox-News. El descontento por la absolución Zimmerman se extendió rápidamente, desatando la protesta de los negros, que en esta ocasión contarían con la del presidente Barack Obama. En San Francisco, Los Ángeles, Oakland, Sacramento, Nueva York, Chicago, Washington, Atlanta, hubo manifestaciones públicas de protesta por el veredicto de absolución del asesino de Trayvon. El presidente Obama declaró que la muerte de Trayvon Martin fue una tragedia. No solamente para su familia o para alguna comunidad en particular, sino para Estados Unidos. Cuando el tema racial emerge con fuerza, como lo fue con la protesta por la absolución de Zimmerman, los norteamericanos le temen, porque la experiencia indica que la protesta racial puede rápidamente tomar una dirección violenta e impredecible. "La confianza entre las razas es frecuentemente tentativa. […] Puede durar en tanto las minorías se mantengan inactivas, silenciosas ante la injusticia; o puede ser volada en pedazos […] por la noticia de un policía que disparó a un hombre joven negro desarmado".[8]

Eugene Robinson, articulista afroamericano de *The Washington Post*, reflexiona sobre el asunto de esta manera:

Nuestra sociedad considera a los hombres jóvenes negros como peligrosos, intercambiables, prescindibles, culpables hasta que demuestren ser inocentes. Esta es la conversación racial que desesperadamente necesitamos tener, pero probablemente, como en el pasado, haremos nuestro mejor esfuerzo por evitar […] al momento de su muerte, acababa de cumplir tres semanas atrás 17 años. Pero los niños negros en este país no tienen derecho a ser niños. Siempre se les asume como hombres y como una amenaza. El supuesto que subyace en su enfoque al caso era que Zimmerman tenía derecho a la legítima defensa, pero Martin —joven, macho, negro— no. El supuesto era que Zimmerman temería por su vida en una lucha cuerpo a cuerpo, pero Martin —joven, macho, negro— no lo haría. Si alguien se pregunta por qué los afroamericanos reaccionan ante este caso tan apasionadamente, es porque sabemos que nuestros hijos de 17 años son niños, no hombres. Es porque sabemos que sus bravuras de adolescentes son solo eso: imitación de virilidad, no la cosa real.[9]

El 19 de julio el presidente Obama se refirió al asunto, sus opositores blancos lo acusaron de estar tirando el tema racial como carnada política. Siempre han acusado de lo mismo a quien les señala una injusticia

---

[8] Barack Obama, *op. cit.*, p. 238.
[9] Artículo de Eugene Robinson, *The Washington Post*, 16 de julio de 2013.

basada en la raza de los protagonistas: *race baiting* (carnada racial), suelen decir. Los blancos asumen de entrada que no hay injusticias raciales en este país, por lo tanto, la intervención de Obama para fijar su postura ante la absolución de Zimmerman deberá tener necesariamente motivaciones políticas. El presidente Obama pidió a los estadounidenses que hicieran un poco de introspección (*soul searching*) para reflexionar sobre las consecuencias del asesinato de un joven negro en Florida. Obama habló acerca de la dolorosa relación entre blancos y negros a lo largo de la historia de Estados Unidos y reconoció, él mismo, haber sido víctima de discriminación. "Creo que es importante reconocer que la comunidad afroamericana está mirando la absolución del acusado a través de un set de experiencias y de historia que no se va y desaparece. Si yo hubiera tenido un hijo se parecería a Trayvon", dijo Obama, para sorpresa de todos. La fisonomía de Trayvon, en efecto, guardaba un extraño parecido con la figura del presidente. Los blancos inmediatamente reaccionaron acusando a Obama de aventarle gasolina al fuego. Para los blancos norteamericanos lo mejor que se puede hacer ante un conflicto racial es no hablar de ello, y a lo largo de los años se han convertido en verdaderos expertos para no tocar el tema, o para referirse a él en términos que ningún extranjero lo pueda comprender. Pocos días después, Obama recordó la declaración sobre su parecido físico con Martin para añadir: "Otra manera de decirlo es que Trayvon Martin podría haber sido yo, hace 35 años".[10]

El jefe del Estado más poderoso de la tierra observaba una injusticia monumental contra los de su propia raza y no podía hacer absolutamente nada. ¿Para qué sirve entonces la "todopoderosa" presidencia de Estados Unidos si no se puede corregir la injusticia racial cuando cae sobre la sociedad? En una aparición memorable para la televisión estadounidense

---

[10] Nota de Philip Rucker y Juliet Eilperin, *The Washington Post*, 20 de julio de 2013, p. 1, información principal.

el presidente Obama habló de sí mismo. Desarmaba escuchar al hombre más poderoso de la tierra hablar de impotencia.

Hay muy pocos hombres afroamericanos en este país que no han tenido la experiencia de ser seguidos cuando van de compras a una tienda de departamental. Eso me incluye a mí. Hay muy pocos hombres afroamericanos que no han tenido la experiencia de cruzar la calle caminando y escuchar el sonido de los seguros de las puertas de los autos cerrándose al otro lado. Eso me pasó a mí, por lo menos hasta antes de ser senador. Hay muy pocos hombres afroamericanos que no hayan tenido la experiencia de subirse a un elevador y ver a una mujer abrazar su bolso nerviosamente y aguantar el aliento hasta que tiene la oportunidad de bajarse. No creo conocer a ningún hombre afroamericano que no haya tenido estas experiencias.[11]

El presidente de Estados Unidos dice: he sido tratado injustamente por el color de mi piel. Y no puedo hacer nada. Libre Zimmerman, una solitaria pancarta de protesta apareció en *Times Square* en la ciudad de Nueva York, en ella podía leerse claramente: "This isn't over" (Esto no ha terminado)".[12]

No traigas a esos negros

Donald Sterling (Donald Tokowitz) es un multimillonario judío norteamericano que entre otras muchas posesiones es dueño del equipo profesional de basquetbol de la National Basketball Association (NBA, Asociación Nacional de Basquetbol) los Clippers de Los Ángeles. En el

---

[11] Artículo de Eugene Robinson, *The Washington Post*, 23 de julio de 2013.

[12] *The New York Times*, 15 de julio de 2013, foto principal en primera plana.

basquetbol profesional de Estados Unidos todos los dueños de equipos son blancos y la mayoría de los jugadores son negros. Los blancos mandan, los negros juegan (obedecen). Los jugadores se compran y se venden, se traspasan. El parecido y la simetría (blancos arriba, negros abajo) que guardan los equipos deportivos norteamericanos con la esclavitud es solo opacada por los cientos de miles de millones de dólares que esos jugadores ganan cada año. Pero la esclavitud no era solo un problema de trabajo no pagado. Era fundamentalmente un problema de poder. El poder que tenían los blancos para borrar a la persona que había en todo afroamericano, el poder para vaciarlo de su dignidad humana. A mediados del siglo XIX en Estados Unidos un negro no valía como persona, valía por el trabajo que pudiera realizar, valía por su fuerza muscular, valía por su salud y condición física general. Las sumas estratosféricas que ganan los jugadores de basquetbol hoy en día enmascaran su condición. Al igual que un esclavo, el jugador vale por su cuerpo, no por su persona humana. Donald *Tokowitz* Sterling nos proporcionó uno de los mejores ejemplos que se pudieran tener de lo anterior. Por eso causaron tal sensación las grabaciones que su amante, V. Stiviano (María Vanessa Pérez), una "negra mexicana", entregó al sitio de internet TMZ, el 25 de abril de 2014.

En las grabaciones, realizadas durante 2013, puede escucharse claramente la voz de Donald conversando con Stiviano, era el propio Sterling el que guardaba registro de sus conversaciones, nadie lo espiaba. Stiviano solamente tomó las cintas y las hizo públicas. En su conversación telefónica con Stiviano, Sterling le reprocha a esta la publicación de una fotografía en su cuenta de Instagram, en la que posa con el famosísimo y queridísimo Magic Johnson y le dice: "Me molesta mucho que quieras hacer público que te estás asociando con gente negra". Más adelante Donald le dice: "Te puedes acostar con ellos [con los afroamericanos]. Puedes hacer lo que quieras con ellos, pero lo poco que te pido es que no los traigas a los juegos".

Había mucho más en las conversaciones, pero estas dos líneas bastaron para llenar de rabia a prácticamente todos los jugadores negros relacionados con la NBA, y al conjunto de los afroamericanos en todo el país. Los jugadores los Clippers protestaron el 27 de abril saltando a la cancha con las camisetas invertidas para no mostrar el escudo del equipo. Al día siguiente el Miami Heat hizo lo propio usando las camisetas de juego "al revés". Todos los jugadores importantes de la NBA comenzaron a repudiar los comentarios racistas de Sterling, LeBron James dijo: "No hay espacio para Donald Sterling en la NBA". El dueño del Miami Heat, Micky Arison, declaró: "Los comentarios son muy tristes y ofensivos". Kevin Johnson, Kareem Abdul-Jabbar, Magic Johnson, Charles Barkley, Shaquille O'Neal y Kobe Bryant condenaron también las declaraciones de Sterling. El presidente Barack Obama caracterizó los comentarios de Sterling en la grabación como "declaraciones racistas, increíblemente ofensivas".[13]

Ferguson, Misuri

La ciudad de Ferguson es parte de la zona conurbada de la ciudad de San Luis en el estado de Misuri. Cuenta con 21 000 habitantes, 67% de los cuales son afroamericanos. El *Mayor* de la ciudad es blanco. La fuerza policial está compuesta por 53 policías, de los cuales 50 son blancos. "En Ferguson solo ha habido dos afroamericanos miembros del Consejo de la ciudad en 120 años".[14] Este aparente absurdo, en el que ciudades mayoritariamente negras cuentan con una policía mayoritariamente blanca, no es exclusivo, ni mucho menos, de Ferguson,

---

[13] Artículo de John Branch, *The New York Times*, 26 de abril de 2014.

[14] Julie Bosman, *The New York Times*, 10 de septiembre de 2014, p. 1.

es una realidad en cientos de pequeñas ciudades norteamericanas.[15] Los blancos, que siempre han excluido a los negros, no iban a permitir que fueran estos los que se hicieran cargo de las armas: del poder. La policía es mayoritariamente blanca, no por un error o descuido, sino porque así está estructurada esta sociedad. Los negros nunca han tenido la autoridad. Para no ir más lejos, solo habría que asomarse al trato despectivo e insultante que le dan todos los días al primer presidente afroamericano en Estados Unidos, a quien Robert Copeland, comisionado de Policía en Wolfeboro, Nuevo Hampshire, se refirió públicamente como "that fucking nigger" (ese pinche negro).

El sábado 9 de agosto a las 11:51 de la mañana en Ferguson, el estudiante afroamericano Michel Brown, de 18 años, fue asesinado por el policía blanco Darren Wilson. Diferentes versiones son consistentes en señalar que Michael se rindió ante el policía, levantando los brazos, y que a pesar de eso Wilson siguió disparando, haciendo blanco en Brown seis veces, una de ellas en la cabeza. La policía acordonó la zona y dejó el cuerpo de Brown en la calle. El cadáver de Michael Brown estuvo tirado cuatro horas en la calle sin que la policía lo cubriera de la vista de los curiosos. El cuerpo ensangrentado e inerte del adolescente en medio de la calle era un mensaje poderoso. "Mandó el mensaje de que la policía le podía hacer eso a cualquiera, cualquier día, a cualquier hora, a plena luz del día, y no hay nada que puedas hacer al respecto".[16] En 2010, el estado de Misuri tenía la más alta tasa de homicidios de afroamericanos, para 2011 fue segundo lugar.

---

[15] Consúltese al respecto el artículo de Shaila Dewan, "En cientos de departamentos de policía alrededor del país el porcentaje de blancos en la fuerza policial es, por lo menos, 30 puntos superior a la comunidad a la que sirven", *The New York Times*, 10 de septiembre de 2014, p. 1. En un estudio del gobierno federal con datos de 2007, los más recientes que se pueden obtener, se observan las disparidades entre poblaciones negras y policías blancas. De hecho, Ferguson no es de los que guarda la diferencia más escandalosa, en Delano, California, por ejemplo, la policía es 93% blanca, mientras que la población a la que sirve es 8% blanca.

[16] Nota de Julie Bosman y Joseph Goldstein, *The New York Times*, 24 de agosto de 2014.

Lo que siguió fue el disturbio racial. Cuando se comete una injusticia grave contra un afroamericano, la respuesta es el saqueo de comercios y tiendas. Ferguson no fue la excepción. Casi 10 días de protestas callejeras contra la policía de la ciudad llamaron poderosamente la atención de los estadounidenses y del mundo. El fuego de los incendios iluminó un racismo que se consideraba enterrado en el pasado, pero que demostró estar con buena salud. Las protestas violentas contra la policía se explican también porque esta parecía ser, como en muchos otros lugares de Estados Unidos, una fuerza de ocupación contra los afroamericanos. Durante 2013, en Ferguson, "el 86% de los detenidos por la policía eran negros, 92% de las búsquedas, *stop and frisk* (detener y registrar), se hicieron a negros, y 93% de los arrestos fueron de negros, a pesar de que los oficiales de policía no lograron encontrar contrabando (drogas) nada más que en el 22% de los afroamericanos contra 34% en blancos".[17] Al desatarse los disturbios, la policía hizo uso de su nuevo armamento militar contra la población: camiones blindados, francotiradores, drones, trajes blindados para el personal policial, protecciones *robocópicas* para la policía que enfrentaba a los manifestantes, sofisticados sistemas de telecomunicaciones, etc. Esto indignó aún más a los habitantes de Ferguson y a muchos ciudadanos norteamericanos que observaban por la televisión escenas de los disturbios que parecían salidas de Kandahar o Falluja en Iraq y no de Misuri a las orillas del Misisipi.

El 18 de agosto la Guardia Nacional entró a la ciudad de Ferguson para restablecer el orden y el 20 Eric Holder, procurador general y cabeza del Departamento de Justicia, llegó a la ciudad para una visita enviado por el presidente Obama. Al mismo tiempo comenzaron a llegar a San Luis afroamericanos y blancos participantes del movimiento Ocuppy Wall Street que declaraban: "Somos hombres desempleados, y este es

---

[17] Artículo de Jeff Smith, *The New York Times*, 18 de agosto de 2014.

nuestro trabajo ahora, obtener justicia para Michael Brown".[18] Se manifestaron también en la ciudad ciudadanos blancos apoyando a la policía, y demandando protección para el policía agresor Darren Wilson. La mayoría de la población afroamericana de la ciudad no quiere al fiscal de Ferguson, Robert McCulloch, y ha demandado su renuncia.[19] Temen que McCulloch no solo no acuse a Wilson por el asesinato de Brown, sino que ni siquiera lo mande detener.

Al asesinato de Michael Brown en Ferguson hay que sumar tres asesinatos más de jóvenes afroamericanos a manos de la policía, y todavía no terminaba el año 2014. En Ohio fue asesinado por la policía, en un Walmart, John Crawford III; los agentes confundieron un arma de juguete que el adolescente iba a comprar y le dispararon matándolo. Un Gran Jurado se formó para investigar la situación y decidió no presentar cargos contra los policías, blancos. En Nueva York un grupo de cinco policías blancos sometieron al afroamericano Eric Garner causándole la muerte. En Utah fue muerto por policías blancos Darrien Hunt, de 22 años, quienes dijeron que el muchacho los atacó con un sable Samurái; se trataba de un juguete, dijeron los padres.

Mother Emanuel

La iglesia African Methodist Episcopal Church (AME) de Charleston, Carolina del Sur, también conocida como *Mother Emanuel*, es una de las iglesias afroamericanas más antiguas del sur de Estados Unidos. Fundada

---

[18] Nota de Emily Wax-Thibodeaux y DeNeen L. Brown, *The Washington Post*, 19 de agosto de 2014, p. 1.

[19] El padre de Robert McCulloch, que era policía de San Luis, fue asesinado por un afroamericano cuando Robert tenía solo 12 años. Un hermano de McCulloch, un tío y un primo trabajaron también en la policía de San Luis. Además, McCulloch evitó en el año 2000 que dos policías blancos fueran juzgados por asesinar a dos afroamericanos. *The New York Times*, 21 de agosto de 2014.

en 1816, antes del final de la esclavitud, fue destruida desde sus cimientos varias veces por los blancos de la región para impedir el culto religioso de los negros. El 17 de junio de 2015 Dylan Roof entró por la puerta de la iglesia a las ocho de la noche, pretendiendo ir a estudiar la Biblia con un grupo de fieles que ahí se congregaban. Después de un rato de compartir con ellos, sacó un arma de su mochila y asesinó a sangre fría a nueve de las personas presentes, a todos les dio el tiro de gracia y salió caminando hacia la calle pisando los cadáveres de sus víctimas.

Dylan Storm Roof, a su madre le gustó el nombre que escuchó en una telenovela, nació en Columbia, Carolina del Sur, y acababa de cumplir 21 años unos meses antes de los asesinatos en Charleston. Con los 400 dólares que su padre le regaló por su cumpleaños, Dylan compró una pistola Glock calibre .45 y ocho cargadores con balas expansivas. Planeó los asesinatos en la iglesia Emanuel de Charleston durante seis meses y decidió atacar ahí, por el papel que esta iglesia había jugado a favor de los afroamericanos en la historia de Estados Unidos. Confeso supremacista blanco, escribió en su página de Facebook que se volvió "racialmente consciente" tras el asesinato de Trayvon Martin y que decidió hacer algo respecto de los crímenes cometidos por los negros contra los blancos. Dejó un manifiesto racista explicando sus motivos y algunas fotografías con la bandera confederada y con parafernalia de la supremacía blanca.

Las víctimas del atentado, un grupo que estudiaba la Biblia en las instalaciones de la iglesia, fueron seis mujeres y tres hombres, todos de raza negra. Todos murieron por impactos de bala expansiva disparadas a corta distancia. Los asesinados fueron: Clementa C. Pinckney, pastor de la Iglesia y senador estatal de Carolina del Sur de 41 años, Cynthia Marie Graham Hurd de 54 años, Susie Jackson de 87 años, Ethel Lee Lance de 70 años, Depayne Middleton-Doctor de 49 años, Tywanza Sanders de 26 años, Daniel L. Simmons de 74 años, Sharonda Coleman-Singleton de 45 años y Myra Thompson de 59 años. La mamá de Sanders y su pequeña nieta de cinco años que se encontraban ahí presentes sobrevivieron al fingirse muertas en el suelo. Roof le perdonó la vida a Polly Shepard, para que contara lo sucedido.

Poco antes de ser asesinado, Tywanza Sanders le preguntó a Roof por qué atacaba a los fieles dentro de una iglesia. Dylan contestó: "Tengo que hacerlo. Ustedes violan a nuestras mujeres y se están apoderando del país. Y se tienen que ir". Cuando Roof dijo que los iba a matar a todos, Tywanza Sanders se abalanzó sobre él y fue el primero en caer, mientras Roof disparaba gritaba: "¿Quieren algo por lo que rezar? Yo les voy a dar algo por lo que rezar". Cambió cinco veces de cargador durante los seis minutos que duró disparando.

Las autoridades federales concluyeron, más de un año después de los asesinatos, que Dylan se había radicalizado por su "propia cuenta" y no por haber sido influido por alguien en particular, a pesar de que en su computadora existía el registro de todos los sitios en internet de supremacistas blancos con los que había interactuado por largo tiempo. Es decir, él se influyó solo. Todo el ambiente racista de Carolina del Sur, en donde hasta una bandera confederada ondeaba en la Casa de Gobierno, no tenía nada que ver con el asunto. Seis semanas después de su arresto, Dylan escribió en su diario: "Quiero dejar perfectamente claro, no estoy arrepentido por lo que hice. No siento ninguna pena. No he llorado ni una lágrima por la gente inocente que maté".

El 10 de enero de 2017 Roof fue sentenciado a la pena de muerte y actualmente se encuentra en *death row* (en el corredor de la muerte) en espera de ser ejecutado. Charles Cotton, abogado de Houston y miembro de la Asociación Nacional del Rifle, responsabilizó al senador y pastor Clementa Pinckney de haber sido el responsable de la masacre por haber votado en contra de la legislación que hubiera permitido que los fieles de una iglesia pudieran llevar armas al culto. Jon Stewart, en su programa *The Daily Show*, señaló, al condenar los ataques: "En respuesta al terrorismo islámico los políticos norteamericanos han declarado que harán lo que se requiera, incluida la tortura, para mantener a Estados

Unidos seguro, pero en relación con la masacre de la iglesia Emanuel en Charleston, dicen que no se puede hacer nada contra la locura de un asesino". La respuesta del racismo estadounidense ante los asesinatos en Charleston es que "Dylan Roof estaba desequilibrado mentalmente". La gobernadora de Carolina del Sur, Nikki Haley, refiriéndose a la retórica divisionista de Donald Trump, señaló que es esa retórica que divide a la sociedad la que lleva eventualmente a masacres como la sucedida en Charleston.

Martin Luther King fue asesinado en Memphis, Tennessee, el 4 de abril de 1968 en el hotel en donde se hospedaba. Había ido a la ciudad para apoyar la lucha de los trabajadores de limpia pública del Ayuntamiento. Los afroamericanos se encontraban en huelga desde el 12 de marzo en demanda de que se les pagara el mismo salario y se les dieran las mismas condiciones de trabajo que a los trabajadores blancos. En la que sería su última intervención pública, King dijo:

Bueno, no sé qué va a pasar ahora. Tenemos algunos días difíciles por delante. Pero eso no importa ahora conmigo. Porque yo he estado ya en la cima de la montaña. Y no me importa. Como cualquiera, me gustaría vivir una larga vida. La longevidad tiene su lugar. Pero no estoy preocupado por eso ahora. Solo quiero hacer la voluntad de Dios. Y Él me permitió subir a la montaña. Y he mirado por encima. Y he visto la tierra prometida. Puede que no llegue allí con ustedes. Pero quiero que sepan esta noche que nosotros, como pueblo, llegaremos a la tierra prometida. Así que estoy feliz esta noche. No estoy preocupado por nada. Yo no temo a ningún hombre. Mis ojos han visto la gloria de la venida del Señor.[20]

---

[20] El 3 de abril King pronunció un discurso conocido como: "I've Been to the Mountaintop" (He estado en lo alto de la montaña) en el Mason Temple, oficina central de la Iglesia de Dios en Cristo, en Memphis, Tennessee.

A las 6:01 de la tarde se escuchó un solo disparo. "Una sola bala le perforó a King la mandíbula y el cuello: en minutos estaba muerto. Ralph Abernathy escuchó a Andrew Young decir: "Oh, Dios. Oh, Dios, Ralph. Esto ya terminó". Abernathy le dio una airada respuesta: "No digas eso, Andy. No digas eso. Esto no ha terminado".[21]

---

[21] Steven Kasher, *Civil Rights Movement*, Abbeville Press, Nueva York, 1996, p. 224.

18

Black Lives Matter: las protestas por la muerte de George Floyd (2020)

La policía

Los antecedentes de la policía en Estados Unidos se remontan a su origen como nación, cuando en el siglo XVII se establecieron las "guardias nocturnas" para mantener seguras las ciudades principalmente durante la noche. Posteriormente nacieron las patrullas de esclavos (*Slave Patrols*), que eran grupos de ciudadanos blancos armados y dedicados a mantener en orden a los esclavos negros. La función principal de las patrullas era vigilar que los esclavos no escaparan de las haciendas en donde se encontraban y buscarlos y detenerlos cuando estos huían de sus dueños. Las primeras patrullas de esclavos surgieron a principios del siglo XVIII (1704) en Carolina del Sur y se expandieron por las 13 colonias hasta que fueron disueltas después de la Declaración de la Emancipación (1863) durante la Guerra Civil. A las patrullas de esclavos también se les conocía como *slave catchers* (cazadores de esclavos).

Conforme la población de esclavos creció en las haciendas del sur, el miedo a una sublevación o algún levantamiento creció entre los dueños de las plantaciones, principalmente de algodón y de tabaco. De tal suerte que desarrollaron las patrullas como una forma de control adicional a las que ya mantenían en sus haciendas. Reclutaron a blancos pobres que

373

no tenían esclavos y les ofrecieron incentivos para vigilar los caminos y perseguir a cualquier negro fugitivo. Posteriormente los estados emitieron leyes para formar y regular estas patrullas y sus miembros fueron seleccionados de entre las milicias estatales. En los caminos y en las ciudades, los negros eran detenidos, interrogados y revisados para asegurarse de que no fueran esclavos fugitivos. Cualquier negro que se encontraba en el camino tenía que mostrar un salvoconducto de su amo que lo amparaba para andar fuera de la plantación. Cuando se encontraba algún negro sin salvoconducto era regresado a su dueño por la patrulla. A los esclavos fugitivos se les castigaba corporalmente de formas brutales, pero ninguna comparada con el "banquillo de la subasta" (*auction block*). El dueño podía vender a ese negro y separarlo de su familia, conocidos y amigos de la noche a la mañana al ser llevado a otra plantación de la que tampoco podría salir. La función de las patrullas también consistía en disolver reuniones de negros, estaba prohibido que los negros se reunieran en grupo por cualquier motivo, incluso para realizar asambleas con fines religiosos. Las sociedades abolicionistas constituidas por blancos y negros que combatían la esclavitud, a través del *Underground Railroad*, que ayudaba a los esclavos fugitivos a escapar, tenían en las patrullas de esclavos su principal amenaza. En muchos lugares matar a un esclavo no era considerado un delito.

Después de la Guerra Civil y durante el periodo de Reconstrucción, con el final de la esclavitud, las patrullas de esclavos dejaron de existir, el mantenimiento del orden estaba ahora a cargo de las policías locales y estatales y del Ku Klux Klan (KKK). Los primeros departamentos de policía municipal surgen primero, por el creciente aumento de la población en las grandes ciudades del norte: Boston (1838), Nueva York (1845), Chicago (1851), Filadelfia (1854). Para la década de 1880 todas las grandes ciudades de Estados Unidos contaban con un departamento de policía. Al inicio, los primeros departamentos de policía municipales estaban compuestos casi en su totalidad por hombres blancos. La diversidad racial era prácticamente inexistente. A lo largo del siglo xx, aunque hubo un aumento gradual de la diversidad en las fuerzas policiales, la representación de las minorías (incluidos los afroamericanos, hispanos y otros) ha sido históricamente baja. En la actualidad existen alrededor de 12 300 departamentos de policía en Estados Unidos, a pesar de los esfuerzos por diversificarlos, la disparidad racial sigue siendo un problema.

La función de los departamentos de policía en las primeras etapas de su formación no solo era la de mantener el orden, sino también la de hacer cumplir un sistema de opresión racial. En el sur, la transición de las "patrullas de esclavos" a los departamentos de policía formales aseguró que la ley continuara sirviendo para controlar a la población negra. En el norte, la policía a menudo era usada para sofocar disturbios raciales y controlar barrios habitados por minorías. "Para algunos negros, la policía se ha convertido en símbolo del poder blanco, del racismo blanco y de la represión blanca. Y lo cierto es que muchos policías reflejan y expresan estas actitudes de los blancos. El ambiente de hostilidad y cinismo se ve reforzado por la creencia generalizada entre los negros en la existencia de la brutalidad policial y en un doble rasero en la administración de la justicia y protección: uno para los negros y otro para los blancos".[1]

Los departamentos de policía de muchas ciudades norteamericanas terminaron siendo un lugar de refugio para los nacionalistas blancos que habían participado con el KKK o que simpatizaban con la supremacía blanca. Finalmente, las policías, y no solo me refiero a los agentes en la calle, sino a todos los mandos internos y a los controles administrativos que no se ven, representan la fuerza ejecutora del Estado, esa siempre ha estado bajo la hegemonía blanca en Estados Unidos. En su artículo, Matthew W. Hughey reproduce un diálogo que sostuvo con dos policías

---

[1] Matthew W. Hughey, "Whither Whiteness? The Racial Logics of the Kerner Report and Modern White Space", *RSF: The Russell Sage Foundation Journal of the Social Sciences*, vol. 4, núm. 6 (septiembre de 2018), p. 90.

blancos en un bar de Washington, D. C., que ejemplifica muy bien a lo que me refiero:

Paul: "Hay muchos [nacionalistas blancos] en las fuerzas del orden… locales, estatales, federales. Siempre hemos estado ahí. No voy a dejar entrar a ningún afroamericano en mi departamento si puedo hacer algo al respecto… y seguro que no lo voy a ascender". Robert: "Opino igual. Mira, estamos siendo honestos y quieres saberlo… los blancos son genéticamente los más civilizados e inteligentes… la civilización blanca tiene que ser defendida y muchos blancos, como tú, perdón, pero preguntaste, están diluyendo y traicionando a nuestra gente… otras razas necesitan ser controladas y evitar que corrompan la cultura blanca… nosotros inventamos una cultura de ley y orden".[2]

El incidente

George Floyd era un negro nacido en Fayetteville, Carolina del Norte, el 14 de octubre de 1973, mismo día del nacimiento de Charlie Kirk. Floyd creció en Houston, Texas, llegó a medir casi dos metros (1.98) y jugó futbol americano y basquetbol colegial durante su juventud. Entre 1997 y 2005 fue convicto ocho veces y estuvo preso cuatro años por robo agravado. Al salir de prisión se involucró con una iglesia, Resurrection Houston, y se dedicó a acompañar a jóvenes dándoles orientación contra el uso de las drogas. En 2014 se mudó a Minneapolis, donde trabajó como chofer de camión y guardia de seguridad en dos clubes nocturnos de la ciudad. Batalló con su adicción a sustancias y tuvo periodos de sobriedad intercalados con el abuso.

---

[2] *Ibid.*, p. 93.

El 25 de mayo de 2020 el empleado de una tienda de comestibles en el barrio de Powderhorn, Minneapolis, llamó a la policía sospechando que Floyd había pagado en la tienda con un billete falso de 20 dólares. Al llegar los agentes, Floyd se encontraba sentado en su vehículo con dos acompañantes al frente de la tienda. La policía lo sacó del coche, lo esposó y lo puso boca bajo en el piso. Después, Derek Chauvin, uno de los agentes en la escena, puso su rodilla sobre el cuello de Floyd por hasta nueve minutos, ignorando las múltiples súplicas que el detenido hacía al no poder respirar. Varios testigos protestaron contra la policía en el lugar, señalando que Floyd no podía respirar y que le salía espuma por la boca. La policía los dispersó y llamó a una ambulancia en la que subieron a George, que invocaba a su mamá. George Floyd murió antes de llegar al hospital.

Floyd no era el primer asesinato de un negro durante ese año.

Ahmaud Arbery fue asesinado por un supremacista blanco el 23 de febrero de 2020, Breonna Taylor murió a manos de siete oficiales de policía que irrumpieron en el departamento de su novio a medianoche del 13 de marzo de 2020. Y George Floyd fue asesinado en la calle por un policía blanco, Derek Chauvin, el 25 de mayo de 2020. […] Entre el asesinato Arbery y el de Floyd, durante un breve lapso de tres meses, la base de datos de tiroteos con la policía del *Washington Post* contiene 62 nombres adicionales de hombres y mujeres negros asesinados por la policía en Estados Unidos.[3]

Darnella Frazier, una muchacha de 17 años, grabó un video con su teléfono celular cuando Derek Chauvin presionaba con su rodilla el cuello de George Floyd tirado en el piso. El alcalde de la ciudad, Jacob

---

[3] Andre E. Johnson y Amanda Nell Edgar, *The Summer of 2020, George Floyd and the resurgence of the Black Lives Matter Movement*, University Press of Mississippi, 2024, p. 4.

Frey, señaló que "esto no debió de haber pasado". Incluso muchos departamentos de policía, después de que el video de Fraizer se hiciera público, publicaron declaraciones repudiando cómo había actuado el oficial Chauvin. También la Major Cities Chiefs Association (MCCA, Asociación de Jefes de Policía de Grandes Ciudades) emitió un comunicado condenando los hechos y la muerte de George Floyd.

Antes de que circulara el video de Frazier, los policías estaban construyendo otra narrativa de lo ocurrido, que con la salida del video se vino abajo. La versión que preparaban iba así:

Dos oficiales de policía arribaron y localizaron al sospechoso. Parecía ser un hombre de 40 años sentado en su vehículo. Le ordenaron descender del coche. Después de que se bajó ofreció resistencia física a los oficiales. Estos lograron colocarle las esposas y notaron que parecía estar sufriendo algún tipo de angustia médica. Los oficiales solicitaron una ambulancia. El detenido fue transportado al Centro Médico Hennepin por la ambulancia en donde murió un poco de tiempo después.[4]

El reporte no decía que la angustia médica provino de que Chauvin mantuvo su rodilla sobre el cuello de la víctima por nueve minutos. Tampoco mencionaba que Floyd suplicó por alivio repetidamente, diciendo que no podía respirar. El reporte tampoco mencionaba a los espectadores que trataron de razonar con la policía sobre la condición del detenido, para que le quitaran la rodilla del cuello.

El video de Frazier sobre la muerte de George Floyd fue subido a la red durante el periodo de confinamiento por la pandemia de covid-19, cuando mucha gente estaba trabajando desde casa o aburrida sin hacer nada. No debería de haber sorprendido mucho el que un policía blanco asesinara a un negro, había sucedido muchas veces en la historia de

---

[4] *Ibid.*, p. 28.

Estados Unidos. Lo que sorprendió fue que el video de Frazier no dejaba lugar a dudas sobre el asesinato de Floyd. En mayo de 2020 vimos morir a un hombre negro a manos de la policía con nuestros propios ojos.

La protesta de Black Lives Matter

En el verano de 2020, millones de personas tomaron las calles en decenas de ciudades norteamericanas para protestar por las víctimas de la policía. Las protestas comenzaron en Minneapolis, el 26 de mayo de 2020, solo un día después de la muerte de George Floyd, y en 24 horas se habían esparcido a Los Ángeles y Memphis, seguidas por San Luis, Atlanta y Nueva York. Se calcula que en el pico de la protesta en Estados Unidos 26 millones de personas habían salido a las calles para protestar. Sería la protesta más numerosa jamás realizada en Estados Unidos.

Aunque la mayoría de la gente que protestaba se unió al movimiento en 2020. Black Lives Matter (BLM) fue fundado por Alicia Garza, Opal Tometi y Patrisse Khan-Cullors en 2013, después de la absolución de George Zimmerman por el asesinato de Trayvon Martin. Se convirtió en un movimiento todavía más importante después del asesinato de Michael Brown en Ferguson en 2014. BLM se formó para resistir la deshumanización de los negros. Después de Ferguson comenzó a crecer y a ramificarse por Estados Unidos. Aunque hubo demandas regionales o locales específicas, en todas las luchas en que participó se trataba de combatir el racismo contra los negros como un sistema de violencia y de control. Desde un principio el movimiento confrontó la brutalidad y la mala conducta de la policía. Se trataba de "afirmar en todos los casos la humanidad de las personas negras".

Lo que hicieron los activistas de Black Lives Matter en el verano de 2020 fue conectar la historia del maltrato y asesinato de negros con el presente. El movimiento se sostuvo sobre "las experiencias de activa resistencia de los negros a su deshumanización". La muerte de Floyd desató un nivel de energía social sin precedente. Los negros también existen como personas y son tan importantes como cualquiera, no son menos porque son negros, ese es el sentido de decir que las vidas de los negros también importan. Los blancos contestan que "todas las vidas son importantes" (*All Lives Matter*), y así es, el punto es que, como se ha podido ver a lo largo de este trabajo, las vidas de los negros siempre han sido tratadas como si no fueran humanos de la misma calidad. "En su nivel más básico, la expresión *Black Lives Matter* demanda el reconocimiento de la humanidad de los negros".[5] *Black Lives Matter* quiere decir "que hay un problema en la sociedad y que la gente de esa sociedad tiene que denunciar y hacer saber que los negros son tan importantes como cualquier otra persona en esa sociedad. [...] Las vidas de los negros importan (*Black Lives Matter*) porque somos hijos de Dios, somos hijos de este mundo, somos hijos de esta nación, y no somos menos importantes que cualquier otra persona existiendo en este mismo espacio".[6] *Black Lives Matter* es parte de la larga tradición profética de los afroamericanos en Estados Unidos.

Stephen Curry, un famoso basquetbolista de la NBA, escribió en Instagram: "George suplicó por ayuda y fue completamente ignorado, lo que habla fuerte y claro de que su vida como negro no importaba. George fue asesinado. George no era humano para ese policía que lentamente y a propósito le quitó la vida". Rudy Gobert, jugador del Jazz de Utah, criticó a todos los oficiales que rodeaban a Chauvin: "Si tú dejas a un compañero de trabajo que le haga eso a otro ser humano sin tratar de detenerlo, o tratar de hablar con él, eres tan culpable como lo es él".[7] Era la opinión general de quienes protestaban, que toda

---

[5] *Ibid.*, p. 42.

[6] *Ibid.*, pp. 40-41.

[7] *Ibid.*, p. 26.

la movilización era para que se "tratara a la gente negra como seres humanos".

El testimonio de una manifestante ilustra el vínculo de la protesta con la historia del racismo estadounidense hacia los negros. "Diría que para mí la motivación para asistir fue solo el saber que mis antepasados protestaron, ellos pelearon, marcharon, hicieron boicots. Y no sé, solo siento que estamos haciendo lo mismo hoy. Estamos teniendo que hacer esto de nuevo, es como una conexión intergeneracional, sabiendo que yo estoy peleando por las mismas cosas que mis ancestros pelearon, por los derechos básicos, ese sentimiento me hace sentirme humilde…".[8] "Yo no pude dejar de pensar en mis antepasados —dijo otra manifestante—, se levantaron, y fueron mordidos por perros, y rociados con mangueras de agua, y golpeados con bastones y fueron metidos a la cárcel en donde pasaron hambre".

Mientras más gente blanca se unía a las protestas se presentó un fenómeno que nunca se había visto. Los dirigentes negros con más experiencia guiaban a los blancos y estos reconocían en aquellos a la dirección del movimiento. "El verano de 2020 marcó un récord de participación blanca en un movimiento de liberación negra. De hecho, un estudio realizado por Pew Research Center (Centro de Investigación Pew) en junio de 2020 concluyó que cerca de la mitad de los manifestantes de ese verano eran blancos".[9] Hay que hacer notar que durante las protestas en ese verano se presentó la fase más peligrosa de la pandemia de covid-19, a pesar de lo cual la gente salió a la calle a protestar en cientos de ciudades. "Las muertes de afroamericanos por el covid-19 fue 2.6 veces más común que entre los americanos blancos".[10]

Las redes sociales en general y Twitter en particular fueron los sitios en donde el debate sobre la resistencia de los negros se expresó más

---

[8] *Ibid.*, p. 53.
[9] *Ibid.*, pp. 81 82.
[10] *Ibid.*, p. 23.

activamente. La combinación del asesinato de Floyd con el aislamiento por la pandemia permitieron una nueva forma de acción comunitaria: el *streaming* y la participación en línea.

Una encuesta de ABC encontró que después de un mes del asesinato de George Floyd "63% de los norteamericanos apoyaban a BLM, una casi completa voltereta de aquellos que rechazaban al movimiento solo cinco años atrás, un récord del 69% del país estaba de acuerdo en que a los negros y a otras minorías se les negaba el mismo trato en el sistema de justicia criminal".[11] El *New York Times* cabeceó el 3 de julio de 2020 que "Black Lives Matter puede ser el movimiento más grande en la historia de Estados Unidos". De acuerdo con esa nota: en más del 40% de los condados del país se realizaron protestas, y 95% de esos condados eran mayoritariamente blancos.

La policía no actuó tímidamente durante las protestas, la violencia afloró en muchos lugares, con mucha gente. La policía vestía todo tipo de protecciones sofisticadas y actuaba con mucha animosidad; de hecho, el origen del movimiento había sido ocasionado por la acción violenta de un policía. BLM siempre se pronunció por exponer la brutalidad y la corrupción de la policía. Un padre le pidió a su hijo durante las protestas: "Está bien, solo no vayas a las protestas porque uno, eres mi hijo. Dos, eres todo lo que tengo. Y tres, venciste al cáncer y no te voy a perder por un policía que no sabe cómo controlarse".[12] La gente comenzó a pedir quitarles fondos a las policías. La gente blanca en particular no había pedido reformas a las policías y durante el verano de 2020 lo hizo en masa.

El 20 de abril de 2021 un jurado encontró a Derek Chauvin culpable de asesinato no intencional en segundo grado, asesinato en tercer grado y homicidio involuntario en segundo grado. Dos meses más tarde, Chauvin llegó a un acuerdo con el fiscal y reconoció que había violado los derechos civiles de George Floyd, y el juez Paul A. Magnuson lo condenó entonces

---

[11] *Ibid.*, p. 43.
[12] *Ibid.*, p. 54.

a 20 años de cárcel en una prisión federal. Los otros policías involucrados en el asesinato fueron sentenciados por su participación a tres años de prisión. A la mucha evidencia contra Chauvin proveniente de los videos y de testigos habría que añadir la de múltiples policías de Milwaukee que testificaron contra él. El hermano de George Floyd, Philonise Floyd, se encontraba nervioso antes de que el jurado entregara su veredicto. Dijo a la prensa que "los hombres afroamericanos no hemos recibido justicia casi nunca".

La reacción de Trump

Donald J. Trump venció a Hillary Clinton en la elección de 2016 al ganar en el colegio electoral 304 votos contra 277 de Clinton, aunque en el número de votos emitidos Hillary obtuvo tres millones de votos más que Trump, 2.1% del total. La victoria de Trump fue una sorpresa, muy pocos la esperaban. Sitios de análisis de datos como *FiveThirtyEight* le daban a Clinton una probabilidad del 70% o más de ganar la elección. Otros, como *The New York Times*, le daban hasta un 85% de probabilidad. Ipsos, en su último sondeo antes de las elecciones, le daba a Clinton una probabilidad del 90% de ganar la presidencia. Trump nunca hubiera ganado la elección de no haber sido Barack Obama un presidente negro. El racismo estadounidense se oculta en las encuestas. Muchos encuestados contestan "políticamente correctos" al encuestador y hacen otra cosa en la casilla. "Barack Obama fue la razón por la que Donald Trump surgió, que nació como una figura política; dicen que Trump divide, él fue el antídoto, él fue la respuesta al divisionismo de Barack Obama. Y no nos hemos sentido nosotros mismos desde hace muchos años",[13] comentó Megyn Kelly, una presentadora de televisión blanca.

---

[13] Megyn Kelly, "The Megyn Kelly Show". https://www.youtube.com/watch?v=SlMFN-2NePps.

Después de toda gran movilización a favor de los negros en Estados Unidos se presenta el fenómeno de la "reacción blanca". Incluso Martin Luther King prevenía de esa reacción después de algún triunfo afroamericano. Después de la movilización del verano de 2020 por la muerte de George Floyd, esa reacción se expresó. "Las demandas de los negros por igualdad y ciudadanía completa son tratadas como un 'derecho', los llamados a los blancos por responsabilidad racial se redefinen como persecución a los blancos y la demanda de antirracismo se interpreta como racismo hacia los blancos".[14]

El exsecretario de Defensa del primer gobierno de Donald Trump, Mark Esper, afirmó en su libro de memorias de 2022, *A Sacred Oath* (Un juramento sagrado), y en entrevistas promocionales, que el entonces presidente Donald Trump sugirió disparar a los manifestantes en las piernas durante las protestas de 2020 por la muerte de George Floyd. Según Esper, en una reunión en la Oficina Oval, con Trump enfadado por las protestas, el presidente preguntó si no podían simplemente dispararles a los manifestantes, o "dispararles en las piernas o algo". Esper dijo que tuvo que hacer recapacitar a Trump de esa idea.

En medio de las protestas por la muerte de Floyd, el 1 de junio de 2020 Donald

Trump cruzó el parque a grandes zancadas, sorteando los monumentos, con su equipo de seguridad merodeando a su alrededor. Al llegar al santuario, no entró. En cambio, se giró hacia la cámara, y los miembros de su séquito se reunieron en una escena tan extraña que tardé un momento en comprender lo que estaba sucediendo. Levantó una Biblia y posó con ella para las cámaras, apretándola contra el pecho, rebotando en la mano, girándola de un lado a otro, como un producto de QVC.[15]

---

¹⁴Andre E. Johnson y Amanda Nell Edgar, *op. cit.*, p. 167.
¹⁵*Ibid.*, p. 92.

La policía gaseó a los manifestantes para alejarlos del lugar. El presidente usó fuerza de grado militar para alejar a manifestantes pacíficos de la Iglesia de St. John, a una cuadra de la Casa Blanca, y pudiera posar con una Biblia en la mano frente a una iglesia para simular que había ido al templo a rezar.

En junio de 2020 James Bennet renunciaba a su puesto como editor de la página editorial del *New York Times* en medio de una revuelta del personal que laboraba con él. Cuando un número sin precedente de norteamericanos salían a las calles para protestar por el asesinato de George Floyd por la brutalidad antinegra de la policía, Bennet permitía la publicación de un editorial de un senador por Arkansas, Tom Cotton, titulado "Manden a la tropa". "En el, Cotton sugería que los cientos de protestas alrededor del país deberían ser fuertemente suprimidas con la intervención militar. En esencia, que el ejército norteamericano debería de ser soltado sobre su propio pueblo".[16] A pesar de no haber dicho nada cuando una turba violenta de manifestantes tomó el Capitolio para impedir la calificación de la elección de 2020, Cotton sugería lanzar un golpe de fuerza sobre millones de manifestantes pacíficos alrededor el país.

Hubo una petición que circuló en los primeros días de las protestas, solicitando a la Casa Blanca que designara a Black Lives Matter como una organización terrorista, por parte de quienes nunca solicitaron declarar la acción sobre el Capitolio el 6 de enero de 2021 como una verdadera acción terrorista. Ernest Coverson, de Amnistía Internacional, señaló: "El innecesario y algunas veces excesivo uso de la fuerza por parte de la policía contra los manifestantes exhibió el racismo sistémico y la impunidad que habían llevado la protesta a las calles".[17] Donald Trump se refirió a los participantes en las protestas como vándalos y terroristas. Mencionó que "cuando comiencen los saqueos, comenzará el tiroteo". Se refirió siempre a los manifestantes como matones.

---

[16] *Ibid.*, p. 47.
[17] *Ibid.*, p. 51.

Epílogo

Estados Unidos es la mezcla racial y de diversidad nacional más grande y profunda que jamás haya existido en la historia del mundo. Es, en el sentido estricto, la *casa* de todas las culturas humanas. Esa multiculturalidad tan diversa ha estado siempre bajo la hegemonía de los blancos. Una facción de esa población blanca anglosajona, profundamente racista y defensora de la supremacía blanca, que a lo largo de la historia ha tenido sus mareas altas y bajas, se encuentra actualmente en el poder.

Donald J. Trump impidió a los legisladores republicanos, durante el gobierno de Joe Biden, realizar un acuerdo con los demócratas en materia migratoria, porque usaría ese tema como eje de su campaña presidencial en 2024. Agitó a la población blanca con el argumento de que Estados Unidos estaba siendo invadido por *illegal alliens* (inmigrantes ilegales) y ofreció encabezar una deportación masiva de esos "criminales".

Como hemos visto a lo largo de todo este texto, en Estados Unidos el tema racial es extremadamente sensible para esta sociedad y siempre saca a flote el racismo de una parte de su población blanca. Trump y el Partido Republicano agitaron a la población, con verdades a medias y mentiras completas sobre el problema migratorio, y ofrecieron solucionarlo utilizando la fuerza. Las consecuencias han sido el encarcelamiento de personas con "apariencia de inmigrantes ilegales" sin la orden de un juez, con la violación flagrante del debido proceso por parte de una fuerza militar enmascarada y sin ninguna identificación.

Dos ejemplos ilustran el clima de tensión racial que se vive en 2025 en Estados Unidos. Primero, la intelectual, escritora y abogada blanca Ann Coulter escribió en X en julio de 2025: "We didn't kill enough indians" (No matamos suficientes indios), refiriéndose a los gobiernos norteamericanos que asesinaron indígenas a lo largo de su historia. Segundo, el senador republicano por Misuri, Eric Schmitt, en un discurso pronunciado en la Conferencia Nacional Conservadora, en septiembre de 2025, en Washington, D. C., al referirse a los inmigrantes legales e ilegales en Estados Unidos, señaló: "América no les pertenece a ellos. Nos pertenece a nosotros, es nuestro hogar. Es una herencia que nos legaron nuestros antepasados. Es una forma de vida nuestra, que es nuestra, y si desaparecemos, América también dejará de existir". El movimiento creado por Donald Trump es una

revuelta de la verdadera nación americana, es una revolución impulsada por millones de estadounidenses que sentían que se estaban convirtiendo en extranjeros en su propio país. […] Por décadas la gente en el poder convirtió nuestro pasado en un recuerdo reprimido, algo tan terrible que preferiríamos olvidar por completo. Hicieron del odio a uno mismo y de la vergüenza nuestra nueva religión cívica. Permítanme decir esto hoy lo más claramente que pueda. Ya terminamos de sentirnos avergonzados. Amamos a nuestro país y jamás nos disculparemos por los grandes hombres que lo construyeron.[1]

Donald Trump y su movimiento, Make America Great Again (MAGA), ganaron la elección presidencial de 2024 por 1.5% de los votos a Kamala

---

[1] Eric Schmitt, senador por el estado de Misuri, en la Conferencia Nacional de Conservadurismo (NatCon 5). https://www.youtube.com/watch?v=cTFVaAB17tY.

Harris del Partido Demócrata. Desde el inicio de su mandato el presidente Trump ha sostenido una ofensiva frontal contra todo aquello que signifique inclusión y diversidad social, y ha utilizado al Departamento de Justicia y al FBI como instrumentos de venganza contra sus enemigos políticos. La actitud de Trump no ha sido la del presidente de una república sino la del soberano de una monarquía o de una dictadura. Se ha rodeado de incondicionales que no consideran que le deban rendir cuentas a nadie más que al presidente.

En junio de 2025 una coalición muy amplia de organizaciones sociales y políticas organizó una protesta nacional contra el gobierno de Trump a la que llamó: *No Kings* (Sin Reyes). Se movilizaron alrededor de cinco millones de estadounidenses en poco más de 2000 ciudades. En octubre del mismo año se convocó a una nueva protesta de *No Kings*, contando esta vez con la asistencia de más de siete millones de norteamericanos en un poco más de 2700 ciudades. Se considera a esta protesta la manifestación más grande, en un solo día, en toda la historia de Estados Unidos.

El gobierno de Trump y MAGA no significan el inicio de una revolución, no significan el comienzo de "una revuelta de la verdadera nación americana", como les gusta decir. El gobierno de Trump y su movimiento significan el último intento de la supremacía blanca por conservar la hegemonía política frente a la rica y creciente multiculturalidad estadounidense. Trump no significa un comienzo, significa un final.

Estados Unidos está entrando en un momento de verdadera crisis revolucionaria, cuyo desenlace va a modificar no solo las relaciones de poder al interior de la sociedad norteamericana, sino también el equilibrio mundial de fuerzas. El asunto está más allá de la política, no se trata de que gane un partido u otro, el cambio que viene tiene una mucho mayor profundidad y calado.

Trump y MAGA hacen referencia a un tiempo en el pasado, cuando Estados Unidos tuvo un gran esplendor, y esperan su regreso. Sus acciones expresan simbólicamente el regreso de ese tiempo. El tiempo de la absoluta e indiscutible hegemonía blanca. En agosto de 2025 el retrato del general confederado Robert E. Lee, quien traicionó su juramento de lealtad a la Unión en 1861 desatando la más feroz guerra en la que los norteamericanos se han visto envueltos, fue reinstalado en la biblioteca de la Academia Militar en West Point. Una cosa es cierta sobre el futuro norteamericano, Robert E. Lee no tiene un lugar en él.

Esta obra se terminó de imprimir
en el mes de febrero de 2026,
en los talleres de Diversidad Gráfica S.A. de C.V.
Ciudad de México